19世纪西方传教士编汉语方言词典

丛书主编　姚小平　姚喜明　　副主编　杨文波

上海方言词汇集

A Vocabulary of the Shanghai Dialect

［英］艾约瑟（J. Edkins）　编著
杨文波　姚喜明　胡炜栋　校注
游汝杰　审订

上海大学出版社
·上海·

图书在版编目（CIP）数据

上海方言词汇集/艾约瑟编著.—2 版.—上海：上海大学出版社，2022.1
（19 世纪西方传教士编汉语方言词典）
ISBN 978-7-5671-4434-7

Ⅰ.①上… Ⅱ.①艾… Ⅲ.①吴语－词汇－汇编－上海 Ⅳ.① H173

中国版本图书馆 CIP 数据核字（2021）第 267179 号

本书由上海文化发展基金会图书出版专项基金资助出版

书　　名	上 海 方 言 词 汇 集
编　　著	艾约瑟（英）
校　　注	杨文波　姚喜明　胡炜栋
审　　订	游汝杰
责任编辑	陈　强
装帧设计	柯国富
技术编辑	金　鑫　钱宇坤
出版发行	上海大学出版社
社　　址	上海市上大路 99 号
邮政编码	200444
网　　址	http://www.shupress.cn
发行热线	021-66135112
出版人	戴骏豪
印　　刷	上海华业装潢印刷厂有限公司
经　　销	各地新华书店
开　　本	787mm×1092mm　1/16
印　　张	10.75
字　　数	215 千
版　　次	2022 年 1 月第 2 版
印　　次	2022 年 1 月第 1 次
定　　价	75.00 元
书　　号	ISBN 978-7-5671-4434-7/H·398

版权所有　侵权必究
如发现本书有印装质量问题请与印刷厂质量科联系
联系电话：021-56495919

《19世纪西方传教士编汉语方言词典》编委会

主　编　姚小平　姚喜明

副主编　杨文波

编　委　姚小平　游汝杰　薛才德
　　　　陶飞亚　姚喜明　杨文波

总　序

　　中西语言学传统各有所长：西方长于语法，中国长于辞书。公元前1世纪，希腊语文学者色雷克氏便撰成《语法术》，对本族语的语法体系做了分析，整理出名、动、代、介等八大词类。约在同一时期，中国人有了第一部语文词典《尔雅》，分19个义组及语类，收列词汇并做解释。《尔雅》被奉为十三经之一，足见古人对词典的看重。两汉有《方言》《急就篇》《说文》《释名》，或搜辑方言词语，或意在教人识字，或系统梳理文字，或以阐释词源为旨，——这种以辞书服务于语文教学、进而带动语言文字研究的繁荣景象，在同时期的罗马帝国是绝对看不到的。这些辞书当中，尤其值得一提的是《说文解字》，它是第一部严格意义上的字典，所发明的部首析字和检索法一直沿用至今。这之后的发展不烦细述，总之辞书越出越多，到了明末传教士来华，一方面发现中国人没有语法书，觉得不可思议，以为是中国学术的一大缺憾；另一方面，看到中国辞书种类奇多，代代传承而编纂有方，则不能不大为叹服。

　　外国人学习和教授汉语，尤其需要了解它的语法体系，把握它的运作规则。由于没有现成的中国语法书可用，传教士必须自力更生，花大力气编写汉语语法书。此时，欧洲传统的语法学范畴、概念、分析方法等便开始发挥作用，颇能供传教士编撰汉语语法书借力。当然坏处也在这里，即常为今人诟病的套用。然而词典不同。词典中国人有的是，所以传教士虽然不能拿来就用而得自编，但因为有中国本土词典当作样本，从整体框架、编纂路数到字词条目的设立和释义，都可以参考利用，于是就能省力许多；甚至直接就拿本土词典（如明末清初畅行的《字汇》）当母本，把其上的字条悉数或者挑选一部分译成西文，便算是编成了一部西洋汉语词典，也就是汉欧双语词典。这样的汉欧词典，常见的编排方式有两种：一种采用中国传统的部首笔画法，一种采用音序法。后者又分中式的和西式的：中式的，即按中国韵书如《广韵》上所见的韵类编排西式的，即根据拉丁注音，按字母的顺序排列。用作检索的方法，部首法和音序法各有便利与不便，所以，有些考虑周全的编纂者会为部首词典配上一个音序检索表；反过来也一样，音序词典的后面经常附有部首检字表。这说的是汉欧词典，以汉语字词立条，用欧语诠释意义。如果是欧汉词典，用欧语的词目立条，以带出汉语对应词，则一般就采用西式的音序法。

早期传教士来中国，都是走海路，从华南口岸入境。入华之初，逗留于广东、福建等地，有些人就在那里播教而终其一生；有些人得以继续北上，抵达江浙、华北以及中国西部。而正是在粤、闽两省，方言问题较之其他省份更加突出：官话主要通行于公务人员、学者书生中间，日常生活中传教士们仍不得不面对难以听懂的方言土语。所以，在早期的西洋汉语词典上，官话与方言混杂的现象十分普遍；即便是万济国所编的西班牙语－汉语词典，明确题作《官话词汇》（*Francisco Varo. Vocabulario de la Lengua Mandarina.* 1679），也夹杂着许多闽方言的语词，其中有些可能是无意间混入的，有些则可能明知属于方言，而仍予以收录，只是没有说明而已。后来的词典家更倾向于区分，虽然也常把明显不属于官话的词语收进词典，但会刻意说明来源。这种把方言与官话分开处理的意识逐渐增强，至19世纪中期应中西交往大增之需，便终于促成了各种方言词典的产生。收于本系列的《上海方言词汇集》（1869）、《英粤字典》（1891）、《宁波方言字语汇解》、《西蜀方言》（1900）、《客英词典》（1905），就是其中较重要的五种；细分之，前三种为欧汉型，后两种则属于汉欧型。

中国古代不是没有记录方言的著述。两千年前，西汉扬雄便辑有《方言》，可以划归辞书之属。可惜之后的十多个世纪里，再也没有出现堪与扬雄之著比肩的同类作品。直到明清，似乎才有了起色：与一批搜辑俚言俗语的著作一道，出现了一些考索某一特定地区方言词语的专书，如明末李实的《蜀语》，康熙时毛奇龄的《越语肯綮录》，乾隆年间茹敦和的《越言释》以及胡文英的《吴下方言考》。这些方言书上所见的词条，从百余到近千不等，均为编著者出于个人偏好而选收，或多或少显露出猎奇之趣，其诠释则经常带有溯源或考据的目的。

对比之后，我们会发现西士所编的方言词典很不一样：

一是使用拉丁字母注音，较准确地记录了当时汉语方言的实际音值；

二是为日常交际服务，着眼于听和说，更全面地收集了一种方言的普通词汇，包括大量常用的词组和短句；

三是载录了19世纪我国各口岸及商埠洞开以后进入汉语的大批西洋物名、西学概念、西语表达及其汉译。

对于今人考察中国近代方言发展史以及中西语言文化交通史，这批西洋汉语方言词典独具价值，非中国本土的任何方言著作所能取代。唯其种类颇多，本次组织重印并予注释的仅为其中的一小部分，期盼未来能有更多同类的著作，以这种具有研究性质的重刊本形式面世。

姚小平

2016年2月22日

出版说明

《上海方言词汇集》(A Vocabulary of the Shanghai Dialect) 是清朝末期由英国传教士艾约瑟(J. Edkins)编著、上海美华书馆(Shanghai: American Presbyterian Mission Press)于1869年出版的一部英汉上海方言词典。该书记录了19世纪中晚期上海方言的词汇面貌。从调查和校对的结果来看,该书所记录的上海方言词汇具有一定的文言特点,很多方言词语在现代上海方言中或已不说,或只见于老派上海话发音人中。

语言学上,除本书外,艾约瑟还著有《上海方言口语语法》(1853年初版,1868年二版)和《中国官话口语文法》(1857年初版,1864年二版)。关于艾约瑟的生平及其在吴语语言学上的重大贡献,在钱乃荣先生的文章《英国传教士J.Edkins在吴语语言学上的重要贡献——〈上海方言口语语法〉评述》中已有论述,且该文在《上海方言口语语法》(艾约瑟著,钱乃荣、田佳佳译)的《代跋》部分也有刊载,词汇集的注音转译方面,《上海方言口语语法》一书中亦有详细说明,故而此处不再赘述。

本词汇集正文前列有上海话元辅音字母音值举例说明表,分析记录了当时的上海话方言语音。正文为英汉对照,以英文立目,词目按英语字母顺序编排。

本词汇集中的每个英文词目用上海话对译,对译词目时,先列上海话汉字,然后用罗马拼音字母注音。条目中括号内的英文,是对上海话对译的补充说明。例如:

Aim, (at target) 向着子靶子 zâh tsz 'pô 'tsz, (shoot with ful aim) 扣准之就射出去

本次再版，为保持原书全貌，只对上海话对译中的个别具有上海方言特色的疑难词句予以注释，并按顺序列于页面侧边。例如：

【一淘去】一起去。

【好孛相个事体】好玩的事情。

为便于读者理解，注释时保留个别异体字或繁体字。例如：

【墈边】那边。

【懊愣】后悔，悔恨。

对原书中只有罗马拼音字母注音对译时省略的字词，注释时加括号予以补全。例如：

【(眼)胞】眼皮。

【乘之时便个(机会)】抓住方便的机会。

在本词汇集的校注过程中，上海大学国际交流学院给予了大力支持和帮助。参与校勘整理工作的人员有姚喜明、游汝杰、杨文波、胡炜栋等。其中，姚喜明负责全书统稿及英译校对，杨文波、胡炜栋负责全书词条校注，游汝杰负责书稿审校。上海嘉定老派发音人黄琼女士为本词汇集校注帮助颇多，谨此致谢。

本词汇集校注参考了《现代吴语的研究》、《当代吴语研究》、《上海语言发展史》、《上海地区方言调查研究》、《上海方言口语语法》等文献。

由于笔者时间和精力有限，此次修订与再版，疏漏之处再所难免，书中谬误及不足之处敬请诸位专家学者指正。

参考文献

[1] 艾约瑟著. 钱乃荣，田佳佳译. 上海方言口语语法［M］. 北京：外语教学与研究出版社，2011.

[2] 钱乃荣. 当代吴语研究［M］. 上海：上海教育出版社，1992.

[3] 钱乃荣. 上海语言发展史［M］. 上海：上海人民出版社，2003.

[4] 钱乃荣. 英国传教士J.Edkins在吴语语言学上的重要贡献——《上海方言口语语法》评述［J］. 语言研究集刊，2006，第三辑.

[5] 游汝杰. 上海地区方言调查研究［M］. 上海：复旦大学出版社，2013.

[6] 赵元任. 现代吴语的研究［M］. 北京：商务印书馆，2011.

A VOCABULARY

OF THE

SHANGHAI DIALECT.

BY

J. EDKINS, B.A. Univ. Coll. Lond.

Of The London Missionary Society,

AUTHOR OF A GRAMMAR OF THE SHANGHAI DIALECT AND A
GRAMMAR OF THE CHINESE COLLOQUIAL LANGUAGE
COMMONLY CALLED MANDARIN.

———•·•———

SHANGHAI:
PRESBYTERIAN MISSION PRESS.
1869.

目　录

前言 / 1
上海话元辅音字母音值举例说明表 / 1
正文 / 1–151

PREFACE.

This little work is intended as a brief manual to accompany a grammar of the Shanghai dialect recently republished. The original purpose was to bind it with that work, but at the instance of the publisher it is now issued separately. The assistance of Rev. G. Owen has been kindly rendered in the correction of the sheets as they passed through the press.

J. E.

本书原拟作为新近再版的《上海方言口语语法》一书中的简明词汇手册。编者最初打算将其与《上海方言口语语法》合订，后经出版商提议，遂单独出版发行。在此感谢欧文先生在本书修订过程中所给予的帮助。

艾约瑟

A VOCABULARY
OF THE
SHANGHAI DIALECT.

RULES FOR USING THE ORTHOGRAPHY HERE ADOPTED.

1. The accent marks long vowels í, é, á, ó, ú, pronounced as the vowel in feel, fail, father, foal, fool.

2. Vowels not accented are the five short vowels corresponding to these; e. g. in fin, fen, fan, fop, fun.

3. The remaining vowels are ö, ü, au, û, eu, pronounced as in könig, une, auburn, 書, 頭.

4. The initial consonants k, t, p, f, s, are pronounced high and with the English and Scotch sound. When k, t, p, take an aspirate as in the pronunciation of some parts of Ireland and the United States, they are written k', t', p'. These with the vowels and h' a strong aspirate, constitute the upper series.

5. The initials g, d, b, v, z with ng, n, m, l, rh, a soft aspirate *h*, and vowel initials form the lower series. The italic k, t, etc, are to be pronounced two full musical notes lower than the roman k, t, etc., and are counted as the same with g, d, &c.

6. The nasals m, ng, n, without a vowel are italicised.

7. Final n when italicised is pronounced very indistinctly.

8. The superior commas on the left and right of a word, mark the second and third tones. Final h, k and g, indicate the short tone. Words not thus marked are all in the first tone. The series is know by the initial as in the native mode of spelling, 反切, Fan-t'sih.

Symbols.	Pronunciation and Examples.
á	as *a* in father; 揩 k'á, *wipe*; 拜 pá', *worship*.
a	as *a* in sand, or in hat; 鉛 k'an, *lead*; 蠟 lah, *wax*.
au	as in Paul, or as *a* in fall, ar *o* in gone; 老 'lau, *old*.
b or p	as in 病 ping', *sickness*; 生病 sáng bing', *to be sick*.
d or t	as in 道 tau', *doctrine*; 神道 zun dau', *men canonized for their virtues*.
dz	a compound of *d* and *z*; 盡 dzing', *exhaust*.
dzz	do. as *dze* in a*dze*. The second z marks a peculiar vowel sound which is sometimes between *i* and *e*, 辭 dzz, *to leave*.
é	as *ai* in fail, or *a* in male; 來 lé, *come*.
e	as *e* in led or let; 十 seh, *ten*.
eu	nearly as *ou* in cousin lengthened; 手 'seu, *hand*.
f	as in 夫 fú, or 轎夫 kiau' fú, *chair-bearer*.
g or k	as in 其 kí, *he*, before *i*, *ü* often heart like *jí*; 共衆 kúng' tsúng', *altogether*.
h	a feeble aspirate, often lost; 合 heh, *combine*; 皇 hwong, *emperor*. When quite lost, as in the latter word, it will be omitted.
h and h'	a strong guttural aspirate, nearly equivalent to *sh* when occurring before *i* and *ü*; 海 'hé, *sea*; 喜 'h'í, *glad*. Before *i* and *ü*, the superior comma will be used.
í	as *i* in marine; 西 sí, *west*.
i	as *i* in sing or sit; 心 sing, *heart*.
dj	nearly as *j* in June; 序 djü', *preface*. This sound may also be read z. The natives use either.
k	古今 'kú kiun, *ancient and modern*.
k'	a strongly aspirated sound 空 k'úng, *empty*. It is often mistaken by foreign ears when occurring defore *i* and *ü*, for the aspirated c'h but should be separated from that sound in careful pronun-

V

Symbols.	Pronunciation and Examples.
	ciation; 去 k'í‘, *go*; usually heard c'hí‘.*
l	禮 'lí, *propriety*.
m or *m*	米 'mí, *rice*; 嘸沒 *m* meh, *there is no more*.
n	女 'nü, *woman*.
ng or *ng*	a nasal consonant used at the beginning or close of a syllable. When no distinct vowel sound accompanies it, it is marked *ng*; 江 kong, *river*; 我 'ngú, *I*; 五 '*ng*, *five*.
an, én, ûn	a slight nasal, best heard before another word; 但 tan‘, *but*; 敢 'kén, *dare*; 幹 kûn, *dry*; 算 sûn‘, *count*; 盤轉 bén 'tsén, *to whirl round*.
ó	as o in *go*; 怕 p'ó‘, *fear*.
o	as *o* in *going* and *got*; 當 tong, *ought, bear*; 落 loh, *fall*.
ö	as ö in *Göthe*; 端 tön, *correct*; 看 k'ön‘, *see*; 奪 töh, *rob*.
p	比 'pí *compare*.
p'	as p with a strong aspirate; 誓 p'í‘, *like*.
rh	a peculiar Chinese sound, the same as in mandarin; 而 rh *and*.
s	所 'sú, *which, therefore*.
sz	a peculiar Chinese sibilant,† pronounced as in mandarin, and nearly as *se* in ca*s*tle, whi*s*tle, t, l, being supposed omitted; 詩 sz *poetry*.
t	多 tú, *many*.
t'	as t with a strong aspirate; 拖 t'ú, *to draw*.
ts	做 tsú‘, *do*.
ts'	the last strongly aspirated; 秋 t'sieu, *Autumn*.
tsz	a peculiar Chinese sibilant, pronounced as in

* When a native is asked whether k'í‘ or c'hí‘ is the more correct pronunciation of 去 he replies the former. Yet the orthography by c'hí‘ seems to the foreigner more like the true sound. The fact is that the sound is in a state of transition from k'í to c'hí.

† This sound is better described as s and a peculiar vowel ï or t, s, and ï‘. The mark ï denotes a vowel peculiar to China but like e in ca*s*tle.

Symbols.	Pronunciation and Examples.
	mandarin, as *ts* in ha*ts*; 子 'tsz, *a son*; 知 tsz, *know*.
ts'z	the above with a strong aspirate; 雌 t'sz, *female*.
ú	as *u* in r*u*le; 素 sú', *common, plain*.
u	as *u* in r*u*n; 門 mun, *door*; 等 'tung, *wait*.
ü	French u as in vert*u*; German ü as in Tübingen; 虛 h'ü, *empty*.
û	處 ts'û', *place*. This vowel is between ó and ú.
v or *f*	佛 *f*eh, *Buddha*; 房 *f*ong, *house*. More of v than f.
w	光 *k*wong, *light*; 王 *w*ong, *king*.
y	右 yeu', *right-hand*; 要 yau', *to want*.
z or *s*	象 *s*iáng', *elephant*; 坐 *z*ú', *sit*.

An apostrophe ' preceding the word, denotes the second tone.

A comma ' following the word, denotes the third tone.

The fourth tone will be written with *h*, *k* or *g* final.

Words left unmarked are in the first tone.✿

---

* The further subdivision into upper and lower tones needs no mark, being indicated uniformly by the initial letter. Thus, b, g, d, z, l, m, n, r, and any letters italicized are in the lower tones; other initial letters denote upper tones. There are a few exceptions which will be noted afterwards. A final italic letter denotes a nasal.

注释

【弃脱】放弃，丢弃。
【掼】丢，扔。
【才具】才能。
【除脱】"脱"：表示动作完成。除了。
【勿勒拉】勿：表示否定；勒："来"的别字。不来了，缺席。
【一淘去】一起去。
【要话侬】要说你。
【管账个】会计。"个"后置表示一类职业、一类人。

A VOCABULARY
OF THE
SHANGHAI DIALECT.

A, An, 一個 ih kú', (or kuh).
Abacus, 算盤 sün' bén.
Abandon, 棄脫 k'í' t'eh, 廢 fí' t'eh, 甩 hwáh t'eh, 丟 tieu t'eh, 掼 gwan' t'eh.
Abate, 減少 'kan 'sau, 減輕 'kan k'iung.
Ability, 才情 dzé dzing, 才具 dzé gü', 天才 t'ien dzé, 本事 'pun zz'.
Able, 能 nung (power), 會 wó' (skill).
Abolish, 除脫 dzú t'eh, 廢脫 fí' t'eh.
Abominable, 可惡 'k'ó ú', 可恨 'k'ó hung', (or ng').
About, (round) 周圍 tseu wé, (adv.) 差勿多 ts'ó veh tú, 頭 ten, 約規 yáh kwé, 約酌 yáh tsáh, 巴 pó, 光景 kwong 'kiun.
Above, 上頭 'zong deu.
Abridge, 減省 'kan 'sang, 減脫 'kan t'eh.
Abroad, 外頭 ngá' deu.
Abscess, 膿瘡 núng t'song, 爛洞 lan' dúng'.

Absent, 勿勒拉 veh leh 'lá, 出門者 t'seh mun 'tsé.
Absolutely, 必定 pih ding', 斷斷乎 tön' tön' hú, 斷然 tön' zén, 決勿 kiöh veh.
Abstain, 戒 ká', (from opium) 戒煙 ká' yíen.
Absurd, 勿合情理 veh heh dzing 'lí, 勿是理 veh 'zz 'lí.
Abuse, 妄用 vong' yúng' (of things), 罵人 mô' niun (of persons).
Accept, 收納 seu neh, 受 'zeu, 收領 seu ling.
Accidentally, 偶然 'ngeu zén.
Accompany, 一淘去 ih dau k'í'.
Accomplish, 成功 zung kúng, 做成功 tsú' zung kúng, 做好 tsú' 'hau.
Account, 賬 tsang', 賬目 tsang môh, (draw up an) 開賬 k'é tsang'.
Accountable, (you are) 要問儂 yau' mun' núng', 要話儂 yau' wó' núng'.
Accountant, 管賬個 'kwén tsang' kú'.

ADC

Accumulate, 積蓄 tsih h'ióh.
Accurate, 勿差 veh t'só, 對個 tó' kú'.
Accuse, 告 kau', 控告 k'úng kau'.
Accuser, (plaintiff) 原告 niön kau'.
Accustomed, 慣者 kwan' tsé, (to do) 做慣者 tsú' kwan' tsé, (to say) 話慣者 wó' kwan' tsé (experienced) 內行 né' hong.
Ache, 痛 t'úng'.
Acid, 酸 sûn.
Acknowledge, 認 niung', 認賬 niung' tsang.
Acrid, (hot,) 辣 lah.
Across, 橫垛裏 wang 'tú 'lí, 射角 záh koh.
Act, 做 tsú', 行 hang, 爲 wé.
Actions, 行爲 hang wé.
Active, 磨歷 mó lih, 豪燥 au sau'.
Acute, 尖個 tsien kú', 尖利 tsien lí'.
Add, 加 ká, 添 t'ien, 增 tsung.
Adhere, 搭牢 tah lau, 搭連 tah lien, (adherent) 同黨 túng 'tong, 黨羽 'tong 'ŭ.
Adjoin, 附近 vú' 'giun, 靠近 k'au' 'giun.
Adjutant, 副將 fú' tsiang'.
Adjust, 整齊 tsung' zí, 端正 tön tsung'.
Admiral, 水師提督 'sûe sz dí tóh.
Admit, (him) 許伊來 'h'ü í lé, (to enter) 讓伊進去 'niang í tsing' k'í'.
Adopt, (a son) 立嗣兒子 lih 'zz ní 'tsz, 過房兒子 kú' vong ní 'tsz.

AGA

Adorn, 裝飾 tsong suh, 裝璜 tsong wong.
Adult, 大人 tú' niun, (become) 長大成人 'tsang dú' zung niun.
Adulterate, 夾襍 kah zeh, 攙 t'san or ts'an zeh, 搶 'ts'iang.
Adultery, 姦淫 kan yung.
Advance, (toward) 走上去 'tseu 'zong k'í', (as money) 先付 sien fú', 先撥拉 sien peh lá.
Advantage, 益處 yuh ts'û', 好處 'hau 't'sû'.
Adversary, 對頭 té' deu, 對敵 té' dih.
Adverse, 逆 niuh, 勿順 veh zun'.
Adversity, (meet with) 落難 loh nan', 遭殃 tsau yang, tsau nan'.
Advertise, 知會 tsz wé' 告白 kau' báh.
Advise, (urge) 勸 k'iön'.
Adze, 斧頭 'fú deu.
Affair, 事體 zz' t'í.
Affect, 感動 'kén dúng', (affected, sorrowful) 悲慘 pé 'tsén.
Affirm, 話是 wó' zz.
Afford, (can) 有力量 'yeu lih liang, (vide Gram. p. 120, 2nd b).
Afraid, 怕 p'ó', 懼怕 gü' p'ó'.
After, 後來 'heu lé, 後頭 'heu deu, 後首 'heu 'seu, 以後 'í 'heu.
Afternoon, 下晝 'au tseu', 下半日 'au pén' nyih.
Afterwards, 然後 zén 'heu.
Again, 再 tsé', 又 í', 重 dzúng, 再一儻 tsé' ih 't'ong, (over) 重新 dzúng sing.
Against, (over) 對面 té' mien

注　釋

【慣者】習慣了。
【橫垛里】現在表示橫向，相對的有"直垛里"，表示上下。
【豪燥】常寫作"豪愯"。趕緊，快點。
【尖個】尖的。口語里常用的一個結構，形容詞加"个"，"个"相當于"的"。
【過房兒子】不一定是指收養的兒子，表示雙方都認定的一種親子關係。
【對頭】對手，冤家。
【事體】事情。可以說這件事體、那件事體。
【下半日】下午。

注 释

【几许年纪】几岁,多大年纪。

【三瘧】三日热,疟疾。

【拉前头】在前面。

【扣准之就射出去】瞄准好就发射。

【历本/通书】历书。

【独干子】单独。

【一淘】一起。

【拉旁边】在旁边。

【墙边】那边。

AIR

(sin) 得罪 tuh 'dzùe, (rebel) 叛逆 pé' niuh.
Agate, 瑪瑙 'mô' nau,
Age, (generation) 世 sz', 代 té', (what is your) 幾許年紀 'kí 'hau nien kí', 貴庚 'kí 'hau kwé kang? 高壽 'kí 'hau kau zeu'?
Aged, 年紀大者 nien kí' dú' tsé, 老者 'lau 'tsé.
Agent, 代辦事個 té' bán' zz' kú'.
Aggravate, 越發難爲情 yöh fah nan wé dzing.
Aggressor, 先動手個 sien 'dúng 'seu kú', 先下手個 sien 'au 'seu kú'.
Agitate, 攪動 kiau' (kau') 'dúng.
Agree, 相合 siang heh, 符合 vú heh, 合着 heh záh.
Agreeable, (in manner &c.) 和氣 hú kí'.
Agreement, 合同 heh dúng, 文契 vun k'í', (make an) 約 yáh, 約定 yáh ding'.
Agriculture, 農事 núng zz', 種田個事體 tsúng' dien kú zz' 't'í.
Aground, 擱淺者 koh 't'sien 'tsé, 擱牢者 koh lau 'tsé.
Ague, 發寒熱 fah 'ön nyih, 瘧子 ngoh 'tsz, (tertian) 三瘧 san ngoh.
Ahead, 拉前頭 'lá zien deu.
Aid, 幫助 pong dzú', 相幫 siang pong.
Aim, (at target) 向着子靶子 h'iang' záh tsz 'pô 'tsz, (shoot with careful aim) 扣準之就射出去 k'eu' 'tsung tsz dzieu' zoh ts'eh k'í'.
Air, 氣 k'í', 風氣 fúng k'í'.
Air, (to) 涼涼 liang liang, (a room)

ALT

通通風 t'úng t'úng fúng
Alarm, 驚嚇 kiung háh, 驚動 kiung 'dúng.
Alas! 可惜 'k'ó sih.
Alehouse, 酒店 'tsieu tien.
Alike, 相同 siang dúng, 一樣 ih yang'.
All, 全 dzén, 禿 t'óh, 攏總 'lúng 'tsúng, (in all) 一共 ih gúng', (all the way) 一路 ih lú'.
Allot, (equally) 平分 ping fun, 均分 kiün fun.
Allow, 許 'h'ü, 讓 'niang, 準 'tsung.
Almanac, 曆本 lih 'pun, 通書 t'úng sû.
Almighty, 無所不能 vú 'sú peh nung, 全能 dzien nung.
Almond, 杏仁 'hang niun.
Almost, 差勿多 ts'ó veh tú, 幾幾乎 'kí 'kí hú.
Alms, (give) 做好事 tsú' 'hau zz', 施捨 sz só', 賙濟 tseu tsí', 矜恤 kiung sih.
Aloes, 蘆薈 lú wé'.
Alone, 獨干子 tóh kûn 'tsz, 一干子 ih kûn 'tsz.
Along, (with) 一淘 ih dau, 一同 ih dúng, 一氣 ih k'í'.
Alongside, 拉旁邊 'lá bong pien, 墻邊 han pien.
Aloud, 大聲 tú' (tá') sung.
Already, 已經 'í kiung.
Also, 也 'á, 又 í', 還 wan, 再 tsé'.
Altar, 祭壇 tsí' dan.
Alter, 改 'ké', 更改 kang 'ké', 更

ANG

易 kang yuh, 改變 'ké pien, 改換 'ké wén'.

Alternate, (numbers) 一個隔一個 ih kú' káh ih kú', (days) 隔日 káh nyih or nyih káh nyih.

Alternately, 輪流 lung lieu, 更替 kang t'i'.

Although, 雖然 sûe zén.

Altogether, 共總 kúng' tsúng, 一切 ih ts'ih, 一塔括子 ih tah kwah 'tsz, 一氣勒化 ih k'í leh hé', (or heu')

Alum, 攀 van, 白礬 páh van.

Always, 常常 dzang dzang, 常庄 dzang tsong.

Am, (I) 我是 'ngú 'zz.

Amazed, 希奇 h'í gí, 駭異 h'iae î'.

Ambassador, 公使 kúng sz', 欽差 k'iung ts'á.

Amber, 琥珀 'hú p'áh.

Amend, 改正 'ké tsung'.

Amends, (make) 賠補 pé 'pú.

Amiable, 可愛 'k'ó é'.

Among, 當中 tong tsúng, (them) 勒拉伊當中 leh 'la í tong tsúng.

Amount, 共計 kúng' kí', 一共 ih kúng'.

Amputate, 割脫 köh (kweh) t'eh.

Amusement, 散心 san' sing, 孛相 peh siang'.

Ancestor, 祖宗 'tsú tsúng, 祖先 'tsú sien.

Anchor, 錨 mau, (to) 拋錨 p'au mau, (weigh) 起錨 'k'í mau.

Ancient, 古 'kú, (times) 古時間 'kú zz kan.

And, 唠 lau, 連 lien, 搭之 tah tsz.

Angel, 天使 t'ien sz'.

APO

Anger, 怒氣 nú' k'í'.

Angle, 角 koh.

Angry, 動氣 'túng k'í', 氣來 k'í' lé, 發來 fah nú'.

Animal, 中生 tsúng sang, 飛禽走獸 fi giun 'tseu seu', (domestic) 畜生 ts'óh sang.

Aniseed, 茴香 wé h'iang.

Anniversary, (of birth) 生日 sang nyih, 誕日 tan' nyih.

Ankle, 腳踝骨 kiáh kú' kweh.

Annoy, 惹厭 'zá yien', 煩惱 van 'nau.

Annually, 年年 nien nien, 每年 'mé nien.

Another, 又是一個 í' 'zz ih kú', 另外一個 ling ngá' ih kú', 別 pih or pih kú'.

Answer, 回頭 wé deu, 回答 wé tah (an) 回信 wé sing'.

Ant, 馬蟻 'mó 'ní.

Anticipate, 預料 ü' liau', 逆料 niuh liau'

Anvil, 鐵橙 t'ih tung'.

Anxious, 掛念 kwó' nian', 掛慮 kwó' lü', 放心勿 veh fong' sing, 放心不下 fong' sing veh 'au.

Any, 勿論啥 veh lung' sá', (not) 嘸啥 m sá', 嘸得 m tuh, (has any?) 有啥否 'yeu sá' 'va?

Apart, 各自 koh zz', 兩氣個 'liang k'í' kú'.

Apartment, 房間 vong kan.

Apiece, (one) 個個人分一個 kú' kú' niun fun ih kú'.

Apologize, 陪勿是 pé veh 'zz, 招

注釋

【一塔括子】總共。

【常庄】經常。

【孛相】玩。現常寫作"白相"。

【搭之】連詞。和。

【氣來】氣得。

【中生】畜生。也用作罵人的話。

【腳踝骨】膝蓋。

【兩氣個】互相隔離的，分離的。

注释

【傢生】器具，家具。
【拿究】捉拿查究。
【紆身】围身布。
【呒没奸诈】朴实的，没心计的。"呒没"，表否定。
【犹之乎】犹如，好像。
【坍铳】惭愧，不好意思。
【天门冬】芦笋。

ARO

勿是 tsau veh 'zz, 服罪 vóh 'dzûe, 謝罪 ziá' 'dzûe.
Apparatus, 傢生 ká sang, 器皿 k'í' 'ming.
Appear, 顯出來 h'ien' ts'eh lé.
Appearance, 相貌 siang' mau', 形像 yung ziang'.
Apple, 平果 ping 'kú, (a small) 花紅 hwó húng.
Apply, (mind) 留心 lieu sing.
Appoint, 設立 seh lih, 立出 lih ts'eh, 派 p'â'.
Appraise, 估 'kú, 估價 'kú ká'.
Apprehend, 捉着 tsoh záh, (and examine) 拿究 nó kieu'.
Apprentice, 徒弟 tû di', 學生子 hoh sang 'tsz.
Approaching, 走近之 'tseu 'giun tsz.
Approve, 許 'h'ü, 答應 tah yung, 准 'tsung.
Apricot, 梅子 mó' tsz, 杏子 'hang 'tsz.
Apron, 紆身 yû sung, 紆裙 yû giün, (a man's) 作裙 tsoh giün.
Arbutus, 楊梅 yang mé.
Archer, 弓箭手 kúng tsien' 'seu.
Argue, 辯駁 pien' póh.
Arithmetic, 算法 sùn' fah.
Arm, 臂膊 pí' póh, 手 'seu.
Armour, (mail) 盔甲 k'wén kah, (iron) 鐵盔鐵甲 t'ih k'wén t'ih kah.
Arms, 軍器 kiün k'í', 兵器 ping k'í'.
Army, 三軍兵馬 san kiün ping 'mó, 官兵 kwén ping.
Aromatics, 香料 h'iang liau'.
Around, 周圍 tseu wé, 四周 sz'

ASP

tseu, 四面 sz' mien'.
Arrange, 安排 ön bá, 擺列 'pá lih, 整齊 tsung' dzí.
Arrest, 捉住 tsoh dzú' 拿住 nó dzú'.
Arrive, 到 tau'.
Arrogant, 驕傲 kiau ngau', 擺架子 'pá ká' 'tsz, 妄自尊大 vong' zz' tsun dá'.
Arrow, 箭 tsien'.
Arsenic, 砒霜 p'í song.
Artful, 奸詐 kan tsó'.
Arts, (trades) 百工技藝 páh kúng gí' ní'.
Article, 件 'kien'.
Artificial, 人做個 niun tsú' kú', 人手做出來個 niun 'seu tsú' ts'eh lé kú'.
Artillery, 火炮 'hú p'au'.
Artisan, 匠工 ziang' kúng, 匠人 ziang' niun.
Artless, 嘸没奸詐 m meh kan tsó', 勿 veh kan tsó'.
As, 像 'ziang, 如同 zû dúng, 猶如 yeu zû, 猶之乎 yeu tsz hû, 好像 'hau 'ziang.
Ascend, 上 zong', 昇 sung, 登 tung, 走上去 tseu 'zong k'í'.
Ashamed, 坍銃 t'an ts'úng', 勿好意思 veh 'hau í' sz', 羞恥 sieu 't'sz, 慚愧 zan kwé'.
Ashes, 灰 hwé.
Ashore, (go) 上岸 'zong ön'.
Ash, 問 mun', (invite) 請 'ts'ing, (beg) 求 gieu.
Asparagus, 天門冬 t'ien mun túng.
Aspect, 光景 kwong 'kiung, 勢頭 sz' deu, 形狀 yung zong'.

Ass, 驢子 lü 'tsz.
Assassin, 刺客 t'sz' k'áh (murderer) 兇手 h'iúng 'seu.
Assemble, 聚會 dzû' wé', 聚集 dzû' dzih.
Assent, 應允 yung' 'yŭn, 准 'tsung, 答應 tah, yung'.
Assess, (custom dues), 估稅 'kú sùe'.
Assets, 餘剩錢物 yü dzung' dzien veh.
Assign, (a time) 限定日子 han' ding' nyih 'tsz.
Assist, 帮助 pong dzú', 相帮 siang pong.
Assistant, 夥計 'hú kí', (official) 副 fú'.
Associate, (an) 同伴 túng bén', 淘伴 tau bén', (to) 做淘 tsú' dau, 來往 lé 'wong.
Asthma, 氣喘 k'í' ts'én, 哮病 heu bing'.
Astonish, 驚嚇 kiung háh.
Astrologer, 看星相 k'ön' sing siang'.
Astronomy, 天文 t'ien vun.
Asylum, (infant) 育嬰堂 yóh yung dong.
At, 勒拉 leh 'lá, 立拉 lih 'lá.
Atmosphere, 氣 k'í', 天氣 t'ien k'í'.
Atrocious, 兇惡 h'iúng oh.
Attack, 攻打 kúng 'tang.
Attain, 得 tuh, 得到 tuh tau', 做到 tsú' tau'.
Attempt, 做做看 tsú' tsú' k'ön', 試試看 sz' sz' k'ön'.
Attend, 留心 lieu sing.
Attentive, 用心個 yúng' sing kú', 謹慎 'kiung zun'.

Attest, 做見證 tsú' kien' tsung'.
Attract, 牽引 k'ien' 'yun, 嗆 h'ih, (notice) 招搖 tsau yau.
Auction, 拍賣 p'áh má', 叫賣 kiau má'.
Aunt, (paternal) 姑母 kú 'mú, 娘娘 'niáng 'niáng, (maternal) 姨母 í' mú, 娘姨 'niáng í.
Authority, 權柄 kiön ping', 權勢 kiön sz'.
Autumn, 秋 ts'ieu, 秋天 ts'ieu t'ien.
Avail, (one's self of) 乘 dzung, 趁 t'sung'.
Avaricious, 貪 t'en, 貪心 t'en sing, 貪婪 t'en lan, (lön)
Avenge, 報仇 pau' gieu, 報雠 pau' dzeu.
Average, (price) 通扯行情 t'úng ts'á ong dzing.
Avoid, 免脫 'mien t'eh, 避脫 pí' t'eh, 避開 pí' k'é.
Awake, (to) 覺 kau', 睏醒 k'wung' sing', 睏覺 k'wung kau'.
Awful, 可怕 'k'ó p'ó', 懼怕個 kü' p'ó' kú'.
Awl, 錐子 'tsz tsûn.
Awning, 陰凉蓬 yung liang búng (or 棚 báng)
Awry, 歪 hwá, 歪斜 hwá ziá.
Axe, 斧頭 'fú deu.
Axle, 軸 kióh, 車軸 ts'ó gióh.

B

Bachelor, (of arts) 秀才 sieu dzé, (take degree of) 進學 tsing' hoh,

注 释

【驢子】罵人的話。意指蠢人。
【做淘】結伴。
【勒拉】在，在那兒。
【立拉】站着，站在那兒。
【娘姨】女佣。
【通扯行情】普遍的市場行情，平均市價。
【睏醒】睡醒。

注 释

【余头】剩余的部分。
【压船个物事】物事，东西；压舱的东西。
【剃头司务】司务：师傅。剃头师傅。
【赤膊】不穿衣服，光着身体。
【仓间】仓房，仓库。
【风雨镖】气压计，晴雨表。
【卡子栅拦】关卡。

BAN

進秀才 tsing‛ sieu‛ dzé.
Back, 背 pé‛, (bone) 背脊骨 pé tsih kweh.
Back-door, 後門 'heu mun.
Backwards, 退後 t'é‛ heu, (walk) 退縮走 t'é‛ soh 'tseu.
Bacon, 鹹豬肉 han tsz nióh, 醃肉 ien nióh.
Bad, 惡 oh, 孬 k'ieu.
Bag, 袋 tó‛, 口袋 'k'eu dó‛, 囊 nong.
Baggage, 行李 hang 'lí.
Bail, 保 'pau, (out) 保出來 'pau ts'eh lé, (became) 做保人 tsú‛ 'pau niun.
Bait, 餌 ní‛.
Baize, 粗大呢 ts'ú dú ni.
Bake, 烘 húng.
Balance, (a) 天平 t'ien bing, (to) 平一平 ping ih bing, (the) 餘頭 yú deu.
Bald, 禿頂 t'óh 'ting, 光頭 kwong deu.
Bale, 包 pau, 包裹 pau 'kú, (to) 舀 'yau.
Ball, 球 kieu.
Ballad, 小曲 'seau k'ióh.
Ballast, 壓船個物事 ah zón kú‛ meh zz‛.
Bamboo, 竹頭 tsóh deu.
Band, 帶 tá‛, (waist) 束腰帶 sóh yau tá‛, (of musician) 一班樂人 ih pan yáh zun.
Bandage, 布條 pú‛ diau.
Banditti, 賊匪 zuh fí, 強盜 kiang dau‛.
Banyan, 榕樹 yúng zú‛.

BAS

Banish, 充軍 t'súng kiün, 問罪 mun‛ 'dzûe.
Bank, (of river) 岸 ön‛ (of exchange) 銀行 niun hong, 錢莊 dzien tsong.
Bankrupt, 倒行 'tau hong, 倒敗 'tau bá‛.
Banner, 旗 kí, 旌旗 tsing gí.
Banquet, 酒蓆 'tsieu zih, 筵蓆 ien zih.
Baptism, 洗禮 'sí 'lí, (receive) 受洗禮 zeu‛ 'sí 'lí.
Baptize, 行洗禮 hang 'sí 'lí.
Bar, (of door) 門閂 mun sáh, (the door) 閂門 sén mun.
Barbarian, 夷人 í niun, 野人 'yá niun.
Barber, 剃頭司務 t'í‛ deu sz vú‛.
Bare, (body) 赤身 ts'áh sung, 赤膊 t'sáh póh, 裸體 ló‛ 't'í, (headed) 禿頭 t'óh deu.
Bark, (of a tree) 樹皮 zú‛ bí, (of a dog) 狗叫 'keu kiau‛
Barley, 大麥 tá‛ máh.
Barn, 倉間 t'song kan.
Barometer, 風雨鏢 fúng 'ü piau.
Barrel, 桶 'túng.
Barricade, (a) 柵攔 sáh lah, clan, (to) 攔 lah or lah dzú‛.
Barrier, (customs) 卡子柵攔 k'á‛ tsz sáh lah (lan), (hindrance) 阻擋 'tsú 'tong.
Barrow, (a wheel) 車子 t'só 'tsz.
Barter, 交易 kiau yuh, 貿易 meu‛ yuh, 以貨易貨 'í hú‛ yuh hú‛.
Base, (mean) 鄙陋 'pi leu‛, (bad) 惡 oh, 孬 k'ieu.

BED　　　　　　　　BEN

Basin, 碗 'wón, 盆 pun.
Basket, 篮 lan, 籃頭 lan deu, 筐 k'ong, 篚 lóh, 簍 'lieu.
Bat, 蝙蝠 pien fóh.
Bathe, 淨浴 zing yóh, 洗浴 'sí (or 'sien) yóh, 浴身 yóh sung.
Battery, 砲臺 p'au' dé.
Battle, 打仗 'tang tsang', (a successful) 打勝仗 'tang sung' tsang'.
Bay, 海灣 'hé wan.
Beach, 海邊 'hé pien.
Beads, 珠子 tsû 'tsz, (string of) 一串珠子 ih t'sen' tsû 'tsz.
Beam, 樑 liang, (cross) 擱栅 koh sáh.
Bean, 荳 teu', (bean pcd) 荳結 teu' kiih, (curd) 荳腐 teu' vú'.
Bear, (carry) 担 tan, (a chair) 擡轎 té giau', (a child) 生 sung, 養 yang, (sustain) 擔當 tan tong.
Bear, (a) 人熊 niun yúng, 狗熊 'keu yúng.
Beard, 鬚 sú.
Bearer, (chair) 轎夫 kiau' fú, 轎班 kiau' pan, (letter) 担信個 tan sing' kú'.
Beast, 獸 seu', 走獸 'tseu seu', (wild) 野獸 'yá seu'.
Beat, 打 'tang.
Beautiful, 好看 'hau k'ön, 趣 ts'û', 標緻 piau tsz'.
Because, 因爲 yung wé', 爲之 wé' tsz.
Beche-de-mer, 海參 'hé sun.
Become, 成 zun, 做 tsú', 爲 wé.
Bed, 牀 zong.
Bed-room, 臥房 ngú' vong.

Bedding, 鋪盖 p'ú ké', 被頭 pí deu.
Bee, 蜂 fúng, 蜜蜂 mih fúng.
Beef, 牛肉 nieu nióh.
Beer, 啤酒 pí 'tsieu.
Before, 先 sien, 前 zien, 前頭 zien, (hand) 預先 ú' sien.
Befriend, 照應 tsau' yung', 照顧 tsau' kú'.
Beg, 討 't'au, 求 kieu.
Beggar, 告化子 kau' hwó' 'tsz, 討飯個 't'au van' kú', 乞丐 ch'nh ké'.
Begin, 起 'k'í, 起頭 'k'i deu, 動手 'tung 'seu, (work) 起工 'k'i kúng. 開工 k'é' kúng.
Beginning, 起頭 'k'í deu, 起初 'k'i t'sú, 起始 'k'í 'sz, (of heaven and earth) 開天闢地 'k'é t'ien p'ih dí'.
Behalf, (in) 代替 té' t'í'.
Behead, 殺頭 sah deu.
Behind, 後頭 'heu deu 後底頭 'heu 'tí den.
Believe, 相信 siang sing', 信 sing'.
Bell, 鐘 tsúng, (small) 鈴 ·liug, 鐘鈴 tsúng ling.
Bellows, 風廂 fúng siang.
Below, 下頭 'au deu, 下底 'au 'tí or 'tí 'au.
Belt, 束腰帶 sóh yau ta'.
Bench, 板櫈 'pan tung.
Bend, 灣曲轉來 wan k'ióh 'tsén ló.
Benefactor, 恩主 ung 'tsû.
Benefit, 好處 'hau t'sû', 益處 yuh t'sû'.
Benevolence, 仁愛 zun ó', 仁德 zun tuh.

注　釋

【篮】篮子状竹器。
【趣】漂亮。
【啤酒】啤酒。
【后底头】后面。
【风厢】风箱。
【下底】下面。
【湾曲转来】弯曲,弯转。

注释

【顶好】顶：最。最好。
【攀亲】订婚。
【好一眼】好一点。
【累齷齪】污渍。
【累墨】墨渍。
【吹隐脱】吹灭，吹熄。
【青】蓝。
【发诩】自夸，自吹自擂。
【钻带针】发簪，发夹。

BLA

Bent, 曲 k'ióh, 屈曲 k'iöh k'ióh, (of mind) 志向 tsz' h'iang'.
Bequeath, 遺 í, 遺留 í lieu, (property) 遺留產業 í lien t'san nyih.
Besides, 另外 ling' ngá', 也有 'á 'yeu
Besiege, 圍困 wó k'wun'.
Best, 頂好 'ting 'hau, 最好 tsûe' 'hau.
Bet, 賭賽 'tú só', 賭勝 'tú sung'.
Betelnut, 檳榔 ping long.
Betray, 辜負 kú veu', (trust) 失信 seh sing'.
Betroth, 攀親 p'an t'sing.
Better 更好 kung' 'hau, 又來得好 í' lé tuh 'hau, (little) 好點 'hau 'tien, 好一眼 'hau ih 'ngan, (much) 好得多 'hau tuh tú.
Between, 當中 tong tsúng.
Beware, 謹防 'kiung bong, 小心 'siau sing.
Beyond, 外 ngá', 外頭 ngá' deu, 以外 'í ngá', (past) 過去 kú' k'í'.
Bill, 銀票 niung p'iau', 錢票 dzien p'iau', (to run so many days) 期票 kí p'iau', (of lading) 報貨單 pau hú' tan.
Bind, 縛 vóh, 紮纜 tsah 'lan, 細綁 'k'wung 'pong, (books) 釘 ting', 裝釘 tsong ting'.
Bird, 鴉 'tiau, 鴉鳥 'tiau 'niau.
Birthday, 生日 sáng nyih, 壽誕 zeu' tan'.
Bite, 咬 'ngau.
Bitter, 苦 'k'ú.
Black, 黑 huh, (black lead water) 墨水 muh 'sz.

BOH

Blacksmith, 鐵匠 t'ih ziang'.
Bladder, 膀胱 pong kwong, 水胞 'sz pau.
Blame, (to) 責備 tsáh bé'.
Blanket, 絨單 niúng tan, 絨被 niúng bí'.
Bleach, 漂白 p'iau' báh.
Bleed, 出血 ts'eh h'iöh, 血流 lieu h'iöh.
Blemish, 毛病 mau bing'.
Bless, 祝福 tsóh fóh.
Blind, 瞎眼 hah 'ngan, (man) 瞎子 hah 'tsz.
Blinds, 簾子 lien 'tsz, (window) 牕簾 ts'ong lien.
Blister, 泡 p'au'.
Blood, 血 h'iöh, 血脈 h'iöh máh.
Blossom, (to) 開 k'é, 開花 k'é hwó.
Blot, (to) 累齷齪 ló' oh ts'oh, (with ink) 累墨 ló' muh.
Blow, 吹 t'sz, (out) 吹隱脫 t'sz 'yung t'eh.
Blue, 藍 lan (bright or sky) 青 t'sing.
Blunt, 鈍 tung'.
Blush, 面孔漲紅 mien' 'k'úng tsang, hung, 發紅 fah húng.
Boar, 雄豬 yiúng tsz.
Board, 板 'pan, 木板 móh 'pan.
Boast, 誇口 k'wó 'k'eu, 發詡 fah 'h'ü.
Boat, 船 zén, (boatman) 船家 zén ká, (captain) 船主 zén 'tsú, 老大 'lau dá'.
Bodkin, 鑽帶針 tsún tá' tsung.
Body, 身 sung, 身體 sung 't'í.
Bohea-tea, 武彝茶 vú í dzó.

BOX

Boil, v. i. 滾 'kwun; v. t. 燒滾 sau 'kwun, (boiling) 滾 'kwun.
Boil, (cook by boiling) 灼 zah, 煮 'tsû, ú'.
Boiling pan, 鑊子 wóh (óh) 'tsz.
Boils, 瘡 t'song, (small) 癤 tsih.
Bold, 膽大 'tan dú'.
Bolt, 閂 sáh, 閂 sén', (of door) 門閂 mun sáh.
Bond, 約據 yáh kû', 文書 vun sû, 文契 vun k'í'.
Bone, 骨頭 kweh deu.
Bonnet, 帽子 mau 'tsz.
Book, 書 sû.
Bookcase, 書架 sû ká', 書廚 sû zû.
Boot, 靴 h'iú, (low) 鞋子 há' 'tsz.
Borax, 硼砂 pang só.
Border, 邊頭 pien deu, (of clothes) 襟頭 kiung deu.
Bore, 鑽 tsûn.
Borrow, 借 tsiá'.
Both, 兩個 'liang kú', 全 dzén, 禿 t'óh, 兩個全 'liang kú' dzén.
Bottle, 瓶 ping, (glass) 玻璃瓶 pú lí bing.
Bottom, 底 'tí.
Boundary, 交界 kiau ká' (cf a kingdom) 邊境 pien 'kiung.
Bow, (to) t'song' zó, 打恭 'tang kúng 作揖 tsoh yih, (the head) 低倒頭 tí 'tau deu.
Bow and arrows, 弓箭 kúng tsien'.
Bowels, 肚腸 'tú dzang, 肚皮 'tú bí.
Bowl, 碗 wén, 盆 pun, 盞 'tsan.
Box, 箱子 siang 'tsz.

BRE

Boy, 小干 'siau kûn, 小囝 'siau 'nön, (servant) 跟班 kun pan, (in foreign hongs) 洗盞 'sí 'tsan.
Bracelet, 鐲頭 zoh deu, 手鐲 'seu zoh.
Braces, (for trousers) 褲帶 k'ú' tá'.
Braid, 邊帶 pien tá', (flowered) 花帶 hwó tá'.
Brain, 頭腦子 deu 'nau 'tsz, 腦漿 'nau tsiang.
Bran, 麩皮 fú bí.
Branch, (of a tree) 椏枝 au tsz, (of a river, a family) 支派 tsz p'á'.
Brand, (the face) 刺字 t'sz' zz', (goods) 火烙印 'hú loh yun'.
Brass, 青銅 t'sing dúng, 黃銅 wong dúng.
Brave, (adj.) 膽大 'tan dú'.
Brave, (to) 冒 mau', (rain) 冒雨 mau' 'ü, (danger) 冒險 mau' 'h'ien, (death) 冒死 mau' 'sz.
Brawl, 喧嚷 h'iön 'zang, 吵鬧 'ts'au nau'.
Bread, 饅頭 mén deu.
Breadth, 闊狹 k'weh ah.
Break, (china) 打碎 'tang sé', 碎脫 sé' t'eh, (a stick) 折斷 tseh 'dön, (rope) 斷脫 'tön t'eh, (one's word) 失信 seh sing'.
Breakfast, 早飯 'tsau van'.
Breast, 胸膛頭 h'iúng dong deu, (a woman's) 奶 'ná, 'má 'má.
Breastplate, 護心鏡 hú' sing kiung'.
Breath, 氣 k'í', 口氣 k'eu k'í'.
Breathe, 透氣 t'eu' k'í'.
Breaches, 褲 k'ú' 'tsz.
Breed, 養 'yang, (silkworm) 養蠶

注 释

【鑊子】锅子。

【低倒头】弯腰。

【小干】男孩。

【小囝】女孩。现常写作"小囡"。

【镯头】手镯。

【阔狭】宽度。

【碎脱】碎掉了。

注释

【新妇】媳妇。
【新官人】新郎。
【两枝桅船】双桅船。
【释教】佛教。因由释迦牟尼所创，也称释教。
【塞头】塞子。
【忙里碌兜】忙乱。
【独是】但是。
【杀肉个】屠夫。

BRO

'yang zén.
Breeze, 風 fúng, (fair) 順風 zun' fúng.
Brethren, 兄弟 h'iúng dí' or tí' h'iúng.
Brew, 做酒 tsú' 'tsieu, 釀酒 niang' 'tsieu.
Bribe, 賄賂 'hwé lú', 塞 suh.
Brick, 磚頭 tsén deu, (square) 方磚 fong tsén.
Bricklayer, 坭水匠 ní 'sz ziang'.
Bride, 新娘子 sing niang 'tsz, 新婦 sing vú.
Bridegroom, 新相公 sing siang kúng, 新郎 sing long, 新官人 sing kwén niun.
Bridge, 橋 kiau'.
Bridle, 韁繩 kiang zung.
Brief, 簡便 'kien bien'.
Brig, 兩枝桅船 'liang tsz wó zén.
Bright, 亮 liang', 明亮 ming liang'.
Brimstone, 硫磺 lieu wong.
Brine, 鹹水 han 'sz.
Bring, 担來 tan ló, 拿來 nau (nó) ló, (an action) 告狀 kau' zong'.
Bristles, 豬櫻毛 tsz tsúng mau.
Brittle, 脆 ts'ûn' (ts'ér').
Broad, 闊 k'weh.
Broad-cloth, 大呢 tú' ní, 白地花布 páh dí' hwó pú'.
Broil, 炙 tsuh.
Broker, 掮客 gien k'áh, (bill) 賣票個 má' p'iau' kú'.
Broom, 掃箒 'sau 'tseu.
Brother, (elder) 阿哥 á kú, (younger) 兄弟 h'iúng dí'.
Brother-in-law, (elder sister's husband)

BUT

姊夫 tsí fú, (younger ditto) 妹夫 mé' fú.
Bruise, 傷 song.
Brush, (to) 刷 seh, (a) 毛刷 mau seh, (sweeping) 掃箒 'sau 'tseu.
Bucket, 桶 'túng, 吊桶 'tiau 'dúng, 水 'sz 'dúng.
Bud, 芽 ngá, (to) 報芽 pau' ngá.
Buddhism, 釋教 suh kiau', 佛教 veh kiau'.
Buffalo, (water) 水牛 'sz nieu.
Bug, 臭虫 t'seu' dzúng, 臭虱 t'seu' seh.
Build, 造 'zau.
Bullet, 彈 tan', (leaden) 鉛彈 k'an dan'.
Bunch, (a) 一肘 ih 'tseu.
Bundle, 包 pau, 綑 'k'wun, 包子 pau 'tsz.
Bung, 塞頭 suh deu.
Burden, 擔 tan.
Burn, 燒 sau, 燒脫 sau t'eh, 燒壞 sau wá', 燙 t'ong'.
Burst, 裂開 lih k'é, 爆開 pau k'é, kwáh k'é.
Bury, 埋葬 má tsong.
Bush, 小樹木 'siau zú' móh, 荊棘 kiung kiuh.
Bushel, 斗 'teu.
Business, 事體 zz' 't'í (do) 做生意 tsú' sang í'.
Bustle, 忙裏碌兜 mong 'lí lóh teu.
Busy, 忙 mong, 忙忙碌碌 mong mong lōh lōh.
But, 獨是 tóh 'zz, 但是 tan 'zz, 惟獨 ví dóh.
Butcher, 屠夫 tú fú, 殺肉個 sah nióh kú'.

CAL

Butt, (to) 撞 dzong', 觸 ts'óh, 碰 pang'.
Butter, 奶油 'ná yeu.
Butterfly, 蝴蝶 hú dih.
Button, 鈕子 'nieu 'tsz, (official button) 頂子 'ting 'tsz.
Buy, 買 'má.
By, (instrument) 用 yúng', (agent) 撥拉 peh 'la, (through) 打 'tang, 由 yeu, (buy by the pint) 論升買 lun sung 'má.
By and by, 慢慢 man' man', 等一歇 tung ih h'ih, 等一等 'tung ih 'tung.
Byword, 俗語 zóh 'nü, 話柄 wó' 'ping.

C

Cabbage, 黃芽菜 wong ngá t'sé', 山東菜 san túng t'sé'.
Cabin, 船倉 zén t'song.
Cabinet, 匣子 hah 'tsz, (imperial) 軍機處 kiün kí t'sû'.
Cable, (iron) 錨鉄鏈條 mau t'ih lien diau.
Cactus, 霸王 pó' wong.
Cage, 籠 lúng, (bird) 鳥籠 'tiau lúng.
Cake, 餅 'ping, 糕 kau.
Calabash, 葫瓢 hú biau, 葫蘆瓢 hú lú biau.
Calamity, 災難 tsé nan', 災殃 tsé yang 禍患 'ú wan'.
Calculate, 打算 'tang sön', 算一算 sön' ih sön'.
Calendar, 黃曆 wong lih, 曆本 lih 'pun, (sunday) 禮拜單 'lí pá' tan.

CAN

Calico, 洋布 yang pú'.
Call, 叫 kiau', 喊 han'.
Calm, (feelings) 安穩 ön 'wung, 安靜 ön 'zing, 太平 t'á' bing, (elements) 清靜 t'sing 'zing, 無風無浪 m fúng m long.
Calumniate, 毀謗 'hwé 'pong, 話壞 wó' wá'.
Cambric, 袈裟布 ká só pú'.
Camel, 駱駝 loh dú.
Camellia, 山茶花 san dzó hwó.
Camlet, 羽綢 'yü tseu', 羽紗 'yü só, 羽緞 'yü dön'.
Camomile, 甘菊 kén kióh.
Camp, 營盤 yung bén.
Camphor, 樟腦 tsong 'nau, 冰片 ping p'ien, (tree) 香樹 h'iang zú'.
Can, (permissive) 可以 'k'ó 'i, (physical ability) 能 nung, (acquired) 會 wé'.
Canal, (grand) 運糧河 yiün' liang hú, (open a) 開河 k'é hú,
Cancel, 勾銷 keu siau, 勾除 keu dzú, 刪除 san dzú.
Cancer, 毒瘡 dōk t'song.
Candareen, 分 fun, (five and a half) 五分五釐 'ng fun 'ng li.
Candid, 正直 tsung' dzuh, 牢實 lau zeh.
Candle, 蠟燭 lah tsóh.
Candlestick, 蠟臺 lah dé.
Cane, 藤 tung, (a) 藤條 tung diau, (sugar) 甘蔗 kén tsó'.
Cangue, 枷 ká, (bear a) 帶 tá' ká.

注 释

【鈕子】纽扣。
【黃芽菜】大白菜。
【礼拜单】基督教的年历表。一般有十字架图案。
【羽绸/羽纱/羽缎】织物名。疏细者称"羽纱",厚密者称"羽缎"。现代羽纱为斜纹交织物。

注 释

【装得落】(东西)装得下。
【手搭】背部毒疮，伸手可触。
【勿留心】不小心，粗心。
【小呢】今称"开司米"，一种织物。
【中牲】同"中生"，即畜生。骂人的话。

Canister, 錫罐頭 sih kwén' deu.
Cannon, 火 p'au', 炮 'hú p'au', 銃 t'súng' p'au'.
Cannot, 勿能 veh nung, 勿可以 veh 'k'ó 'í, (but) 勿得勿 veh tuh veh.
Canopy, (gift from the people) 萬民傘 van' ming san'.
Canvas, 蓬布 púng pú'.
Cap, 小帽子 'siau mau' 'tsz.
Capacity, 才情 dzé dzing, (for holding) 裝得落 tsong tuh loh.
Capital, (city) 京都 kiung tú, 京城 kiung zung.
Captain, (of boat) 船主 zén 'tsú, 老大 'lau dá'.
Caraways, 細茴香 sí' wé h'iang.
Carbuncle, 毒瘡 tóh t'song 發背 fah pé', 手搭 'seu tah.
Card, 名帖 ming t'ih, 帖子 t'ih 'tsz; (playing) 紙牌 'tsz bá.
Cardamoms, 白荳蔻 páh deu k'eu'.
Cardinal points, 四方 sz' fong, 東西南北 túng sí nén póh.
Care, 掛慮 kwó' lü', 憂慮 yeu lü', (to) 理 'li, 管 'kwén.
Careful, 小心 siau sing, 謹慎 'kiun zun', 細心 sí' sing, 當心 tong sing; carefully, 細細底底 sí' sí' 'tí 'tí.
Careless, 勿留心 veh lieu sing.
Cargo, 船上貨色 zén 'long hú' suh.
Carnelian, 瑪瑙 'mó 'nau.
Carp, 鯉魚 'lí ng.
Carpenter, 木匠 móh ziang'.
Carpet, 地單 tí' tan, 絨單 tí' niúng tan, 毛單 tí' mau tan.

Carriage, 車子 t'só 'tsz, 馬車 'mó t'só.
Carrot, 紅蘿蔔 húng lau bóh.
Carry, 擔 tan, (one man with a yolk) 挑 t'iau, (two men with a pole) 扛 kong, (a chair) 擡 té, (in the arms) 抱 'pau, (on the girdle) 帶 tá', (on shoulder) 掮 kien, (on back) 背 pé'.
Cart, (bullock) 牛車 nieu t'só. (horse) 馬車 'mó t'só.
Carve, 雕刻 tiau k'uh.
Case, (box) 箱子 siang 'tsz, (small) 匣子 hah 'tsz, (watch) 錶殼 piau k'oh, (at law) 案件 ön' 'gien.
Cash, 銅錢 túng dien, 文 vun.
Cask, 桶 'túng, (wine) 酒桶 'tsieu 'dúng.
Casket, (for precious things) 寶匣 'pau hah.
Cassia, 桂花 kwé' hwó, (oil) 桂花油 kwé' hwó yeu.
Cassimere, 小呢 'siau ní.
Cast, (towards) 投 teu, (away) 丢 tieu t'eh, (a stone) toh záh deu.
Cast iron, 生鐵 sáng t'ih, to cast, 鑄 tsú'.
Castor oil, 麻油 mó yeu, (plant) 大麻子 tú' mó 'tsz.
Cat, 猫 mau, mang.
Catalogue, 目錄 móh léh, 號單 hau' tan.
Catch, 捉 tsoh 捉着 tsoh záh, 住 tsoh dzú'.
Catechism, 問答 vun' tah or mun' tah.
Cattle, 中牲 tsúng sáng.
Catty, 斤 kiun.
Cavalry, 馬兵 'mó ping.

CHA

Cave, 山洞 san dúng'.
Cause, 緣故 yŏn kú', 情由 dzing yeu, (to) 叫 kiau' or kau', 撥拉 peh 'lá, 使得 sz' tuh.
Cautious, 謹慎 'kiun zun', 小心 'siau sing.
Cease, 停住 ɛing dzú', 住 dzú'.
Cedar, 栢香木 páh h'iang móh.
Ceiling, 平頂 ping 'ting.
Census tables, 人丁冊 niun ting ts'áh.
Centipede, 百脚 páh kiáh, 蜈蚣 ú kúng.
Centre, 當中 tong tsúng, 心 sing.
Ceremony, 禮素 'lí sú', or 'lí.
Certain, 確實 k'iáh zeh, 實在 zeh dzó'.
Certificate, (recommendation), 薦書 tsien' sú.
Chaff, 礱糠 lúng k'ong.
Chain, 鍊條 lien' diau.
Chair, 椅子 yü' 'tsz, (sedan) 轎子 giau' 'tsz.
Chalk, 石粉 záh 'fun.
Chance meeting, 偶然碰着 'ngeu zén bang' záh.
Change, 改 'ké, 換 wén', 改變 'ké pien', 改換 'ké wén', 更改 káng 'ké, (money) 兌 té'.
Changer, (money) 換銅錢個 wén' dúng dien kú'.
Chapel, 講書堂 'kong sû dong, 禮拜堂 'lí pá' dong.
Chapter, 章 tsang.
Char, (burn black) 焦 tsiau, 燒焦 sau tsiau.
Character, 品行 p'ing yung', (a letter) 字 zz', 字眼 zz' 'ngan'.

CHI

Charcoal, 炭 t'an'.
Charge, (intrust to) 託付 t'oh fú' or t'oh, (enjoin) 叮囑 ting tsóh, 吩咐 fun fú'.
Charity, (alms) 做好事 tsú' 'hau zz', 賙濟 tseu tsí', 施捨 sz 'só'.
Charm, 符籙 vú lóh.
Chart, 海圖籙 'hé dú lóh.
Charter-party, 合同 heh dúng.
Chase, (to) 追趕 tsûe 'kûn.
Chastity, 貞節 tsung tsih.
Cheap, 強 kiang, 賤 dzien',
Cheat, 哄騙 húng' p'ien', 欺騙 k'í p'ien'.
Check, 攔擋 lan 'tong.
Cheerful, 爽快 'song k'wá', 滿面春風 'mén mien' t'sun fúng.
Cheese, 牛奶餅 nieu 'ná 'ping.
Cherry, 櫻桃 áng dau (ying).
Chess, (play at) 着棋 tsáh gí, (board) 棋盤 gí bén.
Chest (bamboo), 竹箱 tsóh siang, (wooden) 板箱 'pan siang, (tea) 茶箱 dzó siang.
Chestnut, 栗子 lih 'tsz.
Chief, 頭一個 teu ih kú', (man) 頭目人 teu móh niun.
Child, 小干 'siau kûn, 小囝 'siau 'nŏn, 大細 tú' sí'.
Chillies, 花椒 hwó tsiau.
Chimney, 烟沖 ien t'súng.
Chin, 下巴 'au bó.
China, 中國 tsúng kóh, 中原 tsúng nion.
China root, 茯苓 vóh ling.
China aster, 菊花 kióh hwó.

注 釋

【百脚】蜈蚣类爬虫。
【礼素】礼数。
【牛奶饼】芝士饼。
【小干/小囝/大细】小孩。"大细"现多已不说，但上海郊区老人还有此说法。

注　释

【土白】本地话，当地话。
【第号茶】这个牌子的茶。
【银硃】朱砂。
【玉桂】肉桂。
【时辰钟】时钟。
【多罗呢】毛呢布。
【台单】桌布。

CIT

Chinese language, (mandarin) 官話 kwén wó', (native dialect) 本地話 'pun dí' wó', 土白 't'ú báh, 土話 t'ú wó'.
Chintz, 花布 hwó pú', 印 yung' hwó pú'.
Chisel, 鑿子 zok 'tsz, (to chisel out) 出來 zok t'seh lé.
Cholera, 發痧 fah só, (morbus) 霍亂 hoh lön', (asiatic) 烏痧漲 ú só tsang', 弔脚痧 tiau' kiáh só.
Choose, 揀選 'kan 'sien.
Chop, this chop of tea 第號茶 tí' hau' dzó.
Chop stick, 筯 'k'wan.
Chops, (mutton) 羊牌骨 yang bá kweh.
CHRIST, 基督 kí tóh.
Christian, 信耶穌個人 síng yá sú kú' niun.
Christianity, 耶穌教 yá sú kiau', Roman catholic 天主教 t'ien 'tsú kiau'.
Chronic, (disease) 久病 'kieu bing'.
Church, 教會 kiau' wó', (building) 會堂 wó' dong.
Cinnabar, 銀硃 niung tsû.
Cinnamon, 玉桂 nióh kwé'.
Circle, 圈 k'iön, 圓圈子 yön k'iön 'tsz.
Cistern, (earthen ware) 水缸 'sz kong.
Citron, 香圓 h'iang yön, 佛手 veh 'seu.
City, (within) 城裏 zung 'lí, (outside) 城外頭 zung ngá' deu or zung ngá'.

CLO

Civility, 禮貌 'lí mau', 客氣 k'áh k'í'.
Civilize, 教化 kiau' hwó'.
Claim, 認 niung', 討 't'au'.
Clan, 宗族 tsúng zóh, 同姓 túng sing'; (head of) 族長 zóh 'tsang.
Clap, 拍 p'áh.
Clash, 磕撞 k'eh dzong', 撞着 dzong' záh.
Classics, 經 kiung; four books and five classics 四書五經 sz' sû 'ng kiung.
Clay, 黃坭 wong ní, (white) 白染 páh 'zen.
Clean, 潔淨 kih 'zing, 葛瀝 köh lih, 乾淨 kûn 'zing.
Cleanse, 弄乾淨 lúng' kûn 'zing 'zing ih 'zing.
Clear, 清楚 t'sing 't'sú, 清爽 t'sing 'song, 明白 ming báh.
Clearance, (port) 出口票 t'seh 'k'eu p'iau'.
Cleave, 劈開來 p'ih k'ó lé.
Clerk, 寫字個 'siá zz' kú',
Clever, 有本事 'yeu 'pun zz', 玲瓏 ling lóng, 乖巧 kwá 'ch'au.
Climate, 水土 'sz 't'ú.
Clip, 剪 'tsien, 剪脱 'tsien t'eh,
Cloak, 外套 ngá' t'au'.
Clock, 時辰鐘 zz zun tsúng, 自鳴 zz' ming tsúng, what o'clock? 幾點鐘 'kí 'tien tsúng?
Close, (finish) 完結 wén kih, (door) 關 kwan, (eyes) 閉 pí'.
Close together, of weaving 密 mih.
Cloth, (cotton) 布 pú', (woollen) 多羅呢 tú lú ni, (table cloth) 臺單

COM

dé tan.
Clothing, 衣裳 í zong, 衣服 í vóh.
Clothes-horse, 衣架 í ká'.
Cloud, 雲 yün.
Cloves, 丁香 ting h'iang.
Club, 棍子 'kwun 'tsz.
Club house, 會館 wó' 'kwén.
Clue, 頭緒 teu 'zû, (no) 無影無蹤 m 'yung m tsúng.
Coagulate, 凝結 niung kiih.
Coal, 煤 mé.
Coarse, 粗 t'sú, 粗草 t'sú 'ts'au, (of men) 粗魯 t'sú 'lú, 粗疎 t'sú sú.
Coast, 海灘 'hé t'an, 海邊 'hé pien.
Coat, 馬掛 'mó kwó'.
Cochineal, 芽蘭米 ngá lan 'mí.
Cock, 公鷄 kúng kí, 雄鷄 yúng kí.
Cocoon, 蠶繭 zén 'kién, 繭子 'kien 'tsz.
Codfish, 柴魚 zá ng.
Coffin, 棺材 kwén zé.
Coincide, 符合 vú heh, 忒准合着 t'eh 'tsung heh záh.
Coil, 椶繩 tsúng zung.
Cold, 冷 'láng (in heart) 冷淡 'lang 'dan; cold 傷風 song fúng.
Colic, 肚裏痛 'tú 'li t'úng'.
Collar, 領頭 'ling deu.
Collect, 聚集 dzü' dzih, 收歛 seu 'lien, 會齊攏來 wó' dzí 'lúng lé.
Colour, 轤色 ngan suh, (all) 五顏六色 'ng ngan lóh suh.
Comb, 梳 sú (sz), (wooden) 木 mók sz, (bone) 骨 kweh sz, (comb hair) sz sz deu fah, (silver comb) 銀篦 niun pien.
Combine, 合攏來 heh 'lúng lé.

COM

Come, 來 lé (not yet come) 勿曾來 veh zung lé.
Comet, 掃箒星 'sau 'tseu sing.
Comfort, 安慰 ön wé', (get) 得平安 tuh bing ön, 舒徐 sû zí, (zû) (comfort my thirsty desires) 慰我渴思 wé' 'ngú k'öh sz.
Comic, 好笑 'hau siau', 發笑 fah siau'.
Command, 吩咐 fun fú', 命令 ming' ling'.
Commandments, (ten) 十條誡 seh diau ká'.
Commemorate, 記念 kí' nian'.
Commence, 動手 'túng 'seu, 開工 k'é kúng.
Commencement, 起頭 'k'i deu.
Commend, 褒獎 pau 'tsiang, (men) 話人好 wó' niun 'hau.
Commentary, 註解 tsü' 'ká.
Common, 平常 ping dzang, 素 sú'.
Communicate, (to him) 話撥伊聽 wó' peh í t'ing, 回頭 we deu í.
Communion, 心裏相交 sing 'lí siang kiau.
Company, (mercantile) 公司 kúng sz.
Compare, 比一比 'pí ih 'pí, 比較 'pí 'kiau.
Compass, 羅經 lú kiung, 盤 lú bén.
Compasses, (brass) 銅規 túng kwé'.
Compel, 勉強 'mien 'k'iang.
Complain, 訴冤 sú' yön, 喊冤 han' yön.
Complete, 完全 wén dzien, 周全 tseu dzien.
Compliments, (to present) 候候 heu' heu', 望望 mong' mong'.
Comply 聽 t'ing', (in all things) 百

注 释

【做论】写文章。
【排活字个】排字工人。
【办事个】买办，办事员。
【淘伴】同伴。
【抗】规范书写为"囥"。藏起来。
【勿出工】这指里便秘。

CON

依百順 puh í puh zun', 從 dzúng t'ing', í dzúng, zun' dzúng.
Compose, (as a printer) 排字 pá zz' (as an author) 做 tsú', (an essay) 做論 tsú' lun.
Compositor, 排活字個 pá weh zz' kú',
Compradore, 辦事個 pan' zz' kú',
Comprehend, 明白 ming báh, (embrace) 包括 pau kwah.
Comrade, 淘伴 tau bén'.
Concave, 凹 au, 進去 au tsing' k'í'.
Conceal, 藏 dzong, 抗 dzong k'ong', 抗攏 k'ong' 'lúng.
Concern, (not) 勿關我事 veh kwan 'ngú zz'. 無啥相關 m sá' siang kwan, veh kwan záh.
Conclude, 完結 wén kih.
Concubine, 妾 t'sih, 小 'siau.
Condemn, 定罪 ding' 'dzûe.
Condescend, 降心相從 kiang' sing siang dzúng.
Condition, 光景 kwong 'kiung.
Condole, 弔望 tiau' mong'.
Conduct, (verb) 送 súng', 領 'ling, (noun) 行爲 hang wé.
Confer, (give) 賜 sz', 賞 'song (with) 商量 song liang.
Confess, (a crime) 認 niung' 'dzûe, 賠勿是 bó veh 'zz.
Confide, 靠托 k'au' t'oh.
Confirm, 堅定 kien ding'.
Confiscate, 抄家產入官 t'sau ká 't'san zeh kwén.
Confused, 亂 lön'.
Congee, 粥 tsóh.
Congou tea, 工夫茶 kúng fú dzó.

CON

Congratulate, 恭喜 kúng 'h'i, 慶賀 k'iung' hú'.
Conical, 尖個 tsien kú'.
Connect, 接着 tsih záh, 相接 siang tsih, 連 lien, siang lien.
Connive, 假做勿見 'ká tsú' veh kien'.
Conquer, 得勝 tuh sung'.
Consanguinity, 骨肉之親 kweh zók tsz t'sing.
Conscience, 良心 liang sing.
Consent, 應允 yung' 'yûn, 答允 tah yung'.
Consequences, 關係 kwan í'.
Consider, 思想 sz 'siang.
Constant, 常 dzang, (not change) 勿變 veh pien', dzang tsong veh pien'.
Constipation, 勿出工 veh ts'eh kúng, 大便勿通 dá' bien' veh t'úng.
Consul, 領事官 'ling zz' kwén.
Contagious, 傳人個 zén niun kú', (take by touch) 沾染 tsén zén.
Contain, 裝得落 tsong tuh loh.
Content, 心平 sing bing, (be) 放心 fong sing, 知足 tsz tsóh.
Continue, 傳流 zén lieu, 存留 dzun lieu.
Contract, (to) 約定 yáh ding'.
Contradict, 話勿是 wó' veh 'zz.
Contrary, 相反 siang 'fan, (wind) 逆風 niuk fúng.
Contribute, 捐 kiön, (money) 捐銀子 kiön' niung 'tsz.
Contrive, 想法則 'siang fah tsuh.
Control, 約束 yáh sóh, 管 'kwén sóh.
Convalescent, 病六七分好 ping' lóh t'sih fun 'hau.

COR

Convenient, 便當 *pien' tong', 方便 fong bien'.
Converse, 攀談 p'an dan or dan dan, 白話 báh wó'.
Convert, 感化 'kén hwó'.
Convex, 凸出來 teh t'seh lé.
Convict, v. 定罪 ting' 'dzûe, subst. 囚犯 dzieu van', 充軍個人 t'súng kiün ku' niun.
Convince, 叫人信服 kiau' niun sing' vóh.
Convulsions, 抽風病 t'seu fúng bing'.
Cook, (a) 燒飯個 sau van' kú', (to) sau van', 做 tsú' van'.
Cooked, 燒熟者 sau zók 'tsé.
Cool, 風涼 fúng liang.
Coolie, 小工 'siau kúng, (chair) 轎夫 giau' fú, (street) 挑夫 t'iau fú.
Cooper, 箍桶個 kú 'dúng kú'.
Copper, 銅 túng or 紅銅 húng dúng, (sheets) 片 túng p'ien'.
Copperas, 綠礬 lóh van.
Coppersmith, 銅匠 túng ziang'.
Copy, (to) 抄寫 ts'au 'siá, 謄寫 dung 'siá, (a rough copy) 草稿 't'sau 'kau.
Coral, 珊瑚 san hú.
Cord, 繩 zung, 索 zung sóh.
Coriander, 芫荽 niön sûe.
Cork, 塞頭 suh deu, suh 'tsz, (screw) 開瓶鑽 k'é bing tsûn.
Corn, 五穀 'ng kóh.
Cornelian, 瑪瑙 'mó 'nau.
Corner, 角落頭 koh loh deu.
Corpse, 屍首 sz 'seu, 死屍 'sí sz.
Correct, 端正 tön tsung', 正經 tsung'

CRE

kiung.
Corrode, 銹壞 sieu wá', 銹蝕 sieu zuh.
Cost, 價錢 ká' dien, (verb) 值 dzuh.
Costiveness, 勿出工 veh t'seh kúng 大便勿通 dá' bien' veh t'úng.
Cottage, 小屋 'siau oh, 小房子 'siau vong 'tsz, (at my cottage) 舍下 só' au'.
Cotton, 棉花 mien hwó, (yarn) 棉線 mien sien'.
Cough, 咳嗽 k'eh seu'.
Counsel, (take) 商量 song liang (give) 勸 k'iön'.
Count, 算 sûn'.
Countenance, 面孔 mien' 'k'úng.
Counterpane, 被面 pí' mien'.
Country, 國土 kóh dú', (the) 鄉下 h'iang 'au.
Couple, 一對 ih té'.
Courage, 膽量 'tan liang'; courageous 大 'tan dú'.
Court, (for judging) 衙門 ngá mun, (of house) 天井 t'ien 'tsing, 院 yön'.
Cousin, (father's side) 堂弟兄 tong dí' hiúng, (mother's) 表弟兄 'piau dí' hiúng.
Cover, 蓋 kó', (to) 蓋好 kó' 'hau 遮 tsó kó'.
Coverlid, 鋪蓋 p'ú kó'.
Covet, 貪 t'én, 圖財 tú dzé.
Cow, 母牛 'mú nieu.
Crab, 蟹 'há.
Crane, 仙鶴 sien ngoh.
Crape, 縐紗 tseu' só.
Crawl, 爬 pó.
Create, 創造 t'song' 'zau,
Creator, 造化主 'zau hwó 'tsú.

注 释

【踅脚个】跛子。
【括子】铙钹，大镲。
【女园】女儿。应为"女囡"，原文误。
【日脚】日子。
【聋/氅】聋子。
【死快者】快死了。

CYP

Credit, (sell on) 赊 só, (not give credit) 勿赊账 veh só tsang'.
Creditor, 债主 tsá' 'tsú.
Criminal, 犯人 'van niun, 囚犯 dzieu van'.
Cripple, 踅脚個 zeh kiáh kú'.
Crockery, 磁器 dzz k'í'.
Crooked, 弯曲 wan ch'ióh.
Crosswise, 横埭裏 wang 'tú 'lí.
Crow, 老鸦 'lau au, (to) 啼 dí.
Cruel, 凶暴 h'iúng bau',
Cruet-stand, 七星架 t'sih sing ká'.
Crumbs, 粒屑 lih sih.
Crush, 压壞 ah wá'.
Cry aloud, 喊叫 han' kiau'.
Crystal, 水晶 'sz tsing.
Cucumber, 黄瓜 wong kwó.
Cud, (chew the) 翻草 fan 't'sau.
Cultivate, 耕种 kung tsúng'.
Cumbersome, 累墜 ló' dzúe'.
Cunning, 诡谲 'kwé kióh.
Cup, 盃 pé, 碗 'wón.
Cure, 医好 í 'hau.
Curiosities, 古董 'kú 'túng.
Curse, 咒詛 'tseu 'tsú.
Curtain, (bamboo) 竹簾子 tsóh lien 'tsz, (musquito) 蚊帐 mun tsang', (window) 窗 t'song lien.
Cushion, 褥子 nióh 'tsz.
Custom, 规矩 kwé 'kü, (popular) 风俗 fúng zóh, (imperial) 税关 sûe' kwan.
Cut, 割 kōh (kweh).
Cuttle fish, 鰌鱼 yeu ng.
Cymbals, 括子 kwah 'tsz, 铙鈸 nau bah.
Cypress, 栢树 páh zû'.

DEB

D

Dagger, 小刀 'siau tau.
Daily, 日日 nyih nyih, 日多 nyih tú.
Damage, 损坏 'sung wá' (by water stains), 水渍 sz tsih.
Damask, 大花緞 tú' hwó dōn'.
Damp, 濕 sáh, 濕氣 sáh k'í'.
Dance, 跳舞 t'iau' 'vú.
Danger, 危险 wé' 'hien.
Dare, 敢 'kén.
Dark, 黑暗 huh én', (in the) 暗洞裏 én' dúng' 'lí.
Dates, (honeyed) 蜜枣 mih 'tsau, (tree) 枣树 'tsau zû'.
Daub, 塗 tú.
Daughter, 女园 'nū 'nön, (your) 令爱 ling' é', (in law) 媳妇 sing 'vú.
Dawn, 天亮 t'ien liang'.
Day, 日子 nyih 'tsz, 日脚 nyih kiáh, (last) 末末脚個日子 meh meh kiáh kú' nyih 'tsz.
Dead, 死者 'sí 'tsé, (half) 半死半活 pén' 'sí pén' weh.
Deaf, 聾 lúng, 氅 lúng bang'.
Deal with, 交往 kiau 'wong, 交易 kiau yuh.
Dear, (in price) 贵 kü', (in affection) 爱拉個 ó' lá kú'.
Dearth, (year of) 荒年 hwong nien.
Death, 死 'sí, (and life are decreed) 死生有命 'sí sung 'yeu ming', (to near death) 临终 ling tsóng, 死快者 'sí k'wá' 'tsó.
Debt, 债 tsá', (be in) 欠债 k'ien tsá'.
Debtor, 欠债個 k'ien tsá' kú', 该人

DEF

賬個 ké niun tsáng' kú'.

Decapitate, 斬頭 'tsan deu, 殺頭 sah deu.

Decay, 襄敗 só bá'.

Decayed, 枯槁 k'ú' kau, 老完 'lau wén.

Deceit, 詭譎 k'wé kiöh.

Deceive, 哄騙 húng' p'ien', 欺騙 k'í p'ien', 欺瞞 k'í mén.

Decent, 禮所當然 'lí 'sú tong zén, 好看 'hau k'ōn.

Decide, 決斷 kiöh tön', 立定主意 lih ding' 'tsú í'.

Decision, 主意 'tsú í'.

Declare, 說明白 söh ming báh.

Declivity, 斜面 ziá mien'.

Decrease, 減少 'kan 'sau.

Decree, 旨意 tsz' í', 命令 ming' ling'.

Deduct, 減脫 'kan t'eh, 扣脫 k'eu' t'eh.

Deep, 深 sun, (of doctrines) 深奧 sun au'.

Deepen, (hollow) 挖深 wah sun, (dig) 掘深 giöh sun.

Deer, 鹿 lóh.

Defalcation, (in money) 虧銀 k'wé niun, 空 k'wé k'úng'.

Defame, 毀謗 'hwé 'pong, 話壞 wó' wá'.

Defeat, 打敗 'tang bá' 得勝 tuh sung'.

Defeated, (be) 打輸 'tang sú, 打之敗仗 'tang tsz bá' tsáng'.

Defect, 毛病 mau bing', (in body) 殘疾 dzan dzih, (in morals) 短處 'tön t'sú'.

Defective, 勿全 veh dzien, 勿完全 veh wén zlen.

DEL

Defend, 保護 'pau hú', 保守 'pau 'seu, 庇護 pí' hú'.

Defendant, 被告 pó' kau'.

Defer, (to another day shall we?) 改日再話否 'ké nyih tsé' wó' vá?

Deficient, 缺少 k'iöh 'sau, 虧空 k'wé k'úng'.

Defilement, 齷齪 ok t'sok.

Define, 話明白 wó' ming báh, 解釋字意 'ká seh zz' í'.

Defraud, 誆騙 'k'wong p'ien'.

Degrade, (officer) 革脫 káh t'eh, (one step) 降一級 kong' ih kih.

Degraded, (from rank) 革脫之職分 kák t'eh tsz tsuh vun'.

Degree, (in longitude) 經度 kiung dú', (in latitude) 緯度 wó' dú', (number of) 數 dú' sú'.

Dejected, 憂愁 yeu dzeu.

Deify, 封爲神道 fúng wé zun dau'.

Deity, 上帝 'zang tí', 天主 t'ien 'tsû, (subordinate deities) 神明 zun ming, 鬼神 'kwé zun.

Delay, 遲延 dzz yien, 擔擱 tan koh.

Deliberate, 斟酌 tsun tsoh, 商量 song liang.

Delicate, (tender) 嫩 'nun, (fine) 細 sí'.

Delight, (in) 喜歡 'hí hwén.

Delighted, 快活 k'á' weh.

Delirious, 心裏發惛 sing 'li fah hwun.

Deliver, 救 kieu', 拯救 tsung' kieu', (deliver to) 交付 kiau fú', (let go) 釋放 suh fong', 放脫 fong' t'eh, 開釋 k'é suh.

Delude, 迷惑 mí wóh.

注　釋

【立定主意】拿定主意。

【打之敗仗】打了敗战。动词后面的"之"相当于"了"。

【改日再话否】改天再说好吗?"否"是疑问语气词。

【革脱之职分】革职。

注 释

【有消头】有需要的，销路好的，商品紧俏。

【无消场】销路不畅，商品滞销。

【细细能话】详细地说。副词后缀"能"相当于"地"。

【特特里】特地，故意。

【巴勿得/巴勿能够】求而不能得，想要却得不到。

Deluge, 洪水 *húng* 'sûe, 氾濫于天下 fan' lan' ü t'ien 'au.

Demand, (a debt) 討賬 't'au tsang', (an apology) 叫人話明白 kau' niun wó' ming báh, or kau' niun bé veh 'zz or kau' niun 認 niung' veh 'zz.

Demand, (in) 有消頭 'yeu siau' deu, (not in demand) 無消塲 m siau' dzang.

Demolish, 折脫 t'sáh t'eh, 壞 t'sáh wá'.

Demon, 鬼 'kwé, or 'chǔ, 魔鬼 mó 'kwé, 妖魔鬼怪 yau mó 'kwé kwá'.

Demoniac, 身上附鬼個 sung 'long vú' 'kū kú'.

Demonstration, 憑據 ping kū', 辯明 bien' ming.

Dense, 稠密 dzeu mih.

Deny, 勿認 veh niung', (one's faith) 背教 pó' kiau'.

Depart, 走 'tseu, 去 k'í', (take farewell) 離別 lí bih, (on a journey) 起身 'k'í sun, 動身 'dúng sun.

Depend, 倚靠 'i k'au', 靠賴 k'au' ló' 仗着 dzáng' záh, 靠托 k'au' t'oh.

Deplorable, 可憐 'k'ó lien, 可嘆 'k'ó t'an'.

Deportment, 行爲 háng wé.

Deposit, (money) 頂手 'ting' seu.

Deposition, (legal) 口供 'k'eu kúng, (of a prince by the people) 撥拉百姓廢脫個 peh 'lá pah sing' fi' t'eh kú'.

Depraved, 偏斜 p'ien ziá, 邪惡 ziá oh.

Depreciate, 看輕 k'ön' k'iung, (of exchange) 減脫行情 'kan t'eh hong zing.

Depressed, (in mind) 心裏氣悶 sing 'lí k'í' mun'.

Deprive, (of office) 革脫職分 káh t'eh tsuh vun'.

Depute, 委托 'wé t'oh, (a deputed officer) 委員 'wé yön.

Derange, 撓亂 'nau lön, 弄 lúng lön'.

Deranged, 癲狂 tien gwong.

Deride, 譏誚 ki ziau'.

Derive, (from its origin) 推其原由 t'ó gi niön yeu.

Descend, 降下來 kong' 'au lé, 落下來 loh 'au lé.

Descendants, 子孫 tsz sun, 後代 'heu dó'.

Describe, 話明白 wó' ming bah, 細細能話 sí' sí' nung wó'.

Desecrate, 蹧蹋 tsau t'ah.

Desert, 荒野地方 hwong 'yá dí fong.

Deserts, (what he deserves) 當得之賞 tong tuh tsz 'song.

desert, (to) 逃走 tau 'tseu.

Deserter, 逃兵 tau ping.

Deserve, (to die) 該死 kó 'sí, (a reward) 可賞 'k'ó 'song.

Design, 計謀 kí' meu, 計策 kí' t'sáh, 意思 í' sz'.

Design, (to) 圖謀 tú meu, 打算 'tang sön'.

Designedly, 故意 kú' í', 特特裏 tuh duh 'lí.

Desire, 要 yau', 羡慕 zien' mú', 巴勿得 pó veh tuh, 恨 hun' veh tuh, 巴勿能彀 pó veh nung keu', 想 'siang.

DET

Desist, 歇息 h'ih sih, 罷手 'pá 'seu, 停手 t'íng 'seu, 止住 'tsz dzû.

Desk, (portable) 寫字箱 'siá zz' siang, 抽梯櫈 t'seu t'í dé.

Despair, 絕望 dzih vong', 失脫望頭 seh t'eh mong' deu.

Despatch, (a messenger) 差人 t'sá 'niun, (a letter) 寄信 kí' sing'.

Desperate, 無沒法則 m meh fah tsuh, 無奈何 m 'né hú.

Despise, 藐視 'miau zz', 看勿起 k'ōn' veh 'k'í, (every body) 眼底無人 'ngan 'tí m niun.

Destiny, 命運 ming' yūn', 運氣 yūn' k'í'.

Destitute, 闕乏 k'iōh vah, 無飯吃個 m van' k'iuh kú'.

Destroy, 弄壞 lúng' wá' 滅脫 mih t'eh, (a house) 折脫房子 t'sâh t'eh vong 'tsz.

Destructible, 可以壞脫個 'kó 'í wá' t'eh kú'.

Detach, 分出來 fun t'seh ló, (cavalry) 分派馬兵 fun p'á' 'mó ping.

Detain, 留住 lieu dzû'.

Detect, 看破 k'ōn' p'ú'.

Deteriorate, 變壞 pien' wá'.

Determinate, 一定個 ih ding' kú'.

Determine, 立定主意 lih ding' 'tsû í', 定當 ting' tong, (a day) 限定日子 han' ding' nyih 'tsz

Detest, 恨 hung', 熬勿得 ngau veh tuh.

Detestable, 可惡 'k'ó ú'.

Detraction, 讒言 zan yien, 誹謗人個說話 fí 'pong niun kú' seh wó'.

Detriment, 損害 'sun hé', 敗壞 pá' wá'.

DIE

Deviate, 差 t'só, (from the road) 走差之路 'tseu t'só tsz lú'.

Deviation, 差處 t'só t'sû', (not the least) 一眼勿差 ih 'ngan veh t'só'.

Device, 法則 fah tsuh, 法術 fah zeh.

Devil, 魔鬼 mó 'kü, 惡鬼 ok 'kü.

Devise, 想法則 'siang fah tsuh, 謀幹 meu kûn'.

Devolve, (on him) 歸拉伊身上 kwó 'lá í sun 'long.

Devote, (to him) 許願撥拉伊 'hü niön' peh 'lá í.

Devoted, (servant) 忠心用人 tsúng sing yúng' niun, (officer) 忠厚臣子 tsúng heu' dzun 'tsz, (with whole mind) 專心 tsén sing.

Devotion, 虔心 kien sing, 誠心 dzung sing.

Devour, 吞吃 t'un c'hiuh.

Dew, 露 lú', 露水 lú' 'sz.

Dexterous, 手巧 'seu 'k'iau, 伶俐 ling lí'.

Diagram, 圖樣 tú yang'.

Dial, 日晷 nyih 'kwé, (horizontal) 地平日晷 tí bing nyih 'kwó, (erect) 竪日晷 'zü nyih 'kwé.

Dialect, 鄉談 h'iang dan, 土白 't'ú bah, 土話 't'ú wó', 本地話 'pun dí' wó'.

Diameter, 直徑 dzuh kiung.

Diamond, 金剛石 kiun kong záh.

Diarrhoea, 肚裏瀉 'tú 'lí zá', 泄瀉 sih siá'.

Dictate, 口傳 'k'eu dzén.

Dictionary, 字典 zz' 'tien, 字彙 zz' wé'.

Die, 死 'sz, 'sí, (die well) 善終 'zén

注 释

【播扬】扩散,传播。
【昏朦】模糊。
【担饭】带饭。
【垃塌】肮脏。
【辜负我望头】望头:希望。辜负我的希望。

DIR

tsúng.
Difference, 分別 fun pih, (in customs) 風俗不同 fúng zóh peh dúng, (not very different) 大同小異 dá' dúng 'siau í'.
Difficult, 難 nan, (to comprehend) 難以測量 nan 'í t'suh liang, (to obtain) 難得個 nan tuh kú'.
Diffuse, (to) 播揚 pú yang.
Dig, 掘 gioh, (deep) 深 gioh sun, a) well) 井 gioh 'tsing.
Digest, 消化 siau hwó'.
Dignified, (appearance) 威風 wé fúng.
Dilemma, (in a) 兩難之間 'liang nan tsz kien.
Diligent, 慇懃 yun giun, 認眞 niung' tsun, 慇謹 giun 'kiun, (and careful) 謹愼 'kiun zun, (and labourious) 勞 'giun lau.
Dim, 昏朦 hwun múng.
Dimensions, 長闊高深 dzang k'weh kau sun.
Diminish, 減少 'kan 'sau, (a little) 減脫一點 'kan t'eh ih 'tien.
Diminutive, 細小 sí' 'siau.
Dimity, 柳條布 'lieu diau pú'.
Dinner, (at) 吃飯 c'hiuh van', (bring) 担飯 tan van', (midday meal) 中飯 tsúng van', (evening meal) 夜飯 yá' van'.
Dip, (in water) 溫拉水裏 wun 'lá 'sz 'lí, 浸 tsing'.
Direct, 正直 tsung' dzuh, 壁立 pih lih dzuh.
Direct, (to) 管理 'kwén 'lí, 主張 'tsú tsang, (by pointing) 指引 'tsz 'yun, 點 'tsz 'tien.
Directly, 一直 ih dzuh, (immediate-

DIS

ly) 馬上 'mó 'long, 立刻 lih k'uh, (come directly) 就來 dzieu' lé.
Director, 管事體個 'kwen zz' 't'í kú', (of justice) 按察司 ön' t'sah sz, (of finance) 布政司 pú' tsung' sz.
Dirt, 泥土 ní 't'ú, 爛泥 lan ní.
Dirty, 齷齪 ok t'soh, 垃塌 lah t'ah, (to) 累齷齪 ló' oh t'soh.
Disadvantageous, (to me) 我吃虧 'ngú c'hiuh k'wé (k'ü).
Disagree, 勿相合 veh siang heh, 脾氣勿對 pí c'hí' veh té', 勿和睦 veh hú móh, 勿對 veh té'.
Disallow, 勿准 veh 'tsung, 勿許 veh 'hú.
Disappear, 勿見 veh kien'.
Disappoint, (my hopes) 辜負我望頭 kú veu' 'ngú mong' deu, (disappointed) 失望 seh mong', 失意 seh í'.
Disaster, 災難 tsé nan'.
Disavow, 勿認 veh niung', 勿承認 veh zung niung'.
Disband, 散兵 'san ping.
Disbelieve, 勿信 veh sing'.
Discard, 勿用 veh yúng', 棄脫 c'hí t'eh.
Discernment, 見識 kien' suh, 心地聰明 sing dí' t'súng ming.
Discharge, (cargo) 開艙 k'é t'song, 卸船 siá' zén (arrow) 射箭 zok tsien', (a debt) 賠還 bé wan, (a prisoner) 釋放 suh fong'.
Disciple, 門徒 mun dú, 學生子 hok sang 'tsz.
Discipline, 敎法 kiau' fah, (military) 兵法 ping fah.
Disclose, 露出來 lú' t'seh lé, 泄漏 sih leu'.

DIS

Discompose, 鬧動 nau‵ ′dúng, 攪亂 ′kiau lön‵.
Discontented, 勿放心 veh fong sing.
Discordant, 勿和睦 veh hú móh.
Discover, 查出來 dzó t'seh lé, 顯明 ′h'ien ming, 看得出個 k'ön‵ tuh t'seh kú‵.
Discountenance, 待人冷淡 té‵ niun ′lang ′dan.
Discourage, 叫人膽小 kiau‵ niun ′tan ′siau.
Discourse, (upon) 論到 lun‵ tau‵, 講書 ′kong sû, (on village duties) 講鄉約 ′kong h'iang yáh.
Discourteous, 無沒禮 m meh ′lí.
Discreet, 穩當 wun tong, 細心 sí‵ sing, 謹慎 ′kiung zung‵.
Discrepancy, 分別 fun pih, 差 t'só, the difference of a hair will lead to an error of 1000 lí, 差之毫釐謬以千里 t'só tsz hau lí mieu‵ ′í t'sien ′lí.
Discretion, (at) 隨便 dzúe bien‵.
Discriminate, 辨別 pien‵ pih, 分出來 fun t'seh lé.
Discuss, 辯論 pien‵ lun‵, 講究 ′kong kieu‵.
Disdainful, 驕傲 kiau ngau‵.
Disease, 病 ping‵, (source of) 病根 ping‵ kun, (of the eyes) 眼睛勿好 ′ngan tsing veh ′hau.
Disentangle, 解脫 ′ká t'eh, (a knot) 解結 ′ká kih.
Disgrace, 羞辱 sieu zóh, (afraid of) 怕羞恥 p'ó‵ sieu ′t'sz, 忝辱 ′t'ien zóh.
Disgusting, 可惡個 ′k'ó ú‵ kú‵.
Dish, 盆子 pun ′tsz, (flat dish) 盤 pén.

DIS

Dishearten, (him) 叫伊膽小 kiau‵ í ′tan ′siau.
Dishonest, 勿牢實 veh lau zeh.
Dishonour, 玷辱 tien‵ zóh, 待慢 dó‵ man‵.
Disinclined, 勿情願個 veh dzing‵ niön‵ kú‵, 勿肯 veh ′k'ung.
Disinherit, 勿撥伊接着家業 veh peh í tsih záh ká nyih.
Disinterested, 勿私心 veh sz sing, 勿偏意 veh p'ien í‵.
Dislike, 惱恨 ′nau hung‵, 怨恨 yön‵ hung‵, 勿愛 veh é‵, 厭惡 yien‵ ú‵.
Dislocate, 脫骱 t'ŏh gá‵.
Disloyal, 勿忠心 veh tsung sing.
Dismayed, (to be) 吃驚 ch'iuh kiung, (was) 吃之一驚者 ch'iuh tsz ih kiung ′tsé.
Dismiss, (him) 勿用伊 veh yúng‵ í, (from office) 罷伊個官銜 ′pá í kú‵ kwén tsiáh.
Dismount, 下馬 ′hau ′mó, 勿騎 veh gi.
Disobedient, (to parents) 悖逆父母 pó‵ niuh ′vú ′mú, 忤 ′ng niuh ′vú ′mú, (to heaven's decree) 違孛天命 wé bó‵ t'ien ming‵, (to orders) 違命 wé ming‵, 勿遵命 veh tsun ming‵, (purposely disobey) 故 kú‵ wé.
Disorder, (to) 擾亂 ′zau lön‵, 攪 ′kiau lön‵.
Disordered, 昏亂 hwun lön‵, 昏沌 hwun dun, 紛 fun lön‵, (in mind) 心昏意亂 sing hwun í‵ lön‵.
Disorderly, (conduct) 妄為 vong wé, (thinking) 妄想 vong ′siang.
Disown, 勿認 veh niun‵.
Dispensary, 藥房 yáh vong, 施藥局

注　釋

【鬧動】不安，混乱。
【显明】发现，使明显。
【勿牢实】不老实，不诚实。
【勿拨伊接着家业】不让他继承家业。

注 释

【怨心】不满，不高兴。
【话破】说出真相。
【摺子】折子，公文。
【鹰洋】墨西哥银元。
【四开】25美分，1/4美元。

DIT

sz yáh giỏh.
Dispense, 分出來 fun t'seh lé.
Disperse, 散 san‘.
Display, 彰顯 tsang‘ hien.
Displease, 勿中意 veh tsúng‘ í‘.
Disposition, 性情 sing‘ zing.
Dispute, 辨駁 pien‘ póh.
Disquietude, (of mind) 心勿平安 sing veh bing ön.
Disregard, 勿理 veh ‘lí, 勿顧 veh kú‘, 勿以爲意 veh ‘i wé í‘.
Disrespect, (show) 勿恭敬 veh kúng kiung‘.
Dissatisfied, 怨心 yön‘ sing, 勿知足 veh tsz tsôh.
Dissimilar, 勿一樣 veh ih yang, 勿象 veh ‘ziang.
Dissipated, 放蕩 fong‘ dong.
Dissolve, 化開 hwó‘ k'é, 消化 siau hwó‘.
Distant, 遠 ‘yön, 隔遠 káh ‘yön.
Distil, (to) (samshu) 熬酒 ngau ‘tsieu.
Distinguish, 分別 fun pih, 分明 fun ming, 辨別 bien‘ pih.
Distinguished, 出名個 t'seh ming kú‘.
Distract, 亂心 lön‘ sing.
Distress, (him) 難爲伊 nan wé i.
Distressed, 苦惱 ‘k'ú ‘nau.
Distribute, 分 fun.
District, 縣分 yön‘ vun‘, (magistrate) 知縣 tsz yön‘.
Distrust, 勿信 veh sing‘, 疑心 ni sing.
Disturb, 驚動 kiung ‘dúng, 攪亂 ‘kiau lön‘.
Ditch, 水溝 ‘sz keu.

DOL

Divide, 分開 fun k'é, (in arithmetic) 除 dzû, (equally) 平分 bing fun (into classes) 派出來 p'á t'seh lé.
Divination, 占卜 tsén pôh, (grass used in) 筮草 sz ‘t'sau, (with the eight symbols) 占卦 tsén kwô‘.
Divine, (to) 算卦 sön‘ kwô‘, (with divining sticks) 求籤 gieu t'sien, (with symbols) 占卦 tsén kwô‘.
Divinity, (divine nature) 上帝個性體 ‘zang tí‘ kú‘ sing‘ ‘t'í, 天主個性體 t'ien ‘tsú kú‘ sing‘ ‘t'í.
Division, (a portion) 一分 ih fun, 一股 ih ‘kú.
Divorce, 休妻 h'ien t'sí.
Divulge, 話破 wó‘ p'ú‘, 事體敗露 zz‘ ‘t'í ba‘ lú‘.
Do, 做 tsú‘ (nothing he does not do) 無所不爲 vú ‘sú peh wé, (do by turns) 輪流做 lun lieu tsú‘, (do not) 勿要 veh yau‘, 勿可以 veh ‘k'ó ‘í.
Doctor, 醫生 í sang, 郎中 long tsúng‘.
Doctrine, 道理 ‘dau ‘lí, 敎 kian‘.
Document, 摺子 tseh ‘tsz, 文書 vun sû, 書契 sû k'í‘, (to carry) 執照 tseh tsau‘.
Dog, 狗 ‘keu, (to belong to the 11th year of the animal cycle) 屬狗 zok ‘keu.
Dogmatical, 自以爲是 zz‘ ‘i wé zz‘, 意思執定 í‘ sz tseh ding‘, 己意 ‘ki í‘, 偏見 p'ien kien‘.
Dollar, (Mexican) 鷹洋 yung yang (foreign) 洋錢 yang dien, (quarter of a) 四開 sz‘ k'é.

Domestic, (animals, six) 馬 'mó, 牛 nieu, 羊 yang, 雞 kí, 犬 'k'iön, 豕 sz', (instruction) 家訓 ká hiün, (American cloth, domestic) 原色洋布 niön suh yang pú', (servants) 用人 yúng' niun.
Dominion, 權柄 giön ping' (over life and death) 生殺之權 sung sah tsz giön.
Dominoes, 骨牌 kweh bá.
Donation, 捐拉個銀子 kiön 'lá kú' niung 'tsz.
Donor, 施主 sz 'tsú.
Door, 門 mun, (front) 前門 zien mun, (and windows) 門窗 mun t'song, (next door neighbor) 隔壁 káh pih, (double) 兩扇門 'liang sén' mun.
Doorkeeper, 看門個 k'ön mun kú', (doorway) 門口 mun 'k'eu.
Doormouse, 松鼠 súng 'sú.
Dose, (of medicice) 一服藥 ih vóh yáh, 劑藥 ih tsí' yáh.
Dot, 一點 ih 'tien, (to dot with commas) 點書 'tien sù.
Double, 兩倍 'liang bé', (make) 加一倍 ká ih be'.
Doubt, 疑惑 ní wóh, 心 ní sing.
Dove, 斑鳩 pan kieu.
Dowager, (empress) 皇太后 wong t'â' heu'.
Down, (fall) 跌下來 tih 'hau lé, (walk) 走下去 'tseu 'hau k'í', (it is down below) 勒拉下底 leh 'lá 'hau 'tí, (sun is down) 日頭落山者 nyih deu lok san 'tsé.
Doxology, 讚美經 tsan' mé kiung or tsan' 'mé sz 詩.
Drag, 拖 t'ú, 拉 'lá, 牽 kien, (net) 拖綱 t'ú 'mong.
Dragon, 龍 lúng, (dragon boat) 船 lúng zén, (emperor's gown embroidered with dragons) 袍 lúng ban.
Drain, 溝 keu, (shut) 暗溝 én' keu, 陰溝 yun keu.
Drake, 雄鴨 yúng ah.
Dram, (8th of oz.) 八分錢之一 pah fun zien tsz ih, 兩分半 'liang fun pén'.
Drama, 戲 hí', (act a) 做戲 tsú' hí', (see a) 看戲 k'ön hí'.
Draught, (of water) 一口水 ih 'k'eu 'sz, (draught's men) 棋子 gí 'tsz.
Draw, 拖 t'ú, 拉 'lá, (draw a boat) 牽船 k'ien zón, (a picture) 畫畫 wó wó, (draw lots) 抽籤 t'seu t'sien, 拈鬮 nien kieu.
Drawbridge, 吊橋 tiau' giau.
Drawers, (in a table) 抽頭 t'seu deu, 梯 t'seu t'í, (clothing) 襯褲 t'sung' k'ú'.
Drawing room, 客堂 k'áh dong, 客廳 k'áh t'ing.
Dread, 懼怕 gü' p'ó', (heaven's decree) 畏天命 wé' t'ien ming'.
Dream, 夢 mong', (to) 做夢 tsú' mong'.
Drenched, 濕完者 sáh wén 'tsé.
Dress, 着衣裳 tsáh í zong.
Driandria cordifolia, 梧桐樹 ngú dúng zú'.
Drift, 漂流 p'iau lieu.
Drill, (a nail hole) 鑽釘眼 tsün ting 'ngan.
Drink, (water) 吃水 k'iuh 'sz.

注 释

【点书】在古书上断句。
【抽头】抽屉。
【客堂】客厅。
【着衣裳】着：穿。穿衣服。

注　释

【蛊病】由寄生虫（如血吸虫等）引起的臌胀病。又称蛊胀，也简称蛊。

【哑子】哑巴。

【蓬尘】灰尘。

【鸡毛掸肘】手柄上装有鸡毛的拂尘。

【麦实头】麦穗。

DUL

Drive, 趕 'kûr, 趕脱 'kûn t'eh, (a wheel barrow) 推小車 t'ó 'siau ts'ó, (a nail) 釘釘 ting' tiug'.

Droop, (strength) 氣力衰敗 k'i' lih sé bá', 精神少者 tsing zun 'sau 'tsó, (flowers) 乾枯 kûn k'ú.

Drop, (water) 滴 tih, (down) 跌下來 tih 'hau lé, (anchor) 拋錨 p'au mau.

Dropsy, (feet) 腳腫起來 kiáh"t'súng 'k'i lé, (name of disease) 蠱病 'kú bing'.

Drought, 天旱 t'ien hön', (for several years) 連年大旱 lien nien dá' hön'.

Drowned, 沉殺者 dzun sah 'tsé, (drown little girls) 溺女 niuh 'nü.

Drugs, 藥材 yáh dzé.

Drum, 皷 'kú.

Drunk, 吃醉酒者 k'iuh tsûn' 'tsieu 'tsé.

Dry, 乾 kûn, (dry in the sun) 晒乾 só' kûn, (to dry clothes) 晒 or 晾衣裳 long' í zong, (wipe dry) 揩 k'á kûn.

Dual, (principle in nature) 陰陽 yun yang.

Duck, 鴨 ah, (wild) 野 'yá ah.

Duckweed, 浮萍 veú bing.

Due, (money) 欠少個銅錢 k'ien' 'sau kú' dúng dien, 欠拉個債 k'ien' 'lá kú' tsá'.

Duke, 公爺 kúng yá, (rank of) 公爵 kúng tsiáh.

Dull, (in perception) 愚蠢 nü t'sun, 呆笨 ngé bun', (dull knife) 鈍刀 dun' tau, (dull day) 陰天 yun t'ien.

EAR

Dumb, (person) 啞子 'au 'tsz.

Dung, 糞 fun'.

Dungeon, 監牢 kan lau, 獄 nióh.

Durable, 牢 lau, 堅固 kien 'kú.

Dusk, 黃昏頭 wong hwun deu.

Dust, 蓬塵 búng dzun, (to dust) 撢撢 tön tön búng dzun.

Duster, (feather) 雞毛撢肘 kí mau tön 'tseu (wet) 揩布 k'á pú'.

Dutiful, (son) 孝子 hiau' 'tsz, (officer) 忠臣 tsúng dzun.

Duty, 本分 'pun vun', (custom) 稅銀 sûe' niun.

Dwarf, 矮子 'á 'tsz.

Dwell, 住 dzû', (temporarily) 躭擱 tan koh.

Dye, (cloth) 染布 'nien pú' (red) 紅 'nien húng.

Dynasty, 朝代 dzau dó', (present) 本 'pun dzau.

Dysentery, 紅痢疾 húng lí' dzih, or húng báh lí dzih.

Dyspepsia, 肚裏勿消化 tú' 'lí veh siau hwó'.

E

Each, (man) 每人 'mé niun, 各人 koh niun.

Eager, 懇切 'k'un t'sih, 熱心 nyih sing.

Eagle, 老鷹 lau yung.

Ear, 耳朶 'ni 'tú, (of wheat) 麥實頭 máh zeh deu.

Ear-glove, 耳朶套 'ni 'tú t'au'.

Ear-witness, 親耳朶聽見個人 t'sing

EDI

t'sing 'ni 'tú t'ing kien' kú' niun.
Early, 早 'tsau, 老 'lau 'tsau.
Earn, 賺銅錢 dzan' dúng dien'.
Earnest, 誠心 zung sing, 慇懃 yun ginn, 懇切 'k'un t'sih, (earnestly) 切 t'sih t'sih
Earth, 地 dí', (globe) 地球 dí' gieu (mould) dí' 't'ú.
Earthenware, (China) 磁器 dzz k'í', (shop) 缸甏店 kong bang tien, (coarse) 瓦器 'ngó k'í'.
Earthquake, 地動 dí' dúng', 地震 dí' 'tsun.
Earthworm, 曲蟮 k'ióh 'zén.
Ease, 平安 bing ōn, 安逸 ōn yuh.
East, 東 túng, (eastern quarter) 東方 túng fong, 邊 túng pien.
Easy, 容易 yúng í', 勿難 veh nan, (in dealing with) 寬舒 k'wén sù.
Eat, 吃 k'iuh, 吃飯 k'iuh van', (of rust and insects) 蛀 tsú'.
Eatable, 吃得個 k'iuh tuh kú'.
Eaves, 房簷 vong yien.
Ebb, 潮落 dzau loh, 落水 loh 'sz.
Ebony, 烏木 ú móh.
Echo, 應聲 yung sung, 應响 yung 'hiang.
Eclipse, (sun) 日食 nyih zuh, 月食 niŏh zuh.
Ecliptic, 黃道 wong 'dau.
Economical, 省儉 'sang gien', 省用 'sang yúng'.
Economy, 節度 tsih dú'.
Ecstacy, 魂不附體 wung peh vú' 't'í.
Edge, (of knife) 刀口 tau 'k'eu, (of well) 井邊 'tsing pien.
Edible, 好吃 'hau k'iuh.

ELA

Edict, 聖旨 sung' tsz', 聖諭 sung' ü', 上諭 zang' ü'.
Edify, 幫助德行 pong dzú' tuh yung'.
Educate, 教訓 kiau' hiŭn', 教導 kiau' 'dau.
Educated (man) 讀書人 tóh sù niun.
Eel, 鱔魚 'zén ng.
Efface, 點脫 'tien t'eh, 除脫 dzú t'eh.
Effect, 效驗 yau' nien', 靈驗 ling nien', 應 yung' nien', (consequences) 關係 kwan í'.
Effect, (to) 成就 dzung dzieu', 成功 dzung kúng.
Efficacious, 有靈應 'yeu ling yung' or 驗 nien'.
Effluvia, 氣味 k'í' mí'.
Effort, (make) 出力 t'seh lih, (exhort to effort) 勉勵 'mien lí'.
Effulgence, 光彩 kwong 't'sé.
Egg, 蛋 dan', (hen's egg) 雞蛋 kí dan'.
Eject, 趕出去 'kûn t'seh k'í'.
Eight, 八, 捌 pah, (the eighth) 第八 dí' pah, (month) 八月 pah niŏh.
Eighteen, 十八 zeh pah.
Eighty, 八十 pah zeh or pah zeh.
Either, (this man or that) 或第個人 或故個人 wóh dí' kú' niun wóh kú' kú' niun, (either I go or you) 勿是我去就是儂去 veh 'zz 'ngú k'í' dzieu' 'zz núng' k'í'.
Elastic, (band) 寬緊帶 k'wén 'kiun tá'.
Elasticity, 復原個氣力 vóh niŏn kú' k'í' lih.
Elated, 高興 kau h'iung'.

注 释

【賺銅钱】赚钱。
【曲蟮】蚯蚓。
【节度】节省。
【点脱】除掉,抹掉。
【宽紧带】松紧带。

注释

【臂撑子】手肘。
【圈手椅】有扶手的椅子。
【火瘴】橡皮病。
【再勿然末】另外。
【勿晓得那能做】不知道怎么做。
【末末脚】最后。

EMB

Elbow, 臂撑子 *pí' t'sang 'tsz.*
Elbow-chair, 圈手椅 *k'iuen 'seu 'í.*
Elder, (brother) 阿哥 *á kú,* (your do.) 令兄 *ling' h'iúng,* (my do.) 家兄 *ká h'iúng.*
Elders, 長輩 *'tsang pó',* 長老 *'tsang 'lau.*
Eldest, 擧長個 *'kü 'tsang kú'.*
Electricity, 電氣 *dien' k'í'.*
Elegant, 雅 *'yá,* 文雅 *vun 'yá.*
Elements, 五行 *'ng yung,* 金木水火土 *kiun móh 'sùe 'hú 't'ú.*
Elephant, 象 *ziang'.*
Elephantiasis, 火瘴 *'hú tan.*
Eleven, 十一 *zeh ih.*
Elm, 榆樹 *ü zú'.*
Eloquence, 口才 *'k'eu dzé.*
Else, 另外 *ling' ngá',* 再勿然末 *tsó' veh zén meh.*
Eleswhere, 別處 *bih t'sù',* bih dzang hau'.
Elude, 避開 *bí' k'é.*
Emaciated, 瘦完者 *seu' wén 'tsé.*
Emancipate, 釋放 *suh fong'.*
Embankment, (sea) 海堤 *'hó dí,* 塘 *'hé dong.*
Embargo, (on boats) 禁止行船 *kiun' 'tsz hang zén.*
Embarrass, 難爲 *nan wé,* 眈悇 *tan wù'.*
Embarrassed, 勿曉得那能做 *veh 'hiau tuh 'ná nung tsú'.*
Embezzle, (emperor's money) 私底下用皇帝個銀子 *sz' 'tí 'au yúng' wong tí' ku' niung 'tsz.*
Embrace, (him round the neck) 抱住伊個頸骨個 *pau' dzù' í kú' 'kiung kweh kú'.*

END

Embroider, 繡花 *sieu' hwó,* (embroidered table covers) 棹圍 *sieu' hwó tsoh wé.*
Embryo, 胎裏有孕 *t'é 'lí 'yeu yùn'.*
Emerald, 綠寶石 *lóh 'pau záh.*
Emergency, 急用個時候 *kih yúng' kú' zz heu'.*
Emotions and passions, 七情六欲 *t'sih dzing lóh yóh.*
Emperor, 皇帝 *wong tí',* 皇上 *wong zang'.*
Employ, 用 *yúng',* 任用 *zung' yúng'.*
Employer, 工頭 *kúng deu.*
Empty, 空 *k'úng,* 虛空 *h'ü k'úng.*
Emulate, 發奮 *fah fun',* (in running) 賽跑 *sé' 'bau.*
Encircle, 圍着 *wé záh.*
Enclose, 圈起來 *k'iuen 'k'í lé.*
Enclosure, 圍牆 *wé dziang.*
Encomium, 讚美個說話 *tsán' 'mé kú' seh wó'.*
Encounter, 交戰 *kiau tsén',* 相抵 *siang 'tí.*
Encourage, 勉勵 *'mien lí',* 鼓舞 *'kú 'vú.*
Encroach, (upon) 侵犯 *t'sing van',* 霸佔 *pó' tsien.*
Encumber, 累墜 *lé' dzùe'.*
Encyclopaedia, 類書 *lé sù,* (three well known encyclopaedias) 通志,通典,通考 *t'ùng tsz', t'ùng 'tien, t'ùng 'k'au,*
End, 末末脚 *meh meh kiáh,* 結煞 *kih sah,* 局 *kih gióh,* (of year) 年底 *nien 'tí,* (two ends of a thing) 兩端 *'liang tön,* (of a book) 書終 *sù tsúng.*

ENG

End, (to) 完結 *wén* kih.
Endanger, (one's self) 昌險 mau‘ 'hien
Endeavour, 出力 t'seh lih, (use best) 盡心竭力 dzing‘ sing gih lih.
Endemic, 本地所常有傳人個病 'pun dí‘ 'sú dzang 'yeu dzén niun kú‘ bing‘.
Endless, 無窮無盡 vú giúng vú dzing‘.
Endorse, 單背後題名 tan pe‘ 'heu di ming.
Endowments, (of nature) 天才 t'ien dzé.
Endure, 忍耐 'niun né‘, 擔當 tan tong, 含容 hén yúng.
Enemy, 讎敵 dzeu dih, 對頭 té‘ deu, 對敵 té‘ dih, (private) 冤家 yōn ká.
Energy, 力量 lih liang‘, 精神 tsing zun.
Enforce, (obedience) 勉強叫伊做 'mien 'k'iang kau í tsú‘.
Engage, (workman) 僱人工 kú‘ niun kúng, (soldiers) 招募兵丁 tsau mú‘ ping ting, (boat) 僱船 kú‘ zén, (a passage) 搭船 tak zén, (— to do) 約定 yáh ding‘.
Engaged, 有事體 'yeu zz‘ 't'i, 有公事 'yeu kúng zz‘, 無得空 m tuh k'ung.
Engagement, 約期 yáh gí, (written) 文約 vun yáh, (having a previous) 先已約定 sien 'í yáh ding‘.
Engine, (steam) 火輪機 'hu lun kí or 'hú lun t'só (車), (fire) 水龍 (automaton oxen and horses) 木牛流馬 móh nieu lieu 'mó.
England, 英吉利 yung kih lí‘, 大英

ENS

國 dá‘ yung kóh.
Engraft, 接 tsih.
Engrave, 彫刻 tiau k'uh, (blocks) 刻板 k'uh 'pan.
Engraver, 刻字個 k'uh zz‘ kú‘.
Enigma, 隱語難解 'yun 'nŭ nan 'ká.
Enjoy, (happiness) 享福 'hiang fóh, (riches) 享受富貴 'hiang 'zeu fú‘ kwé‘.
Enlarge, 加大 ká dú‘, 開闊 k'é k'weh, 張大 'tsang dá‘.
Enlighten, 照亮 tsau‘ liang‘, 開明 k'é ming.
Enlist, 投營當兵 deu yung tong ping.
Enliven, 加精神 ká tsing zun.
Enmity, 相恨 sianghung‘, (deadly) 不共戴天之讎 peh gúng‘ té‘ t'ien tsz dzeu.
Ennoble, (him) 賞伊世襲個爵位 'song í sz‘ zih kú‘ tsiáh wé‘.
Enormous, 無限無量 vú yan‘ vú liang‘, (crime) 頂天個罪 'ting t'ien kú‘ 'dzŭe.
Enough, 彀 keu‘, 干事 kŭn zz‘, (to eat) 彀吃 keu‘ k'iuh, 勿彀事 veh keu‘ zz‘.
Enquire, 問 mun‘, 打聽 'tang t'ing, 訪問 'fong mun‘, 查考 dzó 'k'au, 盤詰 bén kih.
Enraged, 生氣 sang k'í‘, 激怒 kih nú‘.
Enrol, 上簿子 zong‘ bú‘ 'tsz.
Enslave, 強人爲奴 'k'iang niun wé nú.
Ensnare, 牢籠別人 lau lŭng bih niun, 設計誘惑人 seh kí‘ yeu‘ wóh niun.

注 釋

【单背后题名】在背面签名。
【无得空】没空。
【火轮机】蒸汽引擎。
【水龙】消防车。
【牢笼别人】给别人设圈套。

注释

【好孛相个事体】好玩的事情。
【托拨拉伊】托付给他。
【缠绞】缠绕。
【起日为元】以第一天起始点。意为时间上的某个起始点。
【中带】赤道。

ENV

Ensure, 保得住 'pau tuh dzŭ'.
Entangle, 絆住 pan' dzŭ'.
Enter, 進 tsing', 去 tsing' k'ï', (a society) 入會 zeh wé', (a religion) 進教 tsing' kiau',
Entertain, 看待 k'ön' dé', 接待 tsih dé'.
Entertainer, 主人 'tsŭ niun.
Entertainment, (feast) 筵席 yien zih, (confer an) 賞筵 'song yien, (amusement) 好孛相個事體 'hau beh siang' kú' zz' 'ṯ i.
Enthusiasm, 熱心 nyih sing.
Entice, 引誘 'yun yeu', 誘惑 yeu' wóh.
Entire, 完全 wén dzien, 囫圇 weh lun, 整齊 'tsung dzí.
Entrails, 五臟六腑 'wú zong' lóh 'fú, 心 sing (heart), 肝 kŭn (liver), 脾 bí (coat of stomach), 肺 fï' (lungs), 腎 zun', (kidneys)—are the five upper viscera) 為五臟 wé 'wú zong; 大腸 dá' dzang, 小腸 'siau dzang, 胃 wé' (stomach), 膀胱 bong kwong (bladder), 心胞絡 sing pau loh (covering of the heart), 膽 'tan (gall bladder)—are the six lower viscera) 為六腑 wé lóh 'fú.
Entrap, 引誘 'yun yeu', 陷 yan', 絆住 pan' dzŭ'.
Entrance, 門口 mun k'eu, (no entrance) 無門可入 wú mun 'k'ó zeh.
Entreat, 求 gieu, 懇求 'k'un gieu.
Entrust, 托付 t'oh fú', 托人 t'oh niun, (him) 托撥拉伊 t'oh peh 'lá i.
Entwine, 繾絞 dzén kiau.

EQU

Envelope, 包含 pau han, 信封 sing' fúng, 書套 sú t'au'.
Environs, 四鄉, (of a walled city) 城外 zung ngá', (to environ) 圍著 wé záh.
Enumerate, 數 sú', (difficult) 難以數盡 nan 'í sú' dzing'.
Enunciate, 口說 'k'eu söh, (enunciation) 口音 'k'eu yun.
Envoy, 差人 t'sá niun, (imperial) 欽差 k'iun t'sá, 使官 'sz kwén'.
Envy, 妒忌 tú' gï', 嫉妒 dzih tú', 愲嫉 mau' dzih.
Eolian, (harp) 風琴 fúng giun.
Epidemic, 瘟疫 wun yoh, 瘟病 wun bing'.
Epidendrum, 蘭花 lan hwó.
Epistle, 書信 sú sing'.
Epitomize, 取其大略 't'sŭ gi dá' liáh.
Epoch, (for calculation) 起日為元 'k'í nyih wé niön.
Equal, 均平 kiün bing, 相等 siang 'tung, 勿多勿少 veh tú veh 'sau.
Equal, (to) 比得上 'pí tuh zong', 跟得上 kun tuh zong'.
Equalize, 調勻 diau yün, 勻一勻 yün ih yün.
Equator, 赤道 t'suh dau', 中帶 tsúng tá'.
Equi-distant, 一樣遠近 ih yang' 'yön 'giun.
Equilateral, (triangle) 等邊三角形 'tung pien san koh yung.
Equilibrium, 輕重相平 k'iung 'dzúng siang bing.
Equinox, (spring) 春分 t'sun fun,

EST

(autumn) 秋分 t'sieu fun.
Equip, 預備整齊 yü bé' tsung' dzí.
Equitable, 公平 kúng bing.
Equivocal, 一言兩義 ih yien 'liang ní'.
Era, 時候 zz heu', 朝代 dzau dé'.
Eradicate, 除脱 dzú t'eh, 拔脱 bah t'eh.
Erase, 塗抹 dú meh.
Erect, 建立 kien' lih, (a pole) 樹 zû', (tent) 搭 tah.
Err, 差 t'só, 有過失 'yeu kú' seh, 有差處 'yeu t'só t'sû'.
Error, 差訛 t'só ngú, (propagate errors) 以訛傳訛 'í ngú dzén ngú, a small mistake leads to great error 差以毫釐謬以千里 t'só 'í hau 'lí mieu 'í t'sien 'lí.
Erysipelas, 瘒疽 'tan tsû.
Escape, 逃走 dau 'tseu, 走脱 'tseu t'eh, 脱出來 t'ōh t'seh lé.
Escort, 護衛 hú' wé', 護送 hú' súng', 陪送 bé' súng'.
Especially, 特特裏 tuh duh 'lí.
Essay, 文章 vun tsang, (essay admonishing the age) 勸世文 k'iön' sz' vun.
Essence, 本質 'pun tseh, 本體 'pun 't'i, 精 tsing.
Essential, 要緊 yau' 'kiun, 少勿得個 'sau veh tuh kú'.
Establish, 設立 seh lih, 建 kien' lih, 開 k'é, (course of instruction) 設教 seh kiau'.
Establishment, 局 jióh or gióh, (for drugs) 藥局 yáh gioh.
Estate, 基業 kí nyih, 家 ká nyih, 業

EVE

't'san nyih.
Esteem, 珍重 tsun zúng', 尊 tsun zúng', (esteem as) 以爲 'í wé'.
Estimable, 可敬 'k'ó kiung'.
Estimate, 估估價錢 'kú 'kú ká' die'" 打算 'tang sön', 度量 doh liang'.
Estimate, (an) 單子 'kú ká' dien kú' tan 'tsz.
Et caetera, 云云 yün yün.
Eternal, 永遠 'yúng 'yön, (—happiness) 福 'yúng fóh, (—misery) 苦 'yúng 'k'ú, (—life) 生 'yung sung.
Eternally, (existing) 常庄勒拉 dzang tseng leh 'lá.
Ethics, 論行爲 lun hang wé', 善惡個道理 'zén ok kú' 'dau 'lí, 五常五倫 'wú dzang 'wú lun kú' 'dau 'lí 仁義禮智信 zun ní' 'lí tsz' sing', 君臣父子夫婦昆弟朋友 kiün zun 'vú 'tsz fú vú' k'wun dí' bung 'yeu.
Etiquette, 禮貌 'lí mau', 規矩 kwé 'kü.
Evade, 躲避 'tú bí'.
Evanescent, 一轉眼睛就無沒 ih 'tsén 'ngan tsing dzieu' m meh.
Evangelist, 傳福音個 zén fóh yun fóh yun kú', (the writers) 做福音書四個人 tsú' fóh yun sû sz' kú' niun.
Evaporate, 水變做氣 'sz pien tsú' k'i', 化氣 hwó k'í'.
Eucharist, 聖餐 sung' t'san.
Even, 平 bing, 均匀 kiün yün, 平齊 bing dzí.
Even, (although) 就是 dzieu' zz', (even I know it) 連我也曉得 lien 'ngu 'a 'hiau tuh, (not even death did

注 释

【瘒疽】丹毒。
【少勿得個】不能缺少的。

注　释

【逐一个人】每一个人。
【各到落处】各处。
【欧罗巴】欧洲的旧译。
【惹伊动气】惹他生气。
【大来话勿得】非常大。

---

he fear) 連死也勿怕 lien̄ 'sí 'a veh p'ó'.
Evening, 夜裏 yá' 'lí, 晚時裏 an̄' zz̄ 'lí, (lamp lighting time) 點燈個辰光 'tien̄ tung kú' zun kwong.
Event, 事體 zz̄' t'í.
Ever, 常常 dzang dzang, 永無窮盡 'yúng vú giúng dzing'.
Evergreen, (tree) 冬青樹 túng t'sing zŭ'.
Everlasting, 永遠 'yúng 'yŏn, 無始無終 vú 'sz vú tsúng.
Everliving, 常生勿死 dzang sung veh 'sz.
Every, 各 koh, (every man) 逐一個人 zóh ih kú' niun, (to every person one) 每人撥一個 'mé niun peh ih kú', (every one different) 各人各樣 koh niun koh yang'.
Everywhere, 各處 koh t'sû', 各到落處 koh tau' loh t'sû'.
Evidence, 証 tsung', 見 kien̄' tsung', (confession) 口供 'k'eu kúng, (proof) 憑據 bing kû'.
Evident, 明明白白個 ming ming báh báh kú'.
Evil, (moral) 惡 oh, 兇 h'iúng oh, (calamity) 患難 wan̄' nan̄'.
Eunuch, 太監 t'á' kan̄.
Euphony, 好聽 'hau t'ing.
Europe, 歐羅巴 eu lú pó, (European countries) 西洋國度 sí yang kóh dú'.
Ewe, 母綿羊 'mú mien̄ yang.
Ewer, 鑵頭 kwŏn̄' deu.
Exact, 一眼勿差 ih 'ngan̄ veh t'só,

詳細 ziang sí'.
Exactly, (calculate) 細算 sí' sûn̄'.
Exact, (unfairly) 勒索 luh soh.
Exaggeration, 荒唐個說話 hwong dong kú' seh wó', 話得忒過分者 wó' tuh t'uh kú' vun̄' 'tsé.
Exalt, 高舉 kau 'kû, 擡高 dé kau, (praise) 稱揚 t'sung yáng, 稱讚 t'sung tsan̄'.
Examination, (for master's degree) 鄉試 h'iang sz̄', (for doctor's degree) 會 wé' sz̄', (great) 大考 dú' 'k'au, (small) 小考 'siau 'k'au, (for district) 縣 yŏn̄' 'k'au, (for department) 府 'fú 'k'au, (in literature) 文考 vun̄ 'k'au, (in military) 武考 'vú 'k'au.
Examine, 考察 'k'au t'sah, 查考 dzó 'k'au, 監察 kan̄ t'sah, (of judges) 審問 'sun mun̄', (of a coroner) 聆屍 nien̄' sz, 聆檢屍傷 nien̄' 'kien̄ sz song.
Examiner, 學官 hok kwŏn̄.
Example, 表樣 'piau yang, 榜樣 'pong yang', (for example) 比方 'pí fong, 譬如 p'í zû, 假如 'kia zû.
Exasperate, 激發怒氣 kih fah nú' k'í', 惹伊動氣 'zá í 'dúng k'í'.
Excavate, 挖 wah, 出來 wah t'seh lé.
Exceed, (in number) 過數目 kú' sú' máh.
Exceedingly, 十分 zeh fun̄, 極 giuh, (great) 大來話勿得 tú' lé wó veh tuh, 蠻 man̄'.
Excel, (him) 比伊好得多 'pí í 'hau tuh tú, or 勝多 sung' tú.
Excellency, (as a title) 大人 dú' niun.

EXE

Excellent, 頂好 'ting 'hau, 第一 dí' ih 'hau.
Except, (the people of the place) 除脫之本地人以外 dzû t'eh tsz 'pun dí' niun 'i ngá', 扣除 k'eu' dzû, 若非 zah fí.
Excess, 無沒節度 m meh tsih dú', (go to —) 放蕩 fong' dong'.
Exchange, 調換 tiau wén', 兌換 dé' wén', (shop) 錢庄 zien tsong, (bill of) 匯票 wó' p'iau', 銀 niun p'iau'.
Excite, (to motion) 攪動 'kiau 'dúng (to activity) 激勵 kih lí', (disturbance) 造言生事 zau yien sung zz', (by exhorting) 鼓舞 'kú 'vú, 勉勵 'mien lí'.
Exclaim, 喊叫 han' kiau'.
Exclude, 除脫 dzû t'eh, 棄脫 k'í' t'eh.
Excommunicate, 除脫名字 dzû t'eh ming zz, 叫伊出教 kau' í t'seh kiau'.
Exculpate, (one's self) 推諉 t'é' 'wé.
Excuse, 寬恕 k'wén sû', (my going farther with you) 恕勿遠送 sû' veh 'yön súng', (one's self) 辭謝 dzz ziá'.
Execrable, 可惡 'k'ó ú'.
Execute, 行出來 hang t'seh lé (kill) 殺 sah, (— a rebel) 正法 tsung' fah.
Executioner, 劊子手 k'wé 'tsz 'sen.
Exempt, (from custom duty) 除免官稅 dzû 'mien kwén sûe'.
Exercise, (soldiers) 操練兵丁 t'sau lien' ping ting, (practise manual labour) 學習手工 hoh dzih 'seu

EXP

kúng, (tasks) 工課 kúng k'ú'.
Exert, (strength) 出力 t'seh lih, (mind) 費心 fí' sing, 盡 zing' sing.
Exhalation, 氣 k'í', (from the earth) 地 dí' k'í'.
Exhaust, 用完 yúng' wén.
Exhibit, 顯明 'hien ming, 形容出來 yung yúng t'seh lé.
Exhilarate, 舒暢 sû t'sang', 活動精神 weh 'dúng tsing zun.
Exhort, 勸 k'iön', 勉 k'iön' 'mien, 解 'ká k'iön, (men to be good) 勸人為善 k'iön' niun wé 'zén.
Exigency, 緊急個時候 'kiun kih kú' zz heu'.
Exile, 充軍 t'súng kiün, (sentence to) 擬定 'ní ding' t'súng kiün.
Exist, (of himself) 自然而有 zz' zén urh 'yeu or zz' zén urh zén 然, (still exists) 還有 wan 'yeu.
Exonerate, (from blame) 勿以為有罪 veh 'í wé 'yeu 'dzûe, 勿算罪 veh sûn' 'dzûe.
Exhorbitant, (charges) 要銅錢忒多 yau' dúng dien t'uh tú, 忒過分 t'uk kú' vun', 多來死 tú lé 'sí.
Exorcise, 趕脫鬼 'kûn t'eh 'kû, (by charms) 念咒趕鬼 nian' tseu' 'kûn 'kû.
Expand, 展開 'tsén k'é, 舒伸 sû sun, 佈張 pú' tsang.
Expanse, (of sky) 穹蒼 k'iúng t'song.
Expect, 望 mong', 等候 'tung heu'.
Expedient, 便當 pien' tong', 合宜 heh ní, (method) 方法 fong fah.
Expedite, 快點做 k'wá' 'tien tsú,.
Expel, 趕出 'kûn t'seh, 逐 zók t'seh.

注 释

【盘费】盘缠，路费。
【实字眼】实词。
【虚字眼】虚词。
【火药局里火着者】弹药库里着火了。
【说破拉者】说出真相了。
【还勒拉】还在。

EXP

Expend, 費用 fí yúng' 用度 yúng' dú'.

Expense, 盤費 bén fí' 纏 bén zén, (journey expenses) 路費 lú' fí', (daily expenses) 日 nyih fí'.

Experienced, 練達 lien' dah, 老練 'lau lien', (hand) 熟手 zók 'seu, (in a trade) 內行 né' hong.

Experiment, (to) 試一試看 sz' ih sz' k'ón'.

Expert, 巧手 'k'iau 'seu, 快手 k'wá' 'seu.

Expiate, 贖罪 zók 'dzúe, (by merits) 以功補過 'í kúng 'pú kú', (by sacrifice) 獻祭贖罪 h'ien' tsí' zók 'dzúe.

Expire, 斷氣 'tön k'í'.

Explain, 解釋 'ká seh, 註明 tsú ming, 發 fah ming, (sacred books) 講經說法 'kiang kiung sóh fah.

Expletive, 虛字眼 h'ü zz' 'ngan.

Explicit, 詳細 ziang sí', (say explicitly) 話明白個 wó' ming báh kú'.

Explosion, (of powder magazine) 火藥局裏火着者 'hú yáh gióh 'lí 'hú zák 'tsé.

Export, (cargo) 出口貨色 t'seh 'k'eu hú' suh, (to export) 運到海外頭 yün' tau' 'hé ngá' deu.

Expose, 露出來 lú' t'seh lé, (life) 拚命 p'ing ming'.

Exposed, 說破拉者 sóh p'ú' 'lá 'tsé

Expound, 講究 'kong kieu' 明白 'kong ming báh.

Express, (to) 話明白 wó' ming báh, 出來 wó' t'seh lé.

Expression, 字眼 zz' 'ngan, (vulgar) 俗 zóh zz' 'ngan, (with good meaning) 好 'hau zz' 'ngan', (with bad meaning) 孬 k'ieu zz' 'ngan, (with substantive meaning) 實 zeh zz' 'ngan, (an expletive) 虛 h'ü zz' 'ngan.

EYE

Expressly, 特意 tuh í', tuh duh 'lí, tuh duh í' í' kú'.

Expunge, 塗抹 tú meh, 刪脫 san t'eh.

Extant, 還勒拉 wan leh 'lá, leh 'lá.

Extempore, (speak) 隨口話出來 dzúe 'k'eu wó' t'seh lé.

Extend, 伸長 sun dzang. 布開 pú' k'é, 開闊 k'é' k'wéh.

Extensive, 寬宏 k'wén húng, (acquirements) 博學 póh yáh.

Extenuate, 以大罪為小過 'í dá' 'dzúe wé 'siau kú'.

Exterior 外頭 ngá' deu.

Exterminate, 滅脫 mih t'eh, 勦 'tsiau mih, 翦 'tsien mih, 斷絕 'dön dzih.

External, 外貌 ngá' mau', 面 ngá' mien'.

Extinct, 全無沒者 zón m meh 'tsé.

Extinguish, 吹脫 t'sz t'eh, 担水撲火 tan 'sz p'óh 'hú.

Extort, 勒索 luh soh.

Extract, 拉出來 'lá t'seh lé, 拔出 bah t'seh.

Extraordinary, 格外 kuh ngá', 希奇 hí gí.

Extravagant, 浪費 long fí', 奢侈 sé 't'sz, 荒蕩 hwong dong.

Extreme, 極 giuh, 頂 'ting, 最 tsúé'.

Extricate, 救出 kieu' t'seh, 解開 'ká k'é.

Eye, 眼睛 'ngan tsing, 眼目 'ngan móh.

FAD

Eyeball, 眼珠 'nga*n* tsû, (eyelids) 胞 'nga*n* pau.
Eyebrows, 眉毛 mé mau, 眼夾 'nga*n* kiah mau.
Eye medicine, 眼藥 'nga*n* yáh.
Eye witness, 親眼看見個人 t'sing 'ngan k'ōn' kien' kú' niun.

F

Fable, (animals talking) 飛禽走獸白話 fí giun 'tseu seu' báh wó', (to illustrate truth by fiction) 借假以比眞 tsiá' 'ká' 'í 'pí tsun.
Fabricate, 做出來 tsú' t'seh ló, 製造 tsz' 'dzau.
Fabulous, 虛假 h'ü 'ká.
Face, 面孔 mie*n*' 'k'úng, (a human face but a beast's heart) 人面獸心 niun mien' seu' sing.
Face, (to) 間之伊 ka*n* tsz í, (— south) 朝南 dzau né*n*.
Face-painter, 傳神個 dzén zun kú'.
Facetious, 好笑 'hau siau'.
Facile, 順便 zun' bien', 容易 yúng í'.
Fac-simile, 一式一樣 ih suh ih yang'.
Fact, 實在個事體 zeh zé' kú' zz' 't'i, (seek truth by collecting facts) 以實事求是 'í zeh zz' gieu 'zz.
Faction, 黨羽 'tong 'yū, (form a faction) 結 kih 'tong.
Factory, 洋行 yang hong, 製造局 tsz' 'zau gióh.
Faculty, 才能 dzé nung, 本事 'pun zz'.
Fade, (leaves) 樹葉凋落 zú' yih tiau

FAN

loh, (flowers fade and fall) 花枯咾謝 hwó k'ú 'lau ziá'.
Fagged, 蹅跎 sá dú, 困乏 k'wun' vah, 疲倦 bí giôn'.
Faggot, (of fuel) 一綑柴 ih 'k'wun zá.
Fail, 勿成功 veh zung kúng, (fail to keep one's word) 失信 seh sing, 食言 zuh *y*ien.
Failing, 過處 kú' t'sû', 過失 kú' seh, 勿到之處 veh tau' tsz t'sû'.
Faint, 昏迷如死 hwun mí zû 'sz, 懼怕得魂不附體 gū' p'ó' tuh *w*ung peh vú' 't'í.
Fair, (beautiful) 美麗 'mé lí', (just) 公道 kúng dau', (fair wind) 順風 zun' fúng.
Fairy, 仙人 sie*n* niun, 仙女 sie*n* 'nū, 妖怪 yau kwá'.
Faith, 信心 sing' sing, (as one of the virtues) 信德 sing' tuh.
Faithful, 忠心 tsúng sing, 厚 tsúng heu'.
Fall, 落 loh, 跌 tih, (if you do not fly high you will not be hurt in falling) 飛勿高跌勿傷 fí veh kau tih veh song.
False, 假 'ká, 假樣頭 'ká yang deu'.
Falsehood, 說謊 sōh hwong, 譁茫 't'sa*n* mong.
Fame, 名聲 ming sang, 名氣 ming k'í'.
Familiar, 熟 zóh, 貫 kwan'.
Family, 家 kia, ká', 家眷 ká kiòn', (rich) 富足人家 fú' tsóh niun ká'.
Famine, 饑荒 kí hwong.
Fan, 扇子 sén' 'tsz, (to) 扇 sén' sén', 風 sén' fúng, (stir up and deceive

注　釋

【（眼）胞】眼皮。
【一式一樣】一模一樣。
【实在个事体】事实，实在的事情。
【花枯咾谢】花枯萎凋射。"咾"是表示并列的连词。
【蹅跎】疲劳。规范应写作"衰瘏"。
【假样头】假装。
【谇茫】说谎。

注 释

【煽惑】欺骗迷惑，挑动。
【时式】时髦，时尚。
【大块头】大胖子。
【束脩】古代学生交给教师的学费，初见面时，必先奉赠礼物，表示敬意，被称为"束脩"。
【觉着】觉得。
【好地皮】肥沃的土地。

FAT   **FER**

煽惑 sén‘ wóh.
Fancy, (to imagine) 打諒 ‘tang liang‘, 想 ’siang.
Far, 遠 ’yŏn, (from this place) 離此地遠 lí ‘t’sz dí‘ ’yŏn, (far as heaven from earth) 天差地遠 t’ien‘ t’só dí‘ ’yŏn.
Fare, (by boat or ship) 船費 zén fí‘.
Farewell, 相別 siang bih, 離別 lí bih, (I am going) 去者 k’í‘ ‘tsé, 走者 ’tseu ‘tsé, (a good journey to you) 一路平安 ih lú‘ bing ōn, (a fair wind) 順風 zun‘ fúng,
Farmer, 種田個主人 tsúng dien kú‘ ‘tsú niun.
Farm-house. 田庄 dien tsong.
Farther, 更遠 kung‘ ’yŏn.
Fashion, 時式 zz suh, 樣式 zz yang‘, (not in fashion) 勿行 veh hang.
Fast, 禁食 kiun‘ zuh, 吃齋 k’iuh tsá.
Fast, (quick) 快 k’wá‘, (firm) 牢靠 lau k’au‘, lau.
Fasten, (a door) 關門 kwan mun, (with ropes) 細綁 ‘k’wun ‘pong.
Fat, 大塊頭 tú‘ k’wé‘ deu, 壯 tsong, 肥 ví, (of pork) 豬油 tsz yeu.
Fate, 天命 t’ien ming‘, 運氣 yūn‘ k’í‘.
Father, 父親 ’vú t’sing, 阿爹 áh tiá, 爺 yá, (my) 家父 kiá ’vú, (your) 令尊 ling‘ tsun‘.
Father-in-law, 丈人 dzang‘ niun, (husband's father) 家公 ká kúng.
Fathom, (10 feet) 丈 dzang‘, (6 feet) 六尺 lóh t’sáh.
Fathom, (to) 測度 t’suh doh.

Fatigued, 蹉跎 sá dú, 疲倦 bí giŏn‘, (in the feet) 腳酸 kiák sŭn.
Fault, 勿是 veh ’zz, 過失 kú‘ seh.
Favour, 恩典 ung ’tien.
Favourable, 方便 fong bien‘, 順 zun‘.
Favourite, 寵愛個人 ‘t’súng é‘ kú‘ niun.
Fear, 怕 p’ó‘, 恐懼 ‘k’úng gū‘, (fear the majesty of heaven) 畏天之威 wé‘ t’ien tsz wé.
Feast, 筵席 yien zih, (to) 宴客 yien‘ k’áh.
Feather, 羽毛 ’ū mau.
Fee, 束脩 sók sieu, 脩金 sieu kiun.
Feeble, 軟弱 ’niŏn záh.
Feed, 餧養 wé‘ yang‘.
Feel, (in mind) 覺着 kog zah, (with hand) 摩一摩 mó ih mó.
Feelings, 性情 sing‘ zing, (the seven feelings) 七情 t’sih zing.
Feign, 裝做 tsong tsú‘.
Felicity, 福 fóh, 氣福氣 fóh k’í‘.
Fell, (a tree) 担樹木砍下來 tan zú‘ móh k’én‘ ‘au lé.
Fellow, 同伴 dúng bén, 淘 dau bén.
Felt, (hat) 氈帽 tsén mau‘, (coverlid) 單 tsén tan.
Female, (sex) 女 ’nŭ, (gender) 雌 t’sz, 牝 bing, 母 ’mú.
Fence, 籬笆 lí pó.
Ferment, (rise in making) 發酵 fah kian‘, (of wine) 酒麴發起來 ‘tsieu kióh fah ‘k’i lé.
Ferocious, 凶狠 hiúng ’hun.
Ferry, 渡 tú‘, (boat) 擺渡船 ‘pá dú‘ zén, (to ferry) 過 kú‘ dú‘.
Fertile, (land) 好地皮 ’hau dí‘ bí, 壯

FIG

肥 tsong ví kú' dí' bí.
Fervent, 熱心 nyih sing, 誠心 dzung sing.
Festival, 節期 tsih gí, (idolatrous procession) 出會 t'seh wó'.
Fetch, 去担來 k'í' tan lé.
Fetter, 脚鐐 kiáh liau, (hand cuffs) 手杻 'seu 'nieu.
Fever, 熱病 nyih bing, 傷寒 song hōn, (and ague) 瘧子 ngoh 'tsz, 發寒熱 fah hōn nyih.
Few, 少 'sau, 希 h'í.
Fibre, (of silk) 絲根 sz kun, 經絡 kiung lóh.
Fickle, 容易改變 yúng í' 'ké pien' 有始無終 'yeu 'sz vú tsúng.
Fiction, 無根個說話 m kun kú' seh wó', (works of) 小說 'siau sōh.
Fictitious, 假 'ká.
Fidelity, 忠心 tsúng sing, (to be unswerving in) 盡忠 zing' tsúng.
Field, 田 dien, (rice) 稻田 dau' dien, (of battle) 戰場 tsén' dzang.
Fiend, 鬼 'kü, 鬼怪 'kwé kwá'.
Fierce, 凶猛 hiúng mung, (fire) 烈火 lih 'hú.
Fife, 簫 siau, 笛 dih.
Fifteenth, 第十五 tí' só 'ng.
Fifth, 第五 tí' 'ng.
Fig, 無花果 m hwó 'kú.
Fight, 打仗 'tang tsang', 攻 kúng 'tang, 相 siang 'tang, 鬥 siang teu'.
Figurative, (expression) 比方個說話 'pí fong kú' seh wó'.
Figure, 形像 yung ziang', 狀 yung zong', (of speech) 比方 'pí fong,

FIR

(figured chintz) 花洋布 hwó yang pú'.
File, 銼 t'sú', 刀 t'sú' tau, (file thin) 銼薄 t'sú' bóh.
Filial, 孝 hiau', (be filial) 孝順 hiau' zun'.
Filings, 麵 mien', 磨子 mú 'tsz, 渣 tsó 'tsz.
Fill, 盛滿 zung 'mén, (by pouring) 斟 tsun 'mén, (by raising) 填 dien 'mén.
Film, 隔膜 káh móh.
Filter, 濾 lú'.
Filth, 齷齪 ok t'soh, 垃圾 lá sí, 污穢 wú wó'.
Fin, 魚翅 ng t'sz.
Finally, 終究 tsúng kieu'.
Find, 尋着 zing záh, 找 'tsau záh.
Fine, 細 sí', (mulct) 罰銀子 vah niung 'tsz.
Finger, 手指頭 'seu 'tsz deu.
Finish, 做完 tsú' wén, 工 wén kúng (eating the whole) 吃得一光 k'iuh tuh ih kwong.
Finished, 完訖者 wén kih 'tsé, wén 'tsé.
Finite, 有限個 'yeu hien' kú'.
Fir, 松樹 súng zú'.
Fire, 火 'hú, (catch fire) 火着 'hú záh, (fire wood) 柴 zá, (fire a gun) 放砲 fong' p'au'.
Firm, 堅固 kien' kú', (hold firm) 捻牢 niah lau, (commercial firm) 行 hong.
Firmament, 穹蒼 k'iúng t'song.
First, 第一 dí' ih, 頭一個 deu ih kú', 先 sien, 首先 'seu sien, (at first) 起先 'k'i sien.

注　釋

【无根个说话】虚构的、没有根据的话。
【垃絮】垃圾。
【寻着】找到。
【完讫】完成了，结束了。
【火着】着火。

注 释

【鱼胶】鱼鳔（鱼的辅助呼吸器官）的干制品，富胶质，故名鱼胶。也称鱼肚、花胶。
【胡麻】亚麻。
【淘陪】同伴。
【地搁板】地板。
【中华】此处把 central flowery land 释义为"中华"是望文生义。

FLA

Fish, 魚 ng, (angle) 釣魚 tiau' ng, (catch with net) 捉 tsoh ng.
Fisherman, 捉魚人 tsoh ng niun, (boat) 網船 'mong zén.
Fish, (glue) 魚膠 ng kiau.
Fissure, 豁裂 hwah lah.
Fist, 拳頭 giön deu.
Fit, 合用 heh yúng', 應用 yung' yúng', 配身 p'e' sun, (convulsion) 發昏 fah hwun, 抽風 t'seu fúng.
Five, 五 'ng, (constant virtues) 五常 'ng dzang, (five lakes) 五湖 'ng hú.
Fix, 定 ding', 見 ding' kien', 當 ding' tong', 立定 lih ding', 安 ön ding', 注 tsû ding', (by talking) 講落 'kong loh,
Fixed, 決意 kiöh í', 一定 ih ding', 劃一個 wáh ih kú'.
Flag, 旗 gí, 杆 gí kûn.
Flake, 片 p'ien', (of snow) 雪片 sih p'ien'.
Flame, 火燄 'hú yan'.
Flash, 閃光 'sén kwong.
Flat, 均平 kiün bing, 光滑 kwong wah, (land) 平地 bing dí', (taste) 淡薄 'dan bóh.
Flatten, 打平 'tang bing.
Flatter, 奉承 vúng' dzung, (make a small gift expecting a great return) 打秋風 'tang t'sieu fúng.
Flavour, 滋味 tsz mí'.
Flaw, 毛病 mau bing'.
Flax, 蔴 mó, 胡蔴 hú mó, (thread) 線 mó sien'.
Flay, 剝皮 póh bí.

FLU

Flea, 跳虱 t'iau' seh.
Fledge, 生羽毛 sang 'ü mau,
Flee, 逃走 dau 'tsen.
Fleece, 羊毛 yang mau.
Fleet, 快 k'wá', 迅速 'sing sóh.
Flesh, 肉 nióh, (fleshly body) 肉體 nióh 't'í, (fleshly eyes) 肉眼 nióh 'ngan.
Flexible, 軟 'niön.
Fling, 拋 p'au, 丟 tieu, 攢 gwan', 掇 töh.
Flint, 火石 'hú záh.
Float, 漂流 p'iau lieu, 浮 veu, 氽 't'ung.
Float, (of timber) 排 bá.
Flock, 群 giün, 淘陪 dau bé'.
Flog, 打 'tang, 鞭打 pien 'tang.
Flood, (the) 洪水 húng 'sz, (water rising) 水漲 'sz tsang.
Floor, 木板鋪地 móh 'pan p'ú dí', 地閣板 dí' koh 'pan.
Flounder, 比目魚 'pí móh ng.
Flour, 麵粉 mien' 'fun, 乾 kûn mien'.
Flourish, 興旺 hiung wong', 發 hiung fah, 隆 hiung lúng.
Flow, 流 lieu.
Flower, 花 hwó, 卉 hwó hwé, (pot) 盆 hwó bun, (boat) 船 hwó zén, (to flower) 開花 k'é hwó, (central flowery land) 中華 tsúng wó, (flowery) 華麗 wó lí'.
Fluctuate, (in opinion) 猶疑勿定 yeu ní veh ding', (in quantity) 有多有少 'yeu tú 'yeu 'sau.
Fluid, 流動 lieu 'dúng, (doctrine of fluids) 流質學 lieu tseh yáh.

FOR

Flurried, 恍忙 hwong mong, 着急 záh kih.
Flushed, 面孔發紅 mien' 'k'úng fah húng.
Flute, (play the) 吹笛 t'sz dih.
Fly, 蒼蠅 t'song yung.
Fly, (to) 飛 fí.
Foam, 水沫 'sz meh.
Fodder, 糧草 liang 't'sau, 糧食 liang zuh.
Foe, 讎敵 dzeu dih, 對頭 té' deu.
Foeces, (of sugar) 糖脚 dong kiáh, (of wine) 酒 'tsieu kiáh.
Foetus, 孕 yūn'.
Fog, 霧 vú', (scatter the) 散 'san rú'.
Foiled, (his plan) 破脫之伊個計 p'ú' t'eh tsz í kú' kí'.
Fold, 羊牢 yang lau, 圈 yang k'iŏn, 棚 yang bang, (twofold) 加倍 ká bé', (fourfold) 加四倍 ká sz' bé'.
Fold, (to) 疊 deh, 摺 tseh.
Foliage, (abundant) 樹葉茂盛 zù yih meu' zung'.
Follow, 跟 kun, 從 kun zúng.
Fond, 喜歡 'hí hwén'.
Food, 食 zuh, 吃個物事 k'iuk kú' meh zz', (cooked) 火食 'hú zuh.
Foolish, 呆笨 ngé bun', 蠢笨 t'sun bun'.
Foot, 脚 kiáh, (measure) 尺 t'sáh, (carpenter's) 魯班尺 lú' pan t'sáh, (tailor's) 裁縫尺 dzé vúng t'sáh.
Footstep, 蹤跡 tsúng tsih, 脚跡 kiáh tsik.
Foot, (soldier) 步兵 bú' ping.
Footstool, 踏脚凳 dah kiáh tung'.
For, 因爲 yung wé', (instead of) 代

FOR

替 dé' t'í', (for) 忒 t'eh, 替 t'í', (for gain) 爲利 wó' lí'.
Forage, 糧草 liang 't'sau.
Forbear, 停 ding, 自家禁戒 zz' ká kiun' ká', (imperative) 勿要動 veh yau' 'dúng.
Forbearance, 忍耐 'niun né'.
Forbid, 禁止 kiun' 'tsz, 勿許 veh 'hü.
Force, 氣力 k'í' lih, (take by force) 强取 k'iang 't'sù.
Force, (to) 勉强 'mien 'k'iang.
Ford, 渡 dú'.
Forefathers, 祖宗 'tsú tsúng.
Forehead, 腦門 'nau mun, 額角頭 ngák koh deu.
Foreign, (goods) 洋貨 yang hú'.
Foreigners, 外國人 ngá' kóh niun, 夷人 í niun.
Foreknowledge, 先見之明 sien kien' tsz ming.
Foreknow, 預先曉得 yü' sien 'hiau tuh.
Foreman, 頭目 deu móh, 工頭 kúng deu.
Forenoon, 上半日 'zong pén' nyih.
Foreordain, 預先選定 yü' sien 'sien ding'.
Forest, 樹林 zú' ling.
Forewarning, 預兆 yü' dzau'.
Forefeit, (money) 罰銀 vah niun, (salary) 俸 vah fúng.
Forge, (to) 打鐵 'tang t'ih, 化 hwó' t'ih, 冶 'yien t'ih.
Forged, (bill) 假票子 'ká p'iau' 'tsz.
Forget, 忘記 mong' kí', 忘恩 vong ung.
Forgive, 饒赦 niau só', 免赦 'mien

注释

【当先】先前，原先，从前。
【白白里】白白地。"里"是副词后缀。

宽恕 k'wén sû'.
Fork, 义 t'só, (silver) 银子叉 niun 'tsz t'só, (three streets meeting) 三叉路口 san t'só lú' 'k'eu.
Form, 模样 mú yang', 形状 yung zong', 容貌 yúng mau', 样式 yang' suh, (bench) 长凳 dzang tung'.
Form, (to) 形容出来 yung yúng t'seh ló.
Formerly, 从前 zúng zien, 当先 tong sien, sien zien.
Fornication, 奸淫 kan yun.
Forsake, 离开 lí k'é, 弃脱 k'í t'eh, hwah t'eh, 丢 tieu t'eh.
Fort, 炮台 p'au' dé.
Forthwith, 立刻 lih k'uh, 即 tsih k'uh.
Fortify, 造营垒 'zau yung ló'.
Fortified, (city) 坚城 kien zung.
Fortnight, 半个月 pén' kú' niŏh.
Fortuitous, 偶然 'ngeu zén.
Fortunate, 吉星高照 kih sing kau tsau, 有造化 'yeu 'zau hwó', 吉祥 kih ziang.
Fortunately, 恰好 hah 'hau.
Fortune, 命 ming, 运气 yūn' k'í'.
Fortuneteller, 算命先生 sûn' ming sien sang.
Forty, 四十 sz' seh.
Forward, 前头 zien deu, (go) 向前面去 h'iang' zien mien' k'í'.
Fosse, 濠沟 han keu, 水池 'sz dzz.
Foster, 养 'yang.
Foul, 龌龊 ok t'soh, (wind) 逆风 niuh fúng, (of water) 浊 zóh.
Found, (a cannon) 铸炮 tsú' p'au', (of metals) 镕 yúng tsú', (an establish-

ment) 开局 k'é gióh.
Foundation, 地基 tí' kí, 屋 óh ki.
Fountain, 泉眼 zien 'ngan, 源 niŏn.
Four, 四, (regions) 方 sz' fong, (seas) 海 sz' he.
Fourteenth, 第十四个 tí' zeh sz' kú'.
Fourth, (one) 四分之一 sz' fun tsz ih.
Fowl, 飞禽 fí giun, (domestic) 鸡 ki.
Fowler, 打窝个 'tang 'tiau kú'.
Fowlingpiece, 鸟枪 'niau t'siang.
Fox, 狐狸 hú lí.
Fraction, 零数 ling sú'.
Fragment, 一块 ih k'wé', 一片 ih p'ien', 零碎 ling sé'.
Fragrant, 香 h'iang, 好气味 'hau k'í' mí'.
Frail, (easily broken) 脆 t'sûe', (weak) 软弱 'niŏn zálr.
Frame, 架子 ká' 'tsz, 格子 kák 'tsz.
Frame, (and make) 制造 tsz' 'dzau.
Frankincense, 乳香 'zú l'iang.
Frantic, 癫狂 tien gwong, 疯痴 fúng t'sz.
Fraternal, 如弟似兄 zú 'di zz' hiúng.
Fraud, 诡计 'kwó kí'.
Freckle, 斑点 pan 'tien.
Free, 自由自在 zz' yeu zz' zé', 自家作主 zz' ká tsok 'tsú, (from care) 安然无事 ön zén vú zz'.
Free, (to) 放脱 fong t'eh, 开释 k'é suh, 救赎 kieu' zóh, fong k'é, suh fong'.
Freely, 白白里 báh báh 'li, 甘心情愿 kén sing zing niön'.
Freeze, 冻 túng', 凝结 niung kih, 冰

FRU

冰 ping túng'.
Freight, 船上貨色 zén 'long hú' suh, (money charge) 船錢 zén dien.
Frequently, (several times) 屢次 'lü t'sz', (in the habit of coming) 常來 dzang lé.
Fresh, 新鮮 sing sien, (cool) 涼快 liang k'wá', 風涼 fúng liang.
Friend, 朋友 bang 'yeu, 相好 siang 'hau.
Friendly, 寬待 k'wén dô'.
Frighten, 驚嚇 kiung háh, 嚇殺別人 háh sah bih niun, (frightened) 嚇怕拉者 háh p'ô' 'lá 'tsé.
Frigid, 塞 hôn, 冷 'lang.
Fringe, (to cap) 纓 yung, (silk) 絲緯 sz wé', sz yung wé'.
Frisk, 跳 t'iau'.
Fritter, 油餅 yeu 'ping.
Frivolous, (matter) 小事體 'siau zz' 't'í.
Frog, 田鷄 dien kí.
From, 從 zúng, 自從 zz' zúng, (from the plain to the profound) 由淺入深 yeu 't'sien zeh sun, (from youth) 從小 zúng 'siau.
Front, 前頭 zien deu, (to front south) 朝南 zau nén, 衝 t'súng nén.
Frontier, 邊界 pien ká', (wall) 邊牆 pien dziang.
Frost, 霜 song.
Froth, 沫子 meh 'tsz.
Frown, 皺眉頭 tseu' mé deu.
Frugal, 省用 'sang yúng, 節廉 tsih lien, 儉 'sang gien'.
Fruit, 果子 'kú 'tsz, (in season) 時菓 zz 'kú.

FUS

Fruitful, 豐盛 fúng zung', 茂 meu' zung'.
Frustrate, 敗壞 bá' wá'.
Fry, 煎 tsien, (in small pieces) 炒 't'sau.
Fuel, 柴 zá, (gather) 拾柴 zih zá, (cut) 劈柴 p'ih zá.
Fugitive, 逃難個人 dau nan' kú' niun.
Fulfil, 應驗 yung' nien', 成就 zung dzieu', (he does as he says) 言出惟行 yien t'seh ví yung.
Fulfilment, 效驗 yau' nien'.
Full, 滿 'mén.
Fuller, 漂布個 p'iau pú' kú'.
Fully, 完全 wén zien.
Fumigate, 燻一燻 hiün ih hiün.
Fundamental, 根本 kun 'pun.
Funeral, 喪事 song zz', 出殯 t'seh ping.
Fungus, 木耳 móh 'ni.
Funnel, 漏子 leu' 'tsz, (for smoke) 烟桶 yien 'dúng.
Fur, 皮 bí.
Furious, 凶猛 hiúng mung, 大怒 dá' nú'.
Furlough, (ask for a) 告假 kau' ká'.
Furnace, 火爐 'hú lú, 窰 yau, 竈爐 tsau lú.
Furnish, 備辦 bé' ban'.
Furniture, 傢伙 ká' 'hú, 器皿傢生 k'í' 'ming ká sang.
Further, 更遠 kung 'yön, (and) 又一件事体 yeu' ih 'gien zz' 't'í, 另有一件 ling' 'yeu ih 'gien, (and further) 而且 urh 't'siá.
Fuse, 銷 siau, 鑄 tsù'.

注　釋

【吓破拉者】吓坏了。
【田鸡】青蛙。
【时果】时令水果。

注 释

【难朝后】从今往后。
【赌近盗】赌场附近多扒窃。
【花箍】花环。
【全是实盖能】都是这样的。

Fustian, 灰絨 hwó niúng.
Futile, 嘸沒益處 m meh yuk t'sû'.
Future, 後來 'heu lé, 將來 tsiang lé,
 (life) 後生 'heu sung, 來世 lé sz',
 (in future) 難朝後 nan dzau 'heu.

G

Gain, 利 li', 息 li' sih.
Gain, (to) 賺銅錢 dzan' dúng dien,
 (conquer) 得勝 tuh sung', 贏 yung'.
Galaxy, 天漢 t'ien hŏn', 銀河 niun hú.
Gale, 大風 dú' fúng, 暴 bau' fúng.
Gall, 膽 'tan, (bladder) 胞 'tan pau, (bitter as) 苦如 'k'ú zǔ 'tan.
Gall-nut, 五倍子 'ng bé' 'tsz.
Gallop, 大跑 dá' 'bau.
Gambling, 賭博 'tú póh, (is next to robbery) 賭近盜 'tú 'giun dau', (gambling house) 場 'tú dzang.
Game, (of chess) 一局棋 ih gióh gí,
Goal, 監牢 kan lau.
Gaoler, 牢頭禁子 'lau deu kiun 'tsz, 管監牢個 'kwén kan lau kú'.
Garden, 花園 hwó yŏn, (for vegetable) 菜園 t'sé' yŏn.
Gardener, 管花園個 'kwén hwó yŏn kú', 種花個 tsúng hwó kú'.
Gargle, (the mouth) 漱口 sók 'k'eu.
Garland, 花箍 hwó kú.
Garlic, 蒜 sûn'.
Garment, 衣裳 i zong, (one) 一件 ih 'gien i zong, (best) 大 dú' i zong.
Garner, 倉間 t'song kan.

Garnet, 夜明珠 yá' ming tsû.
Garnish, 裝飾華麗 tsong suh wó li'.
Garrison, 守城個兵 'seu zung kú' ping.
Garter, 襪帶 mah tá'.
Gate, 門 mun, (front) 大門 dú' mun, (back) 後 'heu mun, (of public office) 轅 yŏn mun.
Gather, (together) 聚集 dzü' dzik, (in harvest) 收斂 seu 'lien, (herbs) 採藥 't'só yáh, (into garner) 積 tsih.
Gauze, 紗 só (lantern) 燈 só tung, 羅 lú, (figured) 花 hwó lú.
Gay, 華麗 wo li'.
Gazette, (metropolitan) 京報 kiung pau'.
Geld, 閹 yien.
Gem, 玉 nióh, 寶石 'pau záh.
Gender, (distinguish) 分雌雄 fun t'sz yiúng.
Genealogy, (table of) 族譜 zó 'pú', 家 ká 'pú'.
General, (in) 大概 tá' kó', (a general) 將軍 tsiang kiŏn.
Generally, (so) 全是實蓋能 dzén 'zz zeh ké' nung, (practised) 通行 t'úng hang, (speaking generally) 大略 tá' liáh.
Generation, 一代 ih dé', 一世 ih sz', (generation after generation) 一世過一世 ih sz' kú' ih sz'.
Generic, (term) 總名 'tsúng ming.
Generosity, 寬洪大量 k'wén húng dú' liang'.
Genial, (rain) 甘雨 kén 'ü, (in manners) 和氣 hú k'i', 溫和 wun hú.
Genii, 神仙 zun sien, 仙人 sien niun

GIL

(the eight) 八仙 pah sien.
Genius, 天才 t'ien dzé, (a) 才子 dzé 'tsz.
Genteel, 文雅 vun 'yá, 斯 sz vun.
Gentian, 黃連 wong lien.
Gentle, 溫良 wun liang, 和平 hú bing, 溫柔 wun zeu,
Gentleman, 老爺 'lau yá, 君子 kiün 'tsz, (young) 公子 kúng 'tsz.
Gently, 輕輕個 k'iung k'iung kú', 漫漫能 man' man' nung.
Gentry, (of this place) 本地縉紳 'pun di' tsing' sun.
Genuine, 眞 tsun, 正 tsun tsung'.
Geography, 地理 di' 'lí, 各國 koh kóh dí 'lí.
Geomancy, 風水 fúng 'sűe.
Geometry, (of Euclid) 幾何原本 'kí hú niön 'pun.
Geranium, (scarlet) 洋繡球 yang sieu gieu.
Germ, 芽 ngá, 種 'tsúng.
Germinate, 萌出芽來 mung t'seh ngá lé.
Get, 得 tuh, 著 tuh záh.
Ghost, 鬼 'kŭ, 鬼怪 'kwé kwá', (Holy Ghost) 聖神 sung' zun, 靈 sung' ling.
Giant, 偉丈夫 wó' dzang' fú, 身量高來死個人 sun liang' kau lé 'sí kú' niun.
Giddy, 頭暈 deu yŭn'.
Gift, 送拉個物事 súng' 'lá kú' meh zz', 禮物 'lí veh.
Gild, (border with gold) 鑲金 siang kiun, (paste on gold leaf) 貼金 t'ih kiun, (wash with gold) 圖 dú kiun, (sprinkle with gold) 鑠 sah kiun.

GO

Gilt-paper-money, 紙錠元寶 'tsz ding niön 'pau.
Ginger, 薑 kiang, (preserved) 糖 dong kiang.
Gingham, 柳條布 lieu diau pú'.
Ginseng, 人參 niun sung, (foreign) 羊 yang sung.
Girdle, 束腰帶 sóh yau tá'.
Girl, 女囡 'nü 'nön, 姑娘 kú niang.
Girth, 肚帶 'tú tá'.
Give, 賜 sz', 送撥伊 súng' peh í, (in alms) 施捨 sz 'só, (give me) 撥拉我 peh 'lá 'ngú, (give credit) 賒賬 só tsaung'.
Glad, 喜歡 'hí hwén, 快活 k'á' weh, 開心 k'é sing.
Glass, 玻璃 pú lí, (a drinking) 杯 pú lí pé.
Glaze, 黝子 'yeu 'tsz.
Glazed, (pottery) 琉璃瓦 lieu lí 'ngó.
Glitter, 發光 fah kwong.
Globe, 球 gieu, (the erath) 地 dí gieu.
Gloomy, (weather) 昏天 hwun t'ien.
Glory, 榮光 yúng kwong.
Gloves, 手套 'seu t'au'.
Glowworm, 遊火蟲 yeu 'hú dzúng.
Glue, (cow hide) 牛皮膠 nieu bi kiau, (fish) 魚 ng kiau.
Gluttonous, 貪吃 t'én k'iuh.
Gnash, (with teeth) 咬牙切齒 'ngau ngá t'sih 't'sz.
Gnaw, (a bone) 咬骨頭 'ngau kweh deu.
Go, 去 k'i' 走 'tseu, (by boot) 坐船去 'zú zén k'i', (a foot) 步行 bú yung, (go up) 蹃上去 lók zong'.

注　释

【轻轻个】轻轻地。"个"是副词后缀。
【漫漫能】慢慢地。"能"是副词后缀。
【身量高来死个人】夸张说法，指身材高大的人。
【送拉个物事】送给你们的东西。
【女囡】女孩。"囡"字今常写作"囡"。
【送拨伊】送给他。
【拨拉我】给我。
【游火虫】萤火虫。
【蹃上去】走上去。

注 释

【栈房】仓库、货站。
【雁鹅】鹅。
【方伯】地方长官。
【脚风】痛风。
【挨之次第】一个接一个地，渐渐地。

GOV

k'i‛, (go down) 下去 'au k'i‛.
Goat, 山羊 san yang.
Go-between, 媒人 mé niun.
God, 上帝 zang‛ tí, (according to some) 天主 t'ien 'tsû, 眞神 tsun zun, (a god) 神 zun, (gods) 鬼神 'kwé zun, 神明菩薩 zun ming bú sah.
Goddess, (of mercy) 觀音菩薩 kwén yun bú sah, 娘娘 kwén yun niang niang, 聖母 sung‛ 'mú.
Godly, 虔誠 gien zung.
Godown, 棧房 'dzan vong, (in the go-down) 裏 'dzan 'lí.
Gold, 黃金 wong kiun, (thread) 線 kiun sien‛, (leaf) 鉑 kiun bóh.
Goldfinch, 黃雀 wong tsiáh.
Goldsmith, 金匠 kiun dziang‛.
Gong, (of copper) 銅鑼 dúng lú.
Good, 好 'hau, 善 'zón, 良善 liang 'zén.
Goods, 貨色 hú‛ suh.
Goose, 鵝 ngú, (quill) 毛筆 ngú mau pih, (wild) 鴈 'yá ngú.
Gorge, (the) 咽喉 yien‛ heu‛.
Gorgeous, 光彩 kwong‛ 't'sé.
Gospel, 福音 fóh yun.
Govern, 管理 'kwén 'lí, 治 dzz 'lí, 管轄 'kwén ah.
Government, 國政 kóh tsung, 制度 tsz‛ dú‛, 國家 kóh kia, 方伯 fong puh.
Governor, (of one province) 撫臺 'fú dé, (of two provinces) 總督 tsúng‛ tóh, (of a large, middle sized, and small city) 知府 tsz 'fú, 知州 tsz tseu, 知縣 tsz yön‛, (of the uni-

GRA

verse) 天地個主宰 t'ien dí‛ kú‛ 'tsû 'tsé
Gourd, 葫蘆 hú lú,
Gout, 脚風 kiáh fúng.
Gown, 袍子 bau 'tsz, (wadded) 綿襖 mien 'au.
Grace, 恩 un, 德 un tuh, 典 un 'tien, 惠 un wé‛.
Grade, (ninth grade of officials) 九品 'kieu 'p'ing, (grades) 品 'p'ing, (half grades) 級 kih, (promotions to the extent of a grade and a half) 加三級 ká san kih.
Gradually, 漸漸個 dzien‛ dzien‛ kú‛ (ascend) 步步登高 bú‛ bú‛ tung kau, 挨之次第 á tsz t'sz‛ dí‛.
Graduate, (as bachelor) 進學 tsing‛ hoh, (as master) 中舉人 tsúng‛ kû niun, (as doctor) 中進士 tsúng‛ tsing‛ zz.
Graduate, (a) 秀才 sieu‛ zé, 文生 vun sung.
Graft, 接 tsih.
Grain, (five kinds) 五穀 'ng kóh, (a grain) 一粒 ih lih.
Granary, 倉間 t'song kan, 廩 t'song ling, (government granary) 官倉 kwén t'song.
Grand, 高大 kau dá‛, 弘大 hóng dá‛,
Granddaughter, 女孫 'nû sun.
Grandfather, 祖父 'tsú 'vú, 公公 kúng kúng.
Grandmother, 祖母 'tsú 'mú.
Grandson, 孫子 sun 'tsz.
Grant, (to) 許 'hû, 應允 yung‛ 'yûn. 准 'tsun.
Grapes, 葡萄 bú dau, 蘖 beh dau.

GRI / GUL

Grasp, 捎牢 niah lau.
Grass, 草 ʻtʻsau, (fresh) 青草 tʻsing ʻtʻsau, (grass cloth) 夏布 ʼhau pú.
Grate, 火爐 hú lú.
Grateful, 感恩 ʻkén un.
Gratified, 喜悅 ʼhí yöh, 快活 kʻáʻ wch.
Gratis, 白白裏 báh báh ʼlí.
Gratuity, 賞賜 ʼsong szʻ, (to servants and messengers) 酒錢 ʼtsieu dien.
Grave, 填墓 vun múʻ.
Grave, (in aspect) 莊嚴 tsong nien, 威 wé nien.
Gravel, 碎石 séʻ záh.
Graver, 刻字個 kʻuh zzʻ kúʻ, (graving knife) 刻字刀 kʻuh zzʻ tau.
Gravy, 湯 tʻong, 羹 kang.
Gray, 灰色 hwé suh.
Graze, 喂牛羊 wé nieu yang, 吃草 kʻiuk tʻsau.
Grease, 膏油 kau yeu, 脂 tsz kau, 油膩 yeu níʻ.
Grease, (to) 抹 meh yeu.
Great, 大 dúʻ, (very great) 大來死 dúʻ ló ʼsí, 啥能 dúʻ lé sáʻ nung.
Greatly, 啥能 sáʻ nung, 大大能 dúʻ nung, (fear greatly) 怕 pʻóʻ lé sáʻ nung, 得極 pʻóʻ tuh giuh.
Greedy, 貪吃 tʻén kʻiuh.
Green, 綠 lóh, (pea green) 荳青 deu tʻsing.
Greet, 問好 munʻ ʼhau.
Grey, 灰色 hwé suh, (a grey beard) 老白鬚 ʼlau báh sû, (long cloths) 原色布 nien suh púʻ.
Grieve, 憂悶 yeu munʻ, 愁 yeu dzeu, 哀慟 é dúng, 傷心 song sing, 心酸 sing sun.
Grievance, 冤屈 yön kʻiöh, (state a) 訴訴 súʻ yön.
Grind, 磨 mú, 研 nien, (the teeth) 咬牙 ʻngau ngá.
Grindstone, 磨石 mú záh, 磨子 mú tsz.
Groan, 嘆氣 tʻanʻ kʻíʻ.
Grocer's shop, 茶食鋪 dzó zuh pʻúʻ, (southern goods) 南貨店 nén húʻ tienʻ.
Groom, 馬夫 ʼmó fú.
Gross, 粗 tʻsú.
Grotesque, 奇怪 gí kwáʻ.
Grove, (of bamboos) 竹林 tsóh ling.
Ground, 地 díʻ.
Ground-nut, 落花生 loh hwó sung, 長生菓 dzang sung ʼkú.
Ground-rent, 地租 díʻ tsúʻ.
Groundless, 無根無底 m kun m ʼtí, 無影無蹤 m ʼyung m tsúng.
Group, 夥 ʼhú, 隊 déʻ, 群 giun.
Grow, 生長 sung tsang.
Grudge, 怨氣 yönʻ kʻíʻ, (expenditure) 客惜 ling sih.
Gruel, 粥 tsóh.
Guard, 看守 kʻönʻ ʼseu, 把 ʼpó ʼseu, 防 bong ʼseu, (a guard) 護衛 húʻ wéʻ, (guard against thieves) 禁防盜賊 kiunʻ bong dauʻ dzuh.
Guess, 猜度 tʻsé doh, (could) 猜得著 tʻsé tuh záh.
Guest, 客人 kʻáh niun.
Guide, 領路 ʼling lúʻ.
Guilt, 罪名 ʼdzüe ming, ʼdzüeʻ
Guitar, 琵琶 bí bó.
Gullet, 喉嚨 heu lúng.

注 释

【大来死】挺大的。
【大来啥能】很大，非常大的。
【豆青】绿色。

注 释

【牙齿床】牙床。
【风圈】日晕、月晕的通称。
【贴正】碰巧。
【勿碍哈】无害,不碍事。"哈"应为"啥"。
【梦】琴。
【忒严】太严。"忒"是程度副词。

HAN

Gum, 樹膠 zǔ' kiau.
Gum, (benjamin) 安息香 ŏn' sih hiang.
Gums, 牙齒床 ngá' t'sz zong.
Gun, 鳥鎗 'niau t'siang.
Gunpowder, 火藥 'hú yáh, (gunpowder tea) 珠芝茶 tsú tsz dzó.
Gust, (of wind) 一陣風 ih dzun' fúng.
Gypsum, 石羔 záh kau.

H

Habitual, 做慣 tsú' kwan', 習 zih kwan'.
Hades, 陰間 yun kan, 陰司 yun sz, 暗府 ón' 'fú.
Hail, 雹 p'au'.
Hair, 頭髮 deu fah, (of animals) 毛 mau.
Hair's breadth, 一絲一毫 ih sz ih hau.
Haircloth, 毛布 mau pú'.
Half, 一半 ih pén'.
Hall, 客廳 k'áh t'ing, 客堂 k'áh dong.
Halo, 風圈 fúng k'iön.
Halter, 籠頭 lúng deu, 馬籠子 'mó lúng 'tsz.
Ham, 火腿 'hú 't'é.
Hamlet, 村庄 t'sun' tsong.
Hammer, 根頭 long deu.
Hamper, 簍子 'lieu 'tsz.
Hand, 手 'seu, (hand-stove) 手爐 'seu lú.
Handicraft, 手藝 'seu ní'.
Handkerchief, 手巾 'seu kiun, (of silk) 絹頭 kiön' deu.

HAR

Handle, 摩弄 mó lúng'.
Handle, (a) 柄 ping', 杷 'pó.
Handsome, 好看 'hau k'ön'.
Hang, 掛 kwó', 懸 yön kwó', (one's self) 吊殺 tiau' sah.
Happened, (just then) 貼正 t'eh tsung', 恰好 hah 'hau, 碰巧 bang 'k'iau, (happened to meet) 偶然碰着 'ngeu zén bang' záh.
Happiness, 福氣 fóh k'í', (be happy) 享 'hiang fóh, 作樂 tsoh loh.
Harbour, (to) 窩藏 wú zong (a harbour) 海口 'hé 'k'eu, 馬頭 'mó deu, (has come into) 守口者 'seu 'k'eu 'tsé.
Hard, 硬 ngang', (to accomplish) 煩難 van nan.
Hare, 兔子 t'ú' 'tsz, 野貓 'yá mau.
Harelip, 缺嘴 k'iöh tsz.
Harlot, 娼妓 t'sang gí'.
Harm, 害 hé', (no harm) 勿碍哈 veh ngé' sá'.
Harmonious, 和睦 hú móh, 相 siang hú.
Harmonize, 調和 diau hú'.
Harmony, (a) 彼此和睦 'pó 't'sz hú móh, 調 diau.
Harness, (a horse) 備馬 bé' 'mó, (a cart) 套車 t'au' t'só.
Harp, 梦 giun, (to play) 撣 dan giun.
Harrow, 耙地 pó dí', (a harrow) 耙 pó.
Harsh, 忒嚴 t'uh nien, 刻薄 k'uh bóh.
Harvest, 收成 seu zung, (wheat) 秋麥 t'sieu máh, 小麥收歛個時候 'siau máh seu 'lien kú' zz heu'.

HEA

Haste, (make) 快點 k'wá' tien, or k'wá' k'wá', (hasten him) 催伊 ts'ûe í.
Hasty, 急忙 kih mong, 迅速 'sing sóh, 性急 sing' kih.
Hat, 帽子 mau' tsz, (felt hat) 氈 tsén mau', (summer hat) 涼 liang mau', (red tasselled) 紅緯 húng wé' mau' tsz.
Hatch, 艙門 ts'ong mun, (open the hatches) 開艙 k'é t'song.
Hatchet, 斧頭 'fú deu.
Hate, 恨 hung', 憎嫌 tsung yien, 厭惡 yien' ú'.
Hateful, 可惡 'k'ó ú'.
Hatter's shop, 帽鋪 mau' p'ú'.
Haughty, 驕傲 kiau ngau'.
Have, 有 'yeu, (have not) 無沒 m méh, (has gone) 已經去者 'í kiung k'i' 'tsé.
Haven, 停船個地方 ding zén kú' dí' fong.
Having, (as a causal conjunction) 既然 kí' zén, (as an adverb time) 已經 'í kiung.
Hawthorn, 山查 san dzá.
Hay, 乾草 kûn 't'sau.
Hazardous, 危險 wé 'nien.
Haze, 雲霧 yün vú'.
He, 伊 i, 是其 'zz gí, 其 gí.
Head, 頭 deu, (of a working gang) 工頭 kúng deu, (of a party) 目 deu móh, (of a clan) 族長 zóh 'tsang.
Head, (to) 出頭 t'seh deu, 領 'ling.
Head-ache, 頭痛 deu t'úng'.
Heal, 醫 í.
Healed, 好拉者 'hau 'lá 'tsé, 痊瘉

HEI

者 dzien 'yü 'tsé.
Health, (in good) 身體健壯 sun 't'i' gien' tsong', 爽快 'song k'wá', (are you in) 好拉否 'hau 'lá 'vá, (I am in) 'hau 'lá (not in health) 勿適意 veh suh i'.
Heap, 堆 té, 墩 tung, (heap up) 堆積 té tsih, 累 lé tsih.
Heap, (up gold and gems) 堆金積玉 té kiun tsih nióh.
Hear, 聽 t'ing, (I do not—) 勿聽見 veh t'ing kien', 勿出 t'ing veh t'seh, (I cannot—) 勿來 t'ing veh lé.
Hearsay, (know by) 風聞 fúng vun.
Heart, 心 sing, 方寸 fong t'sun', 心地 sing dí'.
Heat, 熱氣 nyih k'í', (avoid heat) 避暑 bí' 'sû.
Heat, (to) 烘熱 húng nyih, (by toasting) 烤 'k'au nyih, (make it hot) nyih ih nyih.
Heathen, 外教人 ngá' kiau' niun, 信佛個人 sing' veh kú' niun.
Heaven, 天 t'ien, (paradise) 天堂 t'ien dong, 明宮 ming kúng, (son of) 天子 t'ien 'tsz.
Heavy, 重 'dzúng.
Hedge, 籬笆 lí pó.
Heed, (take) 小心 'siau sing.
Heedful, 謹慎 'kiun zun'.
Heel, 脚後跟 kiáh 'heu kun.
Heifer, 小牛 'siau nieu.
Height, 高 kau, 處 kau t'sù'
Heighten, 擡高 dé kau, 加 ká kau.
Heir, 嗣子 zz 'tsz, 承受家業個 zung 'zeu ká nyih kú'.

注 释

【无没】应为"呒没"。没有。
【伊】他。
【好拉者】痊愈了。
【勿适意】不舒服。

注 释

【第头／(第)答】这里。
【平素日脚】平时的日子。
【立勿定主意】拿不定主意。
【伊自家】他自己。

HER

Hell, 地獄 dí‘ nióh, 暗府 én‘ ’fú.
Helm, 舵 ’dú, 梢 sau, (steering skull) 櫓 ’lú.
Helmet, 盔 k’wé.
Help, 相幫 siang pong, 助 pong dzú‘.
Helpless, 無依無靠 vú í vú k’au‘.
Hem, 衣裳襟 í zong kiun, 邊 í zong pien.
Hem, (to) 縫 vúng.
Hemisphere, (northern) 北半球 póh pen‘ gieu.
Hemp, 麻 mó, 胡麻 hú mó, (thread) 線 mó sien‘, (rope) 繩 mó zung.
Hen, 鷄 kí, 母 ’mú kí.
Hence, (therefore) 所以 ’sú ’í, 故此 kú‘ ’t’sz, 因此 yung‘ ’t’sz, (from hence) 從此地 zúng ’t’sz dí‘.
Henceforward, 從此以後 zúng ’t’sz ’í ’heu.
Her, 伊 í, 是其 ’zz gi, 其 gí.
Herald, 開路先鋒 k’é lú‘ sien fúng, 前驅 zién c’hü.
Herb, 菜 t’sé‘, 蔬 sú‘ t’sé‘.
Herbal, 本草 ’pun ’t’sau, (name of a book of the Ming dynasty.)
Herd, 群 giün.
Herdsman, 看馬個 k’ön ’mó kú‘, 牧童 móh dúng.
Here, 此地 ’t’sz dí‘, 第頭 dí‘ deu, 答 dí‘ tah, 堂 dí‘ dong.
Hereafter, 從此以後 zúng ’t’sz ’í ’heu, 後來 ’heu lé.
Heresy, 異端 í‘ tōn, 旁門 bong mun, 邪敎 ziá kiau‘.
Heretofore, 向來 h’iang‘ lé, 一向 ih h’iang‘, 平素日脚 bing sú‘ nyih

HIR

kiáh.
Hermit, 隱修個人 ’yun sieu kú‘ niun.
Hero, 英雄 yung yúng, 豪傑 hau gih.
Hesitate, 立勿定主意 lih veh ding‘ ’tsú í‘, 三心兩意 san sing ’liang í‘, 猶疑勿定 yeu ní veh ding‘, 疑惑 ní wóh.
Hew, 砍 ’k’én.
Hidden, 隱密 ’yun mih, 藏抗拉個 zong k’ong‘ ’lá kú‘, 瞞 mén ’lá kú.
Hide, 隱藏 ’yun zong, 抗攏 k’ong‘ ’lúng, (intransitive) 盤 bén‘ lúng, (his laugh hides a sword) 笑裏藏刀 siau‘ ’lí zong tau.
Hide, (cow) 牛皮 nieu bí.
High, 高 kau, (in price) 貴 kü‘.
High-water, 平水 biung ’sz, 落水快者 lok ’sz k’wá‘ ’tsé.
Highway, 官路 kwén lú‘.
Highwayman, 強盜 giang dau‘.
Highminded, 自高自大 zz‘ kau zz‘ dá‘.
Hill, 小山 ’siau san, 高坭墩 kau ní tung.
Him, 伊 í, 是其 ’zz gí.
Himself, 伊自家 í zz‘ ká, 親自 t’sing zz‘.
Hinder, 阻 ’tsú, 攔 lan ’tsú, 擋 lan ’tong, 隔 ’tsú káh.
Hinge, 樞紐 k’ü ’nieu, 轉軸 ’tsén gióh.
Hint, (by nodding) 點頭會意 ’tien deu wé‘ í‘, 搖頭 yau deu.
Hire, (men or boats) 雇 kú‘, (houses or land) 租 tsú, (wages) 工錢 kúng dien, 力 lih dien, 工價 kúng

HON

ká'.

His, 伊個 í kú', (His own) 伊自家個 í zz' ká kú'.

History, 史記 'sz kí', (properly the History of Sz ma t'sien). (Mirror of history) 綱鑑 kong kan', (Twenty one histories) 廿一史 nia*n*' ih 'sz, (history of a man) 來歷 lé lih, 言行傳 yien yung dzé*n*'.

Hit, 打 'tang, 撞着 zong' záh, (with an arrow) 射着 zoh záh.

Hither, 到此地 tau' 't'sz dí'.

Hitherto, 一向 ih h'iang', 從來 zúng ló, h'iang' lé.

Hoard, (to) 積蓄 tsih h'ióh, (wealth) 積財 tsih dzé.

Hobgoblin, 怪物 kwá' veh, 祟 kwá' sûe'.

Hoe, 鋤頭 zz deu, (to hoe) 耘地 yūn dí'.

Hœmorrhage, 破血經 p'ú' h'iöh kiung

Hog, 猪 tsz lú, (lard) 油 tsz yeu.

Hoist, (a flag) 挿旗 t'sah gí, (a sail) 扯篷 t'sá búng.

Hold, 捻牢 niah lau, 持 zz, (with the hand) 手拿 'seu nó.

Hole, 孔 'k'úng, (aperture) 竅 k'iau' (in a needle) 眼 'nga*n*, (in the ground) 坑 k'áng.

Hollow, 空 k'úng, 虛 h'ū.

Holy, 聖 sung', (most) 至 tsz' sung', (pious) 虔誠 gien zung.

Home, 家裏 ká 'lí, 屋 óh 'lí, (my home) 我個老家 'ngú kú' 'lau ká.

Hone, 磨刀石 mú tau záh.

Honest, 牢實 lau zeh, 忠厚 tsúng heu'.

HOU

Honey, 蜜 mih, (wild) 野 'yá mih.

Honey-comb, 蜜房 mih vong.

Honeysuckle, 金銀籐 kiun niun dung.

Honour, 尊敬 tsung kiung', 尊重 tsung 'dzúng, 恭 kúng kiung', (subst) 體面 t'í' mien', 榮華 yúng wó.

Hook, 鈎 keu, (fishing hook) 釣 tiau' keu.

Hoop, 箍 kú, (bomboo) 竹 tsóh kú 鐵 t'ih kú.

Hope, 望 mong', 指 'tsz mong', 巴 pó mong'.

Horary, (characters) 子 'tsz, 丑 't'seu 寅 yun, 卯 'mau, 辰 zun, 巳 zz. 午 'wú, 未 ví', 申 sun, 酉 'yeu, 戌 sih, 亥 hé'.

Horizon, 地平 dí' bing, 天邊 t'ien pie*n*.

Horn, 角 koh, (deer's horn) 鹿 loh koh.

Horrible, 可驚可嚇 'k'ó kiung 'k'ó háh.

Horse, 馬 'mó, (a hundred) 一百匹 ih páh p'ih 'mó.

Horsekeeper, 馬夫 'mó fú.

Horsewhip, 馬鞭 'mó pie*n*.

Hospitable, 欵待別人 'k'wén dé' bih niun.

Hospital, 施醫院 sz í yŏn', (for foundlings) 育嬰堂 yóh yun^g dong.

Host, 家主 ká 'tsû, 主人 'tsû niun.

Hostess, 家母 ká 'mú.

Hot, 熱 nyih, (springs) 温泉 wun zien.

Hour, (one) 一個時辰 ih kú' zz zun, 一點鐘 ih 'tien tsúng.

注 释

【伊个】他的。

【纲鉴】历史之鉴。明代袁黄《袁了凡纲鉴》、清代吴乘权《纲鉴易知录》为纲鉴类史书名作。

【施医院】医院。

【育婴堂】孤儿院。

【一个时辰】两个小时。"时辰",为古代计时单位一天分为十二个时辰。

注 释

【自卑自】自卑，自己轻视自己。
【更舍】值班守望用的小屋。
【喜春/雨前】茶叶名。
【檐泽】冰锥，冰柱。

HUS

Hourglass, 沙漏 só leu'.
Hourly, 時時刻刻 zz zz k'uh k'uh.
House, 家 ká, 房子 vong 'tsz, 屋 oh, 宅子 dzák 'tsz, 所在 'sû dze'.
Household, 一家個人 ih ká kú' niun.
How, 那能 'ná nung, 得 'ná tuh, 行 'ná hang nung, 也裏 'á 'lí nung.
However, 然 zén, 倒 'tau, (I however do not fear) 我倒勿怕 'ngú 'tau veh p'é'.
Human, (life) 人生拉世界上 niun sang 'lá sz' ká' long', (feelings) 人情 niun zing.
Humane, 可憐苦人個心 'k'ó lien 'k'ú niun kú' sing.
Humble, 謙虛 k'ien h'ū, 遜 k'ien sun', 自卑自 zz' pé zz'.
Humour, 性子 sing' 'tsz, 皮氣 bí k'í', (humourous) 愛惹人笑 é' 'zá niun siau'.
Hundred, 百 páh, (one hundredth) 第一百 dí' ih páh.
Hunger, 餓 ngú', 饑 kí ngú', 肚裏 'dú 'lí ngú'.
Hunt, 打獵 'tang lih, 圍 'tang wé.
Hurdle, (wooden) 木頭格子 móh deu káh 'tsz.
Hurl, 抛 p'au.
Hurricane, 颶風 gū' fúng, 大 dú' fúng.
Hurried, 忙 mong, 着急 záh kih, 慌 hwong mong.
Hurt, 傷 song, 害 song hé'.
Husband, 丈夫 dzang' fú, 男人 nén niun.
Husbandman, 農夫 núng fú, 種田人 tsúng' dien niun.
Husk, 糠 k'ong, 皮 bí, (bran) 麩皮 fú bí.
Hut, 草棚 't'sau bang, 茅 mau bang, (watch hut) 更舍 kang só'.
Hymn, 詩 sz, 聖 sung' sz.
Hypocrite, 假貌爲善個人 'ká mau' wé 'zén kú' niun, 假裝修行人 'ká tsong sieu hang niun.
Hyssop, 牛膝草 nieu sih 't'sau.
Hyson, 喜春 'h'í t'sun, (young) 雨前 'yū zien.

I

I, 我 'ngú, 吾 ngú.
Ice, 冰 ping.
Icicle, 簷澤 yien dóh.
Idea, 意思 í' sz', 見 í' kien', 念頭 nian' deu.
Identical, 一樣 ih yang', (person) 同一個人 dúng ih kú' niun.
Idiot, 愚笨個人 nū bun' kú' niun.
Idle, 閒 han, 空 k'úng han, 懶惰 'lan dú'.
Idol, 偶像 'ngeu ziang', 泥塑木彫 ní sú' mók tiau, (of wood) 木頭人 móh deu niun.
If, 若使 zák sz', 是 zák 'zz, 假如 'kiá zû (if it had been that not being so) 倘然 't'ong zén, 若 't'ong zák, 或 't'ong wóh, 使 't'ong sz'.
Ignite, 燒着 sau záh.
Ignoble, 卑賤 pé dzien', 鄙陋 'pí leu'.
Ignominious, 勿體面個 veh 't'í mien' kú'.
Ignominy, 羞辱 sieu zóh, 耻 sieu 't'sz.

IMM

Ignorant, 愚民無知 nū ming vú tsz, 勿識字 veh suh zz', 心地蒙昧 sing dí' móng mé'.

Ill, 有病 'yeu bing', 勿適意 veh suh í', 勿爽快 veh 'song k'wá'.

Illegal, 勿合律法 veh heh lih fah.

Illegitimate, (son) 庶子 sû' tsz

Illiberal, 小器 'siau k'í'.

Illimitable, 無限無量 vú hien' vú liang'.

Illiterate, 勿識字個 veh' suh zz' kú', 勿曾讀書個 veh zung dóh sû kú'.

Illogical, 勿合情理 veh heh dzing 'li, 勿通 veh t'úng.

Illumine, 光照 kwong tsau', 亮 tsau liang', (the world) 普照天下四方 'p'ú tsau' t'ien 'hau sz' fong.

Illustrate, 章顯 tsang 'h'ien, 發明 fah ming, 註 tsù' ming.

Illustrious, 正大光明 tsung' dá' kwoug ming.

Image, 泥土象 ní 't'ú ziang', 神 zun ziang'.

Imaginary, 嘸影嘸響個事體 m 'yung m 'h'iang kú' zz' 't'í.

Imagine, 想 'siang, 心裏捏造出來 sing 'lí niah 'dzau t'seh lé.

Imitate, 效法 yau' fah, 學 hoh.

Immaterial, 無形無像 vú yung vú ziang'.

Immeasurable, 勿能量度 veh nung liang dóh, 無限 vú hien' liang'.

Immediately, 立刻 lih k'uh, 連茫 lien mong, 登時 tung zz, 馬上 'mó long'.

Immense, 廣大無限 kwong dá' vú hien', 嘸邊嘸際 m pien m tsí'.

Immerse, 浸拉水裏 tsing' 'lá' 'sz 'lí,

IMP

沉下去 dzun 'hau k'í', 搵 wun' 'lá 'sz 'lí.

Immodest, 勿曉得羞恥 veh 'hiau tuh sieu 't'sz.

Immoral, 勿正經 veh tsung' kiung, 勿是理 veh 'zz 'lí.

Immortal, 永遠勿死 'yúng 'yön veh 'sí, 勿死勿滅 veh 'sí veh mih.

Immortal, (men) 僊人 sien niun, (the immortals) 神仙 zun sien.

Immoveable, 拿勿動 nó veh 'dúng, (by pushing) 推 t'é veh 'dúng.

Immutable, 勿更改 veh kung 'ké, 嘸變嘸易 m pien' m yuh.

Impair, 損害 'sun hé'.

Impartial, 公平 kúng bing.

Impassable, 勿好過 veh 'hau kú', (of a river) 渡勿過 dú' veh kú'.

Impatient, 着急 záh kih, 性 sing' kih.

Impede, 抵擋 'tí 'tong, 阻隔 'tsú kah, 躭悮 tan ngú'.

Impenetrable, (by an awl) 鑽勿進 tsûn veh tsing', (by a sharp point) 刺勿通 t'sz' veh t'úng.

Impenitent, 勿肯悔改 veh 'k'ung hwé' 'ké.

Imperfect, 勿全 veh dzien, 缺少 k'iöh 'sau.

Imperial, (decree) 聖旨 sung' tsz', 勅 t'suh tsz', 上諭 zang' ü', (palace) 紫禁城 'tsz kiun' zung, (kindred) 宗室 tsúng suh.

Imperishable, 永遠勿滅脫 'yung 'yön veh mih t'eh, 勿能了個 veh nung 'liau kú'.

Impertinent, (speech) 過分個說話 kú' vun' kú' seh wó'.

注　释

【小器】吝啬的，偏执的。
【嘸边嘸际】没有边际。
【浸拉水里】浸在水里。
【永远勿灭脱/勿能了个】不灭的，不朽的。

注 释

【收拉监牢里】关在监狱里。
【勒拉】在。
【陀罗尼】佛教长咒，梵文: dharani.

IN

Impetuous, 奮勇 'fun 'yúng.
Implements, 器皿傢生 k'i' 'ming ká sang.
Imp icate, (others) 累及別人 ló' gih bih niun, (posterity) 連累子孫 lien ló' 'tsz sun, 干涉 kûn zeh, 相干 siang kûn.
Implore, 懇求 'k'un gieu.
Impolitic, 勿便 veh bien'.
Imports, 進口貨色 tsing' 'k'eu hú' suh.
Important, 要緊 yau' 'kiun or 'kiun yau', 重大 'dzúng dá'.
Importune, 煩瑣 van 'sú.
Impose upon, 欺瞞 k'í mén.
Impossible, 勿能 veh nung, 勿局 veh gióh.
Impost, 賦稅 fú' sûe'.
Imposture, (assume false name) 冒名 mau' ming. 假裝 'ká tsong.
Impotent, 軟弱 'niön záh.
Imprecation, 咒詛 tseu' tsú', 罰咒 vah tseu'.
Impregnable, 破勿來 p'ú' veh lé.
Impress, 打印 'tang yun', 壓下來 ah 'hau lé.
Impression, (take) 刷印 sōh yun'.
Imprison, 收拉監牢裏 seu 'lá kan lau 'lí.
Improper, 勿應當 veh yung tong, 勿合宜 veh heh ní.
Improvident, 勿先預備 veh sien yû bé'.
Impute, 歸到伊身上 kwé tau' i sun long', 算 sùn', (rectitude) 稱伊爲義 t'sung í wé ní'.
In, 勒拉 leh 'lá, (in mind) 心裏 sing 'li.

INC

Inaccessible, 勿能到 veh nung tau', 走勿上 'tseu veh 'zong.
Inaccurate, 有差 'yeu t'só, 勿對 veh té'.
Inactive, 勿動手 veh 'dúng 'seu, 勿做啥 veh tsú' sá'.
Inadequate, 勿彀 veh keu', 勿干事 veh kùn zz'.
Inadvertence, 有過失 'yeu kú' seh, 勿用心 veh yúng' sing, 勿理會 veh 'li wé'.
Inanimate, 嘸沒精神 m meh tsing zun, 勿能活動 veh nung weh 'dúng, 魂勿附體 wung veh vú' 't'i.
Inattentive, 勿留心 veh lieu sing, 勿聽 veh t'ing.
Inaudible, 聽勿出 t'ing veh t'seh.
Inauspicious, 勿吉祥 veh kih dziang.
Incalculable, 算勿出來個 sùn' veh t'seh ló kú'.
Incantation, 咒 tseu', (Buddhist) 陀羅尼 dú lú ni.
Incapable, 嘸沒本事 m meh 'pun zz', 無能 vú nung.
Incarnation, 成爲人身 zung wé niun sun, (of Jesus) 耶穌降生 iyá sú kiang' sung, 投凡胎而生 deu van t'ó urh sung.
Incautious, 勿用心 veh yúng' sing.
Incendiary and murderer, 殺人放火個 sah niun fong' 'hú kú'.
Incense, 香 h'iang, (of sandal wood) 檀 dan h'iang.
Incessant, 勿停 veh ding, 勿絕 veh dzih.
Inch, 寸 t'sun', (of time) 一片時刻

ih p'ien' zz k'uh.

Incite, 激發 kih fah, 鼓舞 'kú 'vú.

Inclination, 志向 tsz' h'iang'.

Incline, 偏拉一面 p'ien' 'lá ih mien'.

Inclose, 圍着 wé záh, 圈拉裏向 k'iön 'lá 'lí h'iang'.

Inclosure, (for sheep) 羊圈 yang k'iön, 牢 yang lau, (covered) 棚 yang bang.

Include, 包括 pau kwah, 含 pau hén.

Incoherent, (talk) 說話糊塗 seh wó' hú dú.

Incombustible, 火燒勿着 'hú sau veh záh.

Income, (from house) 房租 vong tsú (from land) 地 dí' tsú.

Incommode, 難爲 nan wé, 煩惱 van 'nau, 勞動 lau 'dúng.

Incommunicable, 勿能分拉別人個 veh nung fun 'lá bih niun kú'.

Incommparable, 嘸比 m 'pí, 嘸啥人比得來個 m sá' niun 'pí tuh lé kú'.

Incompatible, 兩面勿符合 'liang mien' veh vú heh.

Incompetent, 嘸才嘸能 m dzé m nung.

Incomplete, 勿完全 veh wén dzien.

Incomprehensible, 曉得勿透個 'hiau tuh veh t'eu' kú', 測度勿出個 t'suh doh veh t'seh kú'.

Inconceivable, 想勿出個 'siang veh t'seh kú'.

Incongruous, 勿合樣式 veh heh yang' suh.

Inconsistent, 相反 siang 'fan, 有本無末 'yeu 'pun 'vú meh, (there is a beginning but no end) 有始無終 'yeu 'sz rú tsúng.

Inconsolable, 勿受安慰 veh 'zeu ön wé'.

Inconstant, 嘸得主意 m tuh 'tsú í', 勿定 'tsú í' veh ding, 三心兩意 san sing 'liang í'.

Incontestible, 勿能駁倒個 veh nung pók 'tau kú'.

Incontinent, 勿能按察自家 veh nung ön t'sah zz' ká'.

Inconvenient, 勿便 veh bien', 當 veh bien' tong'.

Incorrigible, 固執勿改正 kú' tseh veh 'ké tsung'.

Incorruptible, 勿能毀壞 veh nung 'hwé wá', 朽爛 veh nung 'h'ieu lan'.

Increase, 加添 ká t'ien, 多 ká tú, 增 ká tsung, 長 tsung tsang'.

Incredible, 勿可相信 veh k'ó siang sing', 勿過個 siang sing' veh kú' kú'.

Incumbent, (on me) 我分所當然 'ngú vun' 'sú tong zén, 我個本分 'ngú kú' 'pun vun'.

Incurable, 勿能醫 veh nung í, 醫勿來 í veh lé.

Incur, (his displeasure) 惹伊動氣 'zá í 'dúng k'í'.

Indecent, 勿合禮 veh heh 'lí, 邪僻 ziá p'ih.

Indecorous, 勿雅 veh 'yá, 勿好看 veh 'hau k'ön'.

Indecision, 游移勿定 yeu í veh ding'.

Indeed, 實在 zeh zó', 果然 'kú zén.

Indefatigable, 勿會疲倦 veh wé' bí giön', 勿辭勞苦 veh dzz lau 'k'ú.

Indefinite, 勿定 veh ding', 無大小無先後 vú dá' 'siau rú sien 'heu, (time) 嘸日子 m nyih 'tsz.

注　釋

【偏拉一面】偏向一面。
【圈拉里向】圈在里面。
【火烧勿着】火烧不着。
【晓得勿透个】知道得不彻底。
【勿便】不方便。
【医勿来】不会医治。

注释

【涂抹勿出】擦不掉。
【珍珠米】玉米。
【勿灵】没有效果。
【勿能差】不能有错误。

INE

Indelible, 塗抹勿出 dú meh veh t'seh.
Indelicate, (bury shame) 埋沒廉恥 má meh lien 't'sz.
Indemnify, 賠補 bé' pú, 償還 dzong wan.
Independent, 自家作主 zz' ká tsok tsú, 自管自 zz' 'kwén zz'.
Index, 目錄 móh lŏh.
Indian, (corn) 珍珠米 tsun tsû mí.
Indicate, 指點 'tsz 'tien, 示 'tsz zz'.
Indict, 告狀 kau' zong'.
Indifferent, (to) 心裏冷淡 sing 'li 'lang dan', 又勿冷又勿熱 í' veh 'lang í' veh nyih.
Indigestible, 難以消化 nan 'í siau hwó'.
Indigo, 靛青 dien' t'sing.
Indiscreet, 勿仔細 veh tsz sí', 嘸見識 m kien' suh.
Indiscriminate, 勿分彼此 veh fun 'pó 't'sz.
Indispensable, 少勿得 'sau veh tuh, 罷勿得 ba' veh tuh.
Indisposed, 勿適意 veh suh í', 勿自在 veh zz' zé'.
Indisputable, 勿能辯駁個 veh nung bien' pôh kú'.
Indistinct, 勿清楚 veh t'sing 't'sǔ.
Indolent, 貪閒懶惰 t'en han 'lan dú'.
Indulge, 放縱 fong' tsúng', 寬容 k'wén yúng, 恕 k'wén sú'.
Industrious, 勤 giun, 謹 giun 'kiun.
Inebriated, 吃醉酒 k'iuh tsûe' 'tsieu.
Ineffable, 話勿來個 wó' veh lé kú'.
Ineffectual, 嘸沒效驗 m meh yau' nien', 勿靈 veh ling.

INF

Inestimable, 無價之寶 vú kia' tsz 'pau.
Inevitable, 勿得已 veh tuh 'í, 免勿來 'mien veh lé.
Inexhaustible, 用勿完 yúng' veh wén, 嘸沒窮盡 m meh giúng dzing'.
Inexorable, 挽回勿轉 'wan wé veh 'tsén, 勿肯饒赦人個 veh 'k'ung niau só' niun 'dzúe.
Inexpedient, 罪便當 veh bien' tong'.
Inexperienced, 勿熟手 veh zók' seu, (in a trade) 外行 ngá' hong.
Inexpiable, 勿好讀個 veh 'hau zóh kú' or zóh veh lé kú'.
Inexplicable, 解說勿出 'ká seh veh t'seh.
Inexpressible, 話勿盡 wó' veh dzing', 說勿出 söh veh t'seh.
Inextinguishable, 滅勿來 mih veh lé.
Inextricable, 解勿脫 'ká veh t'eh.
Infallible, 勿能差 veh nung t'só.
Infamous, (reputation) 臭名聲 t'sieu' ming sang.
Infant, 小囝 'siau 'nön, (girl) 小女囝 'siau 'nü 'nön.
Infantry, 步兵 bú' ping.
Infatuated, 發迷 fah mí.
Infected, (others) 沾染之別人 tsón 'zén tsz bih niun or 傳染 dzén 'zén etc.
Infectious, (diseases spreading) 瘟疫流行 wun yóh lieu yung.
Inferior, 下等 'hau tung.
Infest, (and disturb) 騷擾 sau 'zau.
Infinite, (in duration) 無始無終 vú 'sz vú tsúng, (in extent) 無邊無岸 vú pien xú ön'.

Inflamed, 發熱 fah nyih.
Inflexible, 固執勿改 kú' tseh veh 'ké.
Inflict, (punishment) 加刑罰 ká yung vah.
Influence, 勢目 sz' máh, 權柄 giön 'ping, (as a verb) 感化 'kén hwó', 感動 'kén 'dúng.
Inform, 告訴 kau' sú', 回頭 wé deu, 報知 pau' tsz, 招示 'tsz zz', (—a superior) 告禀 kau' 'ping, (—an inferior) 曉諭 'hian yü'.
Infuse, (tea) 泡茶 p'au' dzó.
Ingenious, 靈巧 ling 'k'iau.
Ingratitude, 忘恩負義 vong un vú ní'.
Inhabitants, 居民 kü ming, 本地人 'pun dí' niun.
Inhale, 吶 h'ih.
Inheritance, 傳下來個家業 dzén 'au lé kú' ká nyih.
Inhuman, 凶 h'iúng, 殘暴 dzan bau'.
Iniquity, 罪惡 'dzue oh, 勿公平個事體 veh kúng bing kú' zz' 't'í.
Injure, 傷害 song hé', 殘 dzan hé'.
Injurious, 利害 lí' hé'.
Ink, 墨 muh.
Inlay, (with gold border) 鑲金 siang kiun.
Inn, 客寓 k'áh 'nü', 客店 k'áh tien'.
Inner, 內 né', 裏向 'lí h'iang', 頭 'lí deu, 面 'lí mien'.
Innocent, 嘸罪 m 'dzūe.
Innumerable, 嘸沒數目 m meh sú' máh, 千千萬萬 t'sien t'sien man' man'.
Inoculate, 種痘 tsúng' deu'.
Inopportune, (just now) 此刻勿便 't'sz k'uh veh bien'.

Inquest, 驗察屍首 nien' t'sah sz 'seu.
Inquire, 打聽 'tang t'ing, 訪問 'fong mun'.
Insane, 瘋癲 fúng tien, 狂 tien gwong.
Inscription, (on stones) 碑文 pé vun, (on tablets) 匾額 'pien ngáh, (on arches) 牌 bá 'pien.
Inscrutable, 測度勿出 t'suh dok veh t'seh.
Insect, 蟲 dzúng.
Insensible, 勿知勿覺 veh tsz veh koh.
Inseparable, 分勿開 fun veh' 'é.
Insert, 揷 t'sah, (as in embroidery) 花 t'sah hwó.
Inside, 裏向 'lí h'iang', 邊 'lí pien.
Insignificant, 勿要緊 veh yau 'kiun, 勿相干 veh siang kùn.
Insipid, 淡薄 dan' bóh.
Insist, (on my going) 一定要我去 ih ding' yau' 'ngú k'í'.
Insolvent, (of a shop) 要關門 yau' kwan mun, 勿開者 veh k'é' tsé', 勿能還賬 veh nung wan tsang'.
Inspect, 監察 kan t'sah.
Inspiration, (in theology) 默示 muh zz', (in breathing) 噏 h'ih.
Instant, (of time) 一歇 ih h'ih.
Instead of, 代 dé', 替 dé' t'í'.
Instigate, 挑唆 t'iau sú, 勾引 keu 'yun.
Instinct, 天性 t'ien sing', 自然個志向 zz' zén kú' tsz' h'iang'.
Institute, 設立 seh lih.
Instruct, 敎訓 kiau' hiün'.

注 释

【吶】应为"吸"。
【里向】里面。
【吶沒數目】不清楚。
【一歇】一会儿。

注　释

【通事】翻译的旧称。

【间一个月】隔一个月。英文中mouth应为month。

【当勿起个】当不起，承受不起。

INT

Instructor, 師傅 sz, fú', 敎 kiau' sz, 先生 sien sang.

Instrument, 器具 k'í' gü, (household) 傢伙 ká 'hú, 生 ká sang, (military) 兵 ping k'í'.

Insufferable, 耐勿過個 né' veh kú' kú'.

Insult, 凌辱 ling zóh, 欺負 k'í vú', 待慢 dé' man'.

Insupportable, 當勿起個 tong veh 'k'í kú'.

Integrity, 義氣 ní' k'í'.

Intelligent, 聰明 t'súng ming, 精 tsing ming.

Intent, 有意思 'yeu í' sz'.

Intensely, (hot) 熱得極 nyih tuh giuh.

Intent upon, 主意立定 'tsú í' lih ding'.

Intentional, 故意 kú' í', 特地 duh dí'.

Inter, 葬埋 tsong' má.

Intercalary, (month) 閏月 niun niöh.

Intercede, (for) 替人求 t'í' niun gieu, 轉求 'tsén gieu.

Interchange, 相交 siang kiau, 交易 kiau yuh.

Intercourse, (of friends) 彼此有交情 'pó 't'sz 'yeu kiau dzing.

Interdict, 禁止 kiun' 'tsz.

Interest, 利息 lí' sih, 錢利 dien.

Intervene, 相隔 siang káh, (two days) 隔之兩日 káh tsz 'liang nyih, 歇 h'ih tsz 'liang nyih.

Intermingled, 夾雜 kah dzeh.

Intermit, 間斷 kien' dön, 隔 kien' kah.

Intermittent, (fever) 瘧子 ngok 'tsz.

Interpret, 翻譯 fan yuh, 解說 'ká seh.

INV

Interpreter, 翻譯官 fan yuh kwén, 通事 t'úng zz'.

Interrupt, 攔阻 lan 'tsú, 耽悞 tan ngú'.

Intersect, (two straight lines) 十字線相交 zeh zz' sien' siang kiau, 相叉 siang t'só, (three roads intersecting) 三叉路口 san t'só lú' 'k'eu.

Interval, (of two days) 隔之兩日 kák tsz 'liang nyih, (a week) 一個禮拜 kák tsz ih kú' 'lí pá', (of a mouth) 間一個月 kán' ih kú' nióh.

Interview, 見面 kien' mien', 相見 siang kien'.

Intimate, 相好 siang 'hau, 熟 siang zóh.

Intimate, (to) 指揮 'tsz hwé.

Intimidate, 驚嚇 kiung háh.

Into, 到裏向 tau 'lí h'iang'.

Intolerable, 當勿起個 tong veh 'k'í kú'.

Intoxicated, 酒醉 'tsieu tsüe'.

Intrepid, 勇敢 'yúng 'kén.

Intrigue, 計策 ki t'sah, 詭計 'kwé ki'.

Introduce, 引見 'yun kien', 舉薦 'kü tsien'.

Intrust, 托付 t'oh fú'.

Intuitively, (know) 生而知之 sung nrh tsz tsz.

Invade, 侵犯 t'sing van'.

Inveigle, 攛掇 t'sön töh, 勾引 keu 'yun.

Invent, 新做方法 sing tsú' fong fah.

Inventory, 目錄單 móh lóh tan.

Inverted, 顚倒 tien 'tau.

Investigate, 查察 dzó t'sah.

Invincible, 戰勿能勝 tsén' veh nung

IRR

sung‘, 打勿過 'tang veh kú‘, 破 p'ú‘ veh kú‘.
Invisible, 看勿見 k'ön‘ veh kien‘, 勿能見 veh nung kien‘.
Invite, 請 't'sing.
Inundate, 水淹 'sz yien, 氾濫 fan‘ lan‘.
Invoice, 貨單 hú tan.
Invoke, 呼籲 hú yáh.
Involve, (in consequences) 連累 lien lé‘, 帶 tá‘ lé‘.
Invulnerable, 傷勿着 song veh záh, 勿能 veh nung song.
Irksome, 煩擾 van 'zau.
Iron, 鐵 t'ih, (bars) 條 t'ih diau, (wire) 絲 t'ih sz, (pig) 生 sang t'ih.
Irrational, (creation) 嘸沒靈性個 m meh ling sing‘ kú‘, 勿能辨是非 veh nung bien‘ 'zz fí, 於理勿合個 yü 'lí veh heh kú‘.
Irreconcilable, (enmity) 勿共戴天之讎 veh gúng‘ té‘ t'ien tsz dzeu, 勿能相和 veh nung siang hú.
Irrecoverable, 回勿轉 wé veh 'tsén.
Irregular, 勿依規矩 veh í kwé 'kü, 亂 lön‘, (irregular actions) 妄做妄爲 vong‘ tsú‘ vong‘ wé.
Irreligious, 勿畏天 veh wé‘ t'ien, 勿虔誠 veh gien zung.
Irremediable, 嘸法 m fah, 辦 m ban‘.
Irremissible, 罪勿可赦 'dzüe veh 'k'ó só‘.
Irreparable, 補勿來 'pú veh lé, 挽回勿轉 'wan wé veh 'tsén, 勿能復元 veh nung vóh niön.
Irresistible, 抵擋勿過 'tí 'tong veh kú‘, 敵勿住 dih veh dzü‘.

JAR

Irrevocable, 一言旣出四馬難追 ih yien kí‘ t'seh sz‘ 'mó nan tsùe, 言出惟行 yien t'seh ví yung.
Irritate, (him) 惹伊動氣 'zá í 'dúng k'í‘.
Is, (absolute existence) 有 'yeu, (is it so?) 是勿是 'zz veh zz‘, (is here) 勒拉此地 leh 'lá 't'sz dí‘, (it is so) 是 'zz.
Isinglass, (in white squares) 白大菜 báh dá‘ t'só‘, (in strips) 大菜絲 dá‘ t'só‘ sz.
Island, 海島 'hé 'tau.
Insolated, 孤 kú, 單一個 tan ih kú‘.
Isosceles, (triangle) 等邊三角形 'tung pien san koh yung.
Issue, (result) 效驗 yau‘ nien‘, 關係 kwan í‘, (to issue a warrant) 出票 t'seh p'iau‘, (ticket) 發牌 fah bá, 發單 fah tan.
It, 伊 í, 故個物事 kú‘ kú‘ meh zz‘.
Itch, 癢 'yang.
Itinerary, 日記 nyih kí‘.
Itself, 伊自家 í zz‘ ká.
Ivory, 象牙 ziang‘ ngú.

J

Jacket, 衫 san, (cotton cloth) 布 pú‘ san.
Jade-stone, 玉 nióh, (ornaments) 玉器 nióh k'í‘.
Jail, 監牢 kan lau.
Jailer, 牢頭禁子 lau deu kiun‘ 'tsz.
Jam, 糖菓 dong 'kú.
Jar, 瓶 bing, 甏 bang, (large water

注　釋

【故个物事】那个东西。
【牢头禁子】旧时看管罪犯的人。

注释

【话亭相】说着玩，闲聊。
【仅彀】仅够，刚好够。
【正白话个时候】正在说话的时候。
【贴正】正好。

JUC

jar) 水缸 'sz kong, 甕 úng'.
Jasmine, 茉莉花 meh lí' hwó.
Jaundice, 黃疸 wong tan'.
Jawbone, 頰骨 kah kweh, 牙 ngá kweh.
Jay, 喜鵲 'h'i t'siáh.
Jealous, 嫉妒 zih tú', 忌妒 gí'.
Jeans, 白色布 báh suh pú'.
Jelly, (of beans) 荳腐 deu' vú'.
Jest, 話亭相 wó' beh siang', 惹笑個說話 'zá siau' kú' seh wó', 好 'hau siau' kú' seh wó'.
Jewels, 寶石 'pau záh, 珍珠八寶 tsun tsû pah 'pau.
Jeweller, (working) 玉工 nióh kúng.
Join, 接連 tsih lien, 相 siang lien, (in battle) 交鋒 kiau fúng.
Joiner, 木匠 móh dziang'.
Journal, 日記 nyih kí'.
Journey, (go a long) 出一個遠門 t'seh ih kú' 'yön mun.
Joy, 喜樂 'h'i loh, 快活 k'á' weh.
Joyful, 快活 k'á' weh, 歡喜 kwen 'h'í, (glad and sorrowful by turns) 憂樂相間 yeu loh siang kien'.
Jubilee, 禧年 h'í nien.
Judge, 刑官 yung kwén, (for a province) 按察司 ön t'sah sz, or 臬臺 nyih dé.
Judge, (to) 審判 'sun p'én', 斷 'sun tön', p'én' tön', 問 'sun mun', (decide) 擬定 'ní ding', 定案 ding' ön', (speak of other's faults) 話別人長短 wó' bih niun dzang 'tön.
Judicious, 細心 sí' sing, 謹慎 'kiun zun.
Jug, 水壺 sz hú, 罐頭 kwén' deu.

KEE

Jump, 跳 t'iaú'.
Junction, 相交 siang kiau, (point of) 點 kiau 'tien.
Junior, 後生 'heu sang, 年紀輕個 nien ki' k'iung kú'.
Junk, 船 zén, (pirate) 盜艇 dau't'ing.
Jurisdiction, 該管個地面 kó 'kwén' kú' dí' mien'.
Just, (honest) 公平 kúng bing, 道 kúng dau', (most just) 至公無私 tsz' kúng vú sz, (just arrived) 恰恰到 k'an' k'an' tau', (or) k'ah k'ah tau', (just enough) 僅彀 'giun keu', (just as they were speaking) 正白話個時候 tsung' báh wó' kú' zz heu', (just as) 貼正 t'eh tsung'.
Justice, 義 ní', 公 kúng ní', 義氣 ní' k'í'.
Justify, 顯明伊個公義 'h'ien ming í kú' kúng ní', (theological) 稱義 t'sung ní', (— by faith) 因信 yun sing' t'sung ní'.

K

Kaleidoscope, 萬花筒 van' hwó dúng.
Kalender, 皇曆 wong lih, 曆本 lih 'pun.
Kalpa, 刧 kih.
Keel, 船底 zén 'ti.
Keen, 快 k'wá'.
Keep, 看守 k'ön 'seu, (birth day) 守生日 'seu sang nyih, (in subjection) 管束 'kwén' sóh, (sheep) 看羊 k'ön yang, (the heart) 存心 dzun sing,

KIT

(put away to keep safe) 留好 lieu 'han.
Kernel, 仁 niun.
Kerseymere, 小呢 'siau ní.
Kettle, (copper) 銅壺 dúng hú, (for boiling water) 水壺 'sz hú.
Key, 鑰匙 yáh zz.
Kick, 踢 t'ih.
Kid, 山羊羔 san yang kau, 小山羊 'siau san yang.
Kidnap, 拐 kwá.
Kidney, 腎 zun'.
Kill, 殺 sah, 打殺 'tang sah, (an animal) 宰中生 'tsé tsúng sang, (one's self) 自殺自 zz' sah zz'.
Kiln, 窰 yau.
Kind, 類 lé', 等 'tung, (every) 各色各樣 koh suh koh yang', (this kind of thing) 第樁事體 dí' tsong zz' 't'í.
Kind, (in disposition) 慈悲之心 dzz pé tsz sing, (be kind to) 寬待 k'wén dé', 待人厚實 dé' niun heu' zeh,
Kindness, 恩惠 un wé', 德 un tuh, 典 un 'tien.
Kindle, (a fire) 生火 sang 'hú.
Kindred, 親眷 t'sing kiön', 戚 t'sing t'sih.
King, 王 wong, 國王 kóh wong, 君 kóh kiün.
Kingdom, 國 kóh, kwoh.
Kingfisher, 翠雀 t'sûe' t'siáh, (feathers) 翠毛 t'sûe' mau.
Kiss, 親嘴 t'sing 'tsz, 對口施禮 tó' k'eu sz 'lí.
Kitchen, 廚房 dzû vong, 間 dzû vong kan.

LAD

Kite, 鷂子 yau 'tsz, (fly a kite) 放 fong' yau 'tsz.
Knave, 拐子 'kwá 'tsz, 光棍 kwong kwun.
Knee, 膝饅頭 sih mén deu.
Kneel, 跪 gü'.
Knife, 刀 tau, (one large) 一把大刀 ih 'pó dú' tau.
Knock, 打 'tang, 敲門 k'au mun', (knock the head) 磕頭 k'eh deu.
Knot, 結 kih, 子 kih 'tsz, (tie a) 打 'tang kih.
Know, (be aware of) 曉得 'hiau tuh, (understand) 懂 'túng, 明白 ming báh, (be acquainted with) 識 suh, 認得 niung' tuh.
Knowledge, 學問 hoh vun', 知識 tsz suh, 見 kien' suh.

L

Label, 籤頭 t'sien deu, (of books) 書籤 sû t'sien.
Laboriously, 勤勞 giun lau.
Labour, 勞苦 lau 'k'ú, 工夫 kúng fú.
Labourer, 工人 kúng niun, (common labourer) 小工 'siau kúng, (agricultural) 種田人 tsúng' dien niun.
Lacking, 缺少 k'iöh 'sau.
Lacquered ware, 漆器 t'sih k'í', (to lacquer) 上漆 zong' t'sih.
Lad, 小干 'siau kûn, 後生家 'heu sang ká.
Ladder, 梯 hú t'í, 扶 vú t'í.
Ladle, 执杓 tseh zah, (cocoa-nut scoop) 葫瓢 hu biau.

注释

【对口施礼】洋人的接吻礼。
【膝馒头】膝盖。
【签头】用于标志的小条子。
【后生家】小伙子。

> 注　释
>
> 【落拉后头】落在后面。
> 【乌烟】鸦片的别称。
> 【末末脚】最后的。
> 【搭侬相睹】和你赌一把。"睹"应为"赌"。

LAN　　　　　　　　LEA

Lade, (water) 舀水 'yau 'sz.
Lady, (young) 姑娘 kú niang, 小姐 'siau 'tsiá, (old) 太太 t'á' t'á', (married) 娘娘 niang niang.
Lag, 落拉後頭 loh 'lá 'heu deu, 退縮勿前 t'é sôh veh zien.
Lake, 湖 hú.
Lamb, 羔羊 kau yang, 小綿羊 'siau mien yang.
Lame, (broken leg) 蹩腳 zeh kiáh.
Lament, 悲哀 pé ó.
Lamentable, 可惜 'k'ó sih, 可憐 'k'ó lien.
Lamp, 燈 tung, (light) 點 'tien tung, (blow out) 吹脫 t'sz t'eh tung, (wicks) 草 tung 't'sau, 心 tung sing.
Lampblack, 烏烟 wú yien.
Lance, 長鎗 dzang t'siang.
Land, 地 dí', 田 dien, 地皮 dí' bí, (fat land) 肥 ví dí', (poor) 瘦 seu' dí',
Land, (to) 上岸 zong' ön', (landing board) 跳板 t'iau' 'pan.
Landing-place, 馬頭 'mó deu, (of a bridge) 橋 giau deu.
Land-holder, 田主 dien 'tsú.
Landlord, 房東 vong túng, 東家 túng ká, 店家 tien' ká, 房主 vong 'tsú.
Land-tax, 錢糧 zien liang', 賦 fú'.
Lane, 衖 lúng'.
Language, 話 wó', 言語 yien 'nü, 白話 báh wó', (of the natives) 本地話 'pun dí' wó', 土 't'ú wó', 't'ú báh.
Languid, 乏倦 vah giön',
Lantern, 燈籠 tung lúng, (glass) 玻璃 pú lí tung.
Lard, 豬油 tsz yeu.
Large, 大 dú', dá'.
Lark, 百靈 pah.ling.
Last, 末末腳 meh meh kiáh, (the last of the goods) 起底貨 'k'í 'tí hú', (to last long) 存留 dzun lieu, (shoemaker's) 排棚頭 bá sáh deu, (stretching barrier.)
Late, 晚拉者 an' 'lá 'tsé' 遲 dzz' (at night) 夜深 yá' sun.
Lately, 近來 'giun lé.
Lath, 木片 móh p'ien'
Lathe, 旋床 zien zong.
Latitude, 緯度 wé dú', 北極出地 póh giuh t'seh dí'.
Lattice-work, 欄杆格 lan kûn káh.
Laugh, 笑 siau'.
Laughable, 好笑 'hau siau'.
Lavish, 浪費無度 long' fí' m dú'.
Laurel, 桂花 kwé hwó.
Law, 律法 lih fah, (go to) 打官司 'tang kwén sz.
Law-suit, (written plea) 狀子 zong 'tsz, (impleaed) 告 kau' zong'.
Lay, (down) 放下來 fong' 'au lé.
Lay, (up in granaries) 收到倉裹 seu tau' t'song 'lí.
Lay, (a wager with you) 搭儂相睹 tah núng' siang 'tú.
Layer, 一層 ih zung.
Lazy, 偷安懶惰 t'eu ön 'lan dú'.
Lead, 鉛 k'an, 黑 huh k'an, (red) 紅丹 húng tan, 鉛 k'an tan, (white lead) 粉 k'an fun.
Lead, (to) 領 'ling, 引 'yun 'ling, 導 'yun dau'.

LET

Leaf, 頁 yih, (of a book) 篇 p'ien, 張 tsang.
Leak, 漏忒 leu' t'eh.
Lean, 瘦 seu', (upon) 靠託 k'au' t'oh.
Leap, 跳 t'iau'.
Learn, 學 hoh.
Learned, 博學 póh yáh.
Lease, (a house for five years) 典房子五年爲限 'tien vong 'tsz 'ng nien wé han'.
Least, 頂小 t'ing 'siau.
Leather, 熟皮 zóh bí, (calf) 牛 zóh nieu bí.
Leave, 離別 lí bih, 開離 k'é, (a thing behind) 留住物事 lieu dzú' meh zz' (leave here as a security) 押拉此地 ah 'lá' t'sz dí'.
Leaven, 酵 kau', 頭 kau' deu.
Left, (hand) 左手 'tsú 'seu.
Leg, 脚 káh, 腿 't'é.
Leisure, (have) 有空 'yeu k'úng, 空閒 k'úng' han.
Leisurely, 慢慢能 man' man' nung.
Lend, 借 tsiá'.
Lentils, 扁荳 'pien deu'.
Leopard, 豹 pau'.
Leprosy, 痲瘋病 mó fúng bing', 癩 lá' bing.
Less, 更小 kung 'siau.
Lessen, 減少 'kan 'sau.
Lesson, 功課 kúng k'ú'.
Lest, 恐怕 'k'úng p'ó', 常怕 dzang p'ó', 防 'k'úng bong.
Let, 憑伊 bing í, 由伊 yeu í, 任 niung bing í, (let go) 放脫 fong' t'eh, (let a house) 担房子出租 tan vong 'tsz t'seh tsú.

LIG

Letter 字頭 zz' deu, 字母 zz' 'mú, (epistle) 信 sing', 書信 sú sing'.
Lettuce, 生菜 sang t'sé'.
Level, 平 bing, (water level) 水 sz' bing.
Liver, 杆 kûn.
Liberal, 寬洪大量 k'wén húng dú liang', 厚實 heu' zeh, 大方 dá' fong.
Liberate, 釋放 suh fong'.
Library, 書房 sú vong, 書庫 sú k'ú'.
License, (certificate) 執照 tseh tsau', (give license to passions) 放縱私欲 fong' tsúng' sz yóh.
Lichees, 荔枝 lí' tsz, (dried) 乾 lí' kûn.
Lick, 餂 't'ien.
Lictors, 皂隸 zau' dí'.
Lid, 蓋 ké'.
Lie, (down) 偃臥 'yien ngú', 倒下來 'tau 'hau ló·
Lie, 說謊 sūh hwong, 妄証 vong tsung', 妄言 vong' yien.
Life, 性命 sing' ming', (present life) 今生 kiun sung, (future) 來生 lé sung, or 後世 'heu sz', (life time) 一生一世 ih sang ih sz'.
Lift, 舉 'kū, (pick up from ground) 拾 zih, (the eyes) 仰目 'niang móh, (with the hands) 擡 dé, (the anchor) 起錨 'k'i or (bah) mau, (lift from ground) 擎 giung.
Light, 光 kwong, 亮 liang' kwong, (not heavy) 輕 k'iung, (in punishing) 寬 k'wén.

注 释

【轻轻个】轻轻地。
【实盖能做】这样子做。
【裕里】衬里，内衬。
【流动个物事】流动的东西。
【做生活吃饭】靠打工养活。
【嗡铁石】吸铁石，磁石。

LIN

Light, (a lamp) 點燈 tien tung, (a fire) 生火 sang 'hú.
Lighter, (a) 駁船 póh zén.
Lightly, 輕輕個 k'iung k'iung kú', (look upon) 看 k'ön' k'iung.
Lightning, 電 dien', 閃 sén dien', 曖睒 hoh 'h'ien.
Like, 相同 siang dúng, 似像 siang zz', 像 siang ziang', 倒 'tau ziang, 好 'hau ziang', 如同 zû dúng, (like him) 忒伊一樣 t'eh í ih yang', 恰得我一樣 hah tuh 'ngú ih yang'.
Like, (to) 中意 tsúng' í', 喜歡 'h'í hwén, (not like) 嫌 hien.
Likeness, 像 ziang', 小照 'siau tsau', 圖像 dú ziang', (take a likeness) 傳神 dzén zun, 照像 tsau' ziang'.
Likewise, (and further) 幷且 bing 't'sia, (did likewise) 實蓋能做 'á zeh kó' nung tsú'.
Lilac, 藍蓮 lan lien.
Lily, (seeds, lotus do.) 蓮子 lien 'tsz.
Limbs, (four) 四肢 sz' tsz.
Lime, 石灰 sáh hwé, (kiln) 窰 hwé yau.
Limit, 交界 kiau ká', 限 ká' han'.
Limit, (to) 限定 han' ding'.
Line, (string) 線 sien', (on paper) 畫 wáh or sien'.
Linen, 麻布 mó pú', (grass cloth) 葛布 köh pú', 細絲麻布 sí' mó pú'.
Linger, 逗遛 deu' lieu', 久留 'kieu lieu.
Linguist, 通事 t'úng zz'.
Lining, 裕裏 kah 'lí.

LOA

Link, 相連 siang lien, (link one's self with others for bad purposes) 勾串別人做惡事 keu t'sön' bih niun tsú' oh zz'.
Linseed, 胡麻子 hú mó 'tsz.
Lintel, 門楣 mun mé.
Lion, 獅子 sz' tsz.
Lip, 嘴唇 'tsz zun, (harelipped) 缺 k'iöh 'tsz.
Liquid substances, 流動個物事 lieu dúng' kú' meh zz'.
Liquorice, 甘草 kón 't'sau.
List, 目錄 móh lóh, 清單 t'sing tan, (of person) 人丁册 niun ting t'sáh.
Listen, 聽 t'ing.
Literal, (meaning) 字面上個意思 zz' mien' long' kú' í' sz'.
Literary, (attainments) 學問 hoh vun', (examinations) 考試 'k'au sz', (chief provincial superintendent of) 學臺 hoh dé.
Little, 小 'siau, 細 sí' 'siau, (to a small extent) 稍爲 'sau wé, (know a little of) 頗曉 'p'ú 'hiau, (a little time) 片刻 p'ien' k'uk.
Live, 生 sung, 活 weh, 度日子 dú' nyih 'tsz, (on hills) 住拉山上 dzû' 'lá san long'.
Livelihood, (work for) 做生活吃飯 tsú' sang weh k'iuh van'.
Lively, 活潑潑 weh p'eh p'eh.
Liver, 肝 kûn.
Living, 活個 weh kú'.
Load, 擔子 tan 'tsz, tan.
Load, (to) 裝載 tsong tsé'.
Loadstone, 磁石 dzz záh, 嗡鐵石

LOO

h'ih t'ih záh.
Loaf, 饅頭 mén deu.
Loan, 借拉個銅錢 tsiá' 'lá kú' dúng dien.
Loathe, 厭惡 yien' wú', 嗷勿得 ngau veh tuh.
Loathesome, 可惡 'k'ó wú'.
Local, (deities) 土地 't'ú dí'.
Lock, 鎖 'sú.
Lock, (a door) 鎖門 'sú mun.
Locust, 蝗蟲 wong dzúng.
Lodge, 寓 'nū, 宿 sóh, 住 dzû'.
Lodging, (house) 客寓 k'áh 'nū.
Lofty, 高 kau.
Logarithms, 對數 té' sú'.
Loins, 腰 yau.
Long, 長 dzang, (in time) 久 dzang 'kieu, 艮 liang 'kieu, (long ells) 嗶嘰 pih 'ki.
Long after, (to) 愛慕 é' mú'.
Longevity, 壽 zeu', 長 dzang zeu'.
Longitude, (degrees of) 經度 kiung dú', (lines of) 線 kiung sien'.
Longitudinally, (and transversely) 一橫一豎 ih wang ih zû'.
Look, 看 k'ön', 觀 kwén k'ön', (through a hole or tube) 闚 k'wé k'ön', 眳眳 sú sú k'ön', 望 mong'.
Looking-glass, 面鏡 mien' kiung', 玻璃 pú lí kiung'.
Loom, 織布機 tsuh pú' kí.
Loop, 紐 'nieu, 口 'nieu 'k'eu.
Loose, (to) 放鬆 fong' súng, (let go) 放脫 fong' t'eh, (loose earth) 土鬆 súng 't'ú.
Loosen, 解開 'ká k'é, (a knot) 解結 'ká kih.

LOY

Loquat, 枇杷 bí bó, (white) 白 báh bih bó.
Lord, 主 'tsû, (of Heaven) 天主 t'ien 'tsû, (Lord's day) 主日 'tsû nyih.
Lose, 失脫 seh t'eh, 落 lok t'eh, (it is lost) 勿見者 veh kien' 'tsé, 喪 song' t'eh, (—and win) 輸贏 sû yung.
Loss, (sustain) 吃虧 k'iuh 'kü, (of 100 teals) 虧一百兩 k'wé ih páh 'liang, (of capital) 蝕本 zeh 'pun.
Lost, 失脫拉個 seh t'eh 'lá kú', (sheep) 亡羊 vong yang, 喪 seh song' 'lá kú', (in earth's prison) 沉淪拉地獄裏 dzun lun 'lá dí' nióh 'lí.
Lot, (destiny) 命運 ming' yön', 籤 t'sien, 鬮 kieu, (cast lots) 打 'tang t'sien, 拈 nien kieu, 占卜 tsén póh, (take bamboo slip from a cylinder by lot) 拔著一個籤 bah záh ih kú' t'sien.
Lotus, 荷花 hú hwó, 蓮 lien hwó.
Loud, 聲氣大 sang k'í' dú', 響亮 'h'iang liang'.
Love, (to) 愛 é', 惜 é' sih, 親 t'sing é', 肉麻 nióh mó, (mutually) 相 siang ó', (and respect) 敬 kiung' ó', (affection) 情 ó' dzing, 仁 zun é'.
Lovely, 可愛 'k'ó é'.
Louse, 虱 seh.
Low, 低 tí, (in rank) 卑賤 pé dzien', (in character) 鄙陋 'pí leu', 下流 'hau lieu, 下等 'hau 'tung, (in stature) 身量短 sun liang' 'tön, (lowest) 頂底針 'ting tí vi.
Lowly, 謙卑 k'ien pé.
Loyal, 盡忠 zing' tsúng, 忠心 tsúng sing.

注　释

【嗷勿得】不能忍耐。
【嗶嘰】一种织物。
【眳眳】略为一看。
【声气大】说话声音大。
【顶底针】地位最低的。"针"应为"位"。

注 释

【娘娘】姑母，姨母。
【折手】手部残疾。

MAC

Lucid, 明亮 ming liang', 清楚 ts'ing t'sú.
Luck, 造化 'zau hwó', (meet with) 逢吉 vúng kih, (seek luck and avoid misfortune) 趨吉避凶 ts'ú kih bí' h'iúng.
Luckily, 恰好 hah 'hau.
Lucky, (day) 吉日 kih nyih, 好 hau nyih, (opportunity) 好機會 'hau 'kí wó'.
Lucraban, (seed) 大楓子 tá' fúng 'tsz.
Ludicrous, 可笑 'k'ó siau', 好 'hau siau', 惹人 'zá niun siau'.
Luggage, 行李 hang lí.
Lukewarm, 半冷半熱 pón' 'lang pón' nyih.
Lumbago, 腰骨痛 yau kweh t'úng'.
Luminous, 發光個 fah kwong kú', 明亮 ming liang'.
Lump, 塊 k'wé', (count them in the lump) 摠算 'tsúng sùn'.
Lunatic, 瘋癲個人 fúng t'ien kú' niun.
Lunch, 點心 'tien sing.
Lungs, 肺 fí', (disease of) 病 fí' bing'.
Lung-ngan, (seeds) 桂圓 kwó' yön.
Lurk, 埋伏 má vóh.
Lust, 私欲 sz yóh, (burns like fire within) 如火心裏焚燒 sz yóh zú 'hú sing 'lí vun sau.
Lutestring, 絃 yien.
Luxuriant, 茂盛 meu' zung'.

M

Mace, (tenth of an oz.) 一錢 ih dzien.

MAI

Machine, (for irrigation) 水車 'sz t'só' (for weaving) 織布機 tsuh pú' kí, (for agriculture) 農器 núng k'í'.
Mad, 顛狂 tien gwong, 瘋 fúng tien, (pretend to be) 假做痴呆 'ká tsú' t'sz ngó.
Madam, 太太 t'á' t'á,, 嫐 'ná 'ná, 娘娘 niang niang.
Magazine, 府庫 'fú k'ú', 棧房 'dzan vong.
Magic, 邪術 ziá zeh, 法 ziá fah.
Magician, 行邪法個 hang ziá fah kú', 跳神個 t'iau' zun kú'.
Magistrate, 官府 kwén 'fú, (of a district city) 知縣 tsz yön', (prefect) 知府 tsz 'fú, (local—) 地方官 dí' fong kwén.
Magnanimous, 大量 dú' liang'.
Magnet, 磁石 dzz záh, 瞰鐵石 h'ih t'ih záh.
Magnify, (praise) 頌揚 zúng' yang, 讚美 tsan' 'mó, (one's self) 自誇自 zz' k'wó zz'.
Magnolia, 玉蘭花 nióh lan hwó.
Magpie, 喜鵲 'h'í t'siáh.
Mahommedanism, 回回教 wó wó kiau'.
Maid, 童女 dúng 'nü, 處 t'sù' 'nü, 姑娘 kú niang, 閨 kwé 'nü, (servant) 丫頭 au deu.
Majesty, 威風 wé fúng, 勢 wó sz', 嚴 wó nien.
Majesty, (your) 萬歲 van' sùe', 陛下 bí' 'hau.
Maimed, 殘疾 dzan dzih, 撥伊打傷者 peh i 'tang song tsz, (hand) 折手 zeh 'seu.

MAN

Maintain, 守住 'seu dzû', 據 kü' 'seu, 固守 kú' 'seu, (support) 養活 'yang weh,

Major, 守備 'seu bó'.

Maize, 珍珠米 tsun tsû 'mí.

Make, 做 tsú', 造 'zau, 創 t'song 'zau, 製 tsz' 'zau.

Maker, 造化主 'zau hwó' 'tsû.

Malady, 病症 bing' tsung'.

Male, (sex) 男 nén, (gender) 雄 yiúng, 公 kúng.

Malediction, 咒詛個說話 tseu' 'tsú kú' seh wó'.

Malevolent, 黑心 huk sing.

Malleable, (iron) 熟鐵 zók t'ih.

Mallet, (iron) 鉄鎚 t'ih dzūe.

Man, 人 niun.

Manage, 辦事體 ban' zz' 't'í.

Mandarin, 官府 kwén' fú.

Manger, 馬槽 'mó zau.

Mangrove, (bark) 栲皮 'k'au bí, (used in dying sails brown).

Manifest, 顯明出來 'h'ien ming t'seh lé, 表明 'piau ming, (of a vessel) 船單子 zón tan 'tsz.

Manifold, 好幾樣 'hau 'kí yang', 諸般 tsû pén.

Mankind, 世界上人 sz' ká' long' niun.

Manner, 模樣 mú yang', 式 yang' suh.

Manner, 禮體 'li 't'í, 貌 'lí mau', (of a people) 風俗 fúng zóh.

Mansion, (of stars) 二十八宿 rh zeh pah sieu'.

Mantle, 外套 ngá' t'au'.

Mantis, (praying) 螳螂 dong long.

MAR

Manual, (labour) 手工 'seu kúng.

Manufactory, 工局 kúng gióh.

Manufactures, 人工做出來個物事 niun kúng tsú' t'seh lé kú' meh zz.

Manure, 糞 fun', (to) 澆 kiau fun', (manure cakes) 坑砂 k'áng só.

Manuscript, 抄本 t'sau 'pun, 抄寫個書 t'sau 'siá kú' sû, 謄 dung 'siá kú' sû.

Many, 多 tú, 許 'h'ü tú.

Many, (coloured) 五顏六色 'ng ngan lók suh.

Map, 地理圖 dí' 'lí dú.

Maple-tree, 楓樹 fúng zû'.

Marble, 漢白玉 hön' báh nióh, 雲石 yûn záh, 花石片 hwó záh p'ien'.

March, 三軍行路 san kiūn yung lú'.

Margin, 邊 pien, (of a river) 岸 ön', (of the sea) 灘 t'an, (of a book) 書天頭 sû t'ien deu.

Mariner, 水手 'sz 'seu, 船上夥計 zén long' 'hú kí'.

Mariner's compass, 指南針 'tsz nén tsun.

Maritime, (customs office) 海關 'hé kwan'.

Mark, 字號 zz' hau', 計 kí' hau', 碼子 'mó 'tsz, hau' 'mó, (in writing) 畫 wáh, 花押 hwó ah, (foot marks) 脚跡 kiák tsih, (marks of a wound) 傷痕 song hun'.

Mark, (to) 畫字號 wáh zz' hau', (a book) 點書 'tien sû.

Market, 市 'zz, (at) 街市頭上 ká' 'zz deu long', (state of) 當勢 tong sz'.

Marriage, 婚姻 hwun yun, 娶妻 t'sú' t'sí, 親 t'sû' t'sing 攀 p'an t'sing

注 釋

【栲皮】做鞋垫的原料。由生皮的边角料和树皮等放在一起加工而成。

【工局】制造厂。

【坑砂】块结状肥料。

注 释

【做弥撒】天主教的祭礼，类似于做祷告。
【自来火】火柴。
【临着之苦脑】遇到苦恼的事。
【炀开来】融化了。
【四支百体】人体各部位。
【收作】收拾，整理。

MAT

大娘子 t'sù' dú' niang 'tsz, 結 kih t'sing, (of the woman) 出嫁 t'seh ká', 過門 kú' mun.
Marrow, 骨髓 kweh sih.
Mars, 火星 'hú sing, 熒惑 yúng wóh.
Mart, 埠頭 bú' deu, 馬 'mó deu.
Martial, 武 'vú.
Martyr, 爲道拾命個人 wó' 'dau 'só ning' kú' niun, (or) 致命 wó' 'dau tsz' ming' kú' niun.
Marvellous, 奇怪 gí kwá', 希奇古怪 h'í gí 'kú kwá'.
Masculine, 雄 yúng, 公 kúng.
Mason, 泥水匠 ní 'sz dziang', (stone mason) 石 záh dziang'.
Mass, (lump) 團 dōn, ("say mass") 做彌撒 tsù' mí sah.
Massicot, 黃丹 wong tan.
Massive, 重大 'dzúng dú'.
Mast, 桅 wé, 檣 dziang.
Master, 主 'tsù, 當家人 tong ká niun, 東 túng ká, (master workman) 工頭 kúng deu, (teacher) 夫子 fú 'tsz, 師傅 sz fú'.
Master, (of arts) 舉人 'kū niun.
Mat, 席 zih, ziuk, (rush mat) 蒲 bú zih, 竹 tsóh zih, (rattan table mats) 簍墊 dung dien', (plate mats) 碟墊 dih dien'.
Mate, 大夥計 dú' 'hú ki'.
Match, 相配 siang p'é', 匹 p'ih p'é', (lucifer) 自來火 zz' lé 'hú.
Match-lock, 鳥鎗 'niau t'siang.
Material, (heavens and earth) 有形有象個天地 'yeu yung' yeu ziang' kú' t'ien dí'.

MEN

Materials, 材料 dzé liau', 作 liau' tsoh.
Matter, 事體 zz' 't'í, (properties of matter) 各樣物事本性 koh yang' meh zz' 'pun sing'.
Mattress, 褥子 nióh 'tsz.
May, 可以 'k'ó 'í, 能以 nung 'í, 彀 nung keu'.
Meal, 麵粉 mien' fun, (a meal) 一頓飯 ih tung' van'.
Mean, (vile) 鄙陋 'pí leu', 卑賤 pó dzien', (mean number) 均勻數目 kiūn yun sú' mah'.
Meaning, 意思 í' sz', 解說 'ká seh.
Measles, 疹子 'tsun 'tsz.
Measure, (in feet and inches) 量量尺寸 liang liang t'sáh t'sun', (in pints and pecks) 升斗 liang liang tú 'sau sung 'teu.
Meat, 肉 nióh.
Mechanic, 工匠 kúng dziang', 匠人司務 dziang' niun sz vú'.
Meddle, 生出事體 sang t'seh zz' 't'í, sang zz'.
Mediator, 中保 tsúng 'pau.
Medicine, 藥 yáh.
Meet, 遇着 nü' záh, 碰 bang' záh, 會 wo' záh, (meeting with misfortune) 臨着之苦腦 ling zák tsz 'k'ú 'nau.
Melancholy, 氣悶 k'í' mun'.
Melon, 瓜 kwó, (seeds) 子 kwó' 'tsz.
Melt, 鎔化 yúng hwó', 開 hwó' k'é, 煬開來 yang k'é lé.
Members, (of the body) 四支百體 sz' tsz puh 't'í.
Memory, 記性 kí' sing'.
Mend, 收作 scu tsoh, 修補 sieu 'pù

MIL　　　　　　　　　MIN

理 sien‵ 'lí.
Mercha^nt, 做生意人 tsú‵ sang í‵ niun‵ 客商 k'áh song, (tea merchant) 茶客 dzó k'áh.
Merciful, 哀憐 ó lien, (be) 軟心腸 'niön sing dzang.
Mercury, 水銀 'sz niun.
Mercy, 慈悲 dzz pé.
Merely, 不過 peh (pih) kú‵, 但 dan‵.
Meridian, 中午線 tsúng wú sien‵.
Merit, 功 kúng, 勞 kúng lau, 德 kúng tuh.
Message, 信 sing‵ (take a) 送 súng‵ sing‵.
Metals, (the) 金銀銅鐵錫等類 kiun niun dúng t'ih sih 'tung lé‵.
Metaphor, 借意 tsiá‵ í‵.
Metempsychosis, 六道輪回 lóh 'dau lun wé.
Meteor, 流星 lieu sing.
Method, 方法 fong fah, 法子 fah 'tsz, 則 fah tsuh.
Metropolis, 京城 kiung zung, 都 kiung tú.
Miasma, 地土流行個瘟氣 dí‵ t'ú lieu yung kú‵ wun k'í‵.
Microscope, 顯微鏡 'h'ien ví kiung‵.
Middle, 當中間裏 tong tsúng kan 'lí, tong tsúng.
Middle, (point) 中點 tsúng 'tien.
Midnight, 半夜巴 pén‵ yá‵ pó.
Midsummer, 夏至 'hau tsz‵.
Midway, (stop) 半途而廢 pén‵ dú urh fí‵.
Might, 能 nung, 權 giön nung.
Mild, 溫和 wun hú, 平和 bing hú 良善 liang 'zén.

Mildew, 霉氣 mé k'í‵, (to) 發霉 fah mé, 了 mé 'liau.
Milk, (of cows) 牛嬭 nieu 'ná.
Milky-way, 銀河 niun hú, 天漢 t'ien hön‵.
Mill, 磨子 mú 'tsz, (stone) 磨石 mú záh.
Millet, 小米 'siau 'mí, (Barbadoes) 高粱 kau liang.
Million, 一百萬 ih páh man‵.
Mind, 心 sing, 心地 sing dí‵, (mind to) 當心 tong sing, 留 lieu sing, (not to mind) 勿以爲意 veh 'í wé í‵ 勿放拉心上 veh fong 'lá sing long‵.
Mine, 我個 'ngú kú‵.
Mine, (coal) 煤窖 mé yau, (silver) 銀壙 niun 'k'wong.
Mingle, 參雜 t'sén zeh, 調和 diau hú, 攪 'kau hú.
Minister, 朝臣 dzau dzun, (prime) 宰相 'tsé siang‵, 丞 dzung siang‵, 大學士 dá‵ yáh 'zz, 閣老 koh 'lau, 中堂 tsúng dong.
Minister, (to) 服事 voh zz‵, 奉事 vúng‵ zz‵.
Ministry, 職分 tsuh vun‵, 責任 tsuh zun.
Minor, 年紀輕 nien 'kí k'iung.
Minstrel, 吹手 t'sz 'seu, (guitar player) 彈琵琶個 dan bí bó kú‵.
Mint, (peppermint) 薄荷 boh hú, (for coining) 鑄錢局 tsù‵ dzien gióh.
Minute, 微小 ví 'siau, 細 sí‵ ví, 精 tsing ví.
Minute, (in time) 分 fun, (and seconds) 分秒 fun miau‵.

注　釋

【茶客】茶叶商人。
【中午线】子午线。
【地土流行个瘟气】(这片)地界有瘴气。
【半夜巴】半夜里。
【勿放拉心上】不用放在心上,不用介意。

注释

【恨人个】厌恶人世的。
【糖脚】糖蜜，糖浆。
【活狲】猴子。

MIX	MON
Minutely, 詳細 ziang sí'.	Moat, 城池 zung dzz, 壕 zung hau'.
Miracle, 希奇事體 hí gí zz' t'í', 靈跡 ling tsih, 聖 sung' tsih, 神 zun tsih, 異 í' tsih, 異樣事體 í' yang' zz' t'i.	Mock, 戲笑 h'í' sia^u', 弄 h'í' lúng'.
	Mode, 樣式 yang' suh, 模 mú yang', (of the time) 時 zz yang'.
Mire, 泥 ní.	Model, 模範 mú van', 規 kwé mú.
Mirror, 明鏡 ming kiung', 子 kiung' 'tsz, (of glass) 玻璃 pú lí kiung', 銅 dúng kiung'.	Moderate, (in price) 勿貴 veh kú', (in expenditure) 省儉 'sang gien', (in speed) 勿快勿慢 veh k'wá' veh man'.
Mirth, 喜樂 'h'í loh.	Moderately, 輕裏 k'iung k'ung 'li.
Misanthropist, 恨人個 hung' niun kú'.	Modern, (style) 現在樣子 'hien zó' yang' 'tsz (modern times not equal to ancient) 今不如古 kiun peh zû 'kú.
Misapprehend, 想差 'siang t'só.	
Miscalculate, 算差 sûn' t'só.	Modest, 有面孔個 'yeu mien' k'úng kú', 有廉恥 'yeu lien 't'sz, 面皮薄 mien' bí boh,
Miscellaneous, 零碎 ling ling só' só' kú'.	
Mischance, 勿造化 veh 'zau hwó'.	Moist, 濕 sáh, 潮 dzau sáh.
Mischief, (do) 傷害物事 song hé' meh zz'.	Moisten, 潤澤 zun' dzuh, 滋 tsz zun', 濕一濕 sáh ih sáh, (with rain) 淋 ling.
Misery, 苦惱 'k'ú 'nau, 艱難 kien nan.	
Misfortune, 患難 wan' nan', 勞苦 lau 'k'ú.	Molasses, 糖脚 dong kiáh.
	Molest, 難爲 nan wé, 驚動 kiung 'dúng.
Miss, 姑娘 kú niang, (to miss) 碰勿著 bang' veh záh, 勿見 veh kien'.	Moment, 一歇工夫 ih h'ih kúng fú.
Misspend, 浪費 long' fí', 妄用 vong' yúng'.	Monarch, 君王 kiûn wong, 皇帝 wong tí'.
Mist, 雲霧 yûn vú', 露 vú' lú'.	Monastery, 寺 zz', 庵堂寺院 ón dong zz' yön'.
Mistake, 錯 t'só'.	Money, 銀子 niung 'tsz, 銅錢 dúng dien, (market) 當勢 tong sz', (for a journey) 盤纏 bén zén.
Mister, 先生 sien sang.	
Mistress, 主母 'tsû 'mú, 娘娘 niang niang, (highly respectful) 太太 t'á' t'á'.	Monk, (Buddhist) 僧 sung, 和尙 hú zong, (Tauist) 道士 'dau 'zz.
Mix, 攪 'kiau, 兌 dó', (with water) 搶水 t'siang 'sz, 澆水 kiau 'sz, (a mixture) 混沌 'wun dun, (mixed) 調和拉個 diau hú 'lá kú', 混雜 'wun dzeh 'lá kú', 夾 kah dzeh.	Monkey, 活猻 weh sung, 猴 heu.
	Monsoon, (south-west) 西南長風 sí nén dzang fúng.

MOS

Monsters, (and demons) 妖魔鬼怪 yau mú 'kwé kwá'.
Monstrous, 奇怪 gí kwá'.
Month, 月 niöh, (first day of) 初一 t'sú ih, (end of) 月底 niöh 'tú.
Monument, 石碑 záh pé.
Monumental, (gateway) 牌樓 pá leu.
Moon, 月 möh, 月亮 niöh liang', (the stars and moon mix their light) 星月皎輝 sing niöh kiau hwé.
Mope, 發悶 fah mun.
Moral, (sense) 良心 liang sing, (standard) 天理 t'ien 'lí, (give moral instruction) 勸人爲善 k'iön' niun wú 'zén.
Morally, (good and evil) 善惡 'zén oh.
More, 更多 kung' tú, (the more he has the more he wants) 越多越要 yöh tú yöh yau', (more and more) 發 yöh fah tú.
Moreover, 況且 'hwong 't'sia, 還有一樣 wan 'yeu ih yang', 也 'á 'yeu ih yang'.
Morning, 朝辰頭 tsau zun deu, 上半日 zong' pén' nyih, (star) 啟明星 'k'í ming sing, 曉星 'hiau sing, (every morning) 多 tsau tú.
Mortal, 必要死個 pih yau' 'sí kú'.
Mortar, (stone) 石臼 záh gieu', (lime cement) 石灰 záh hwé.
Mortgage, 典 'tien, 當 tong'.
Mortification, (mental) 憔悴 ziau zûe', (physical) 毒氣歸心 dók k'i' kwé sing.
Mosquito, 蚊子 mun 'tsz.
Moss, 青苔 t'sing dé.

MUR

Most, (very) 狠 'hun, 大一半 dú' ih pén'.
Mostly, 大概 tá' ké', 大約 tá' yáh.
Moth, 燈蛾 tung ngú.
Mother, 母親 'mú t'sing, 娘 niang, (mother-in-law) 婆 bú, 丈母 dzang' 'm.
Mother-of-pearl, 雲母殼 yûn 'mú k'oh.
Motive, 意思 í' sz'.
Move, 動 'dúng, 活動 weh 'dúng, 走動 'tseu 'dúng.
Mould, 模樣 mú yang'.
Mound, 土堆 't'ú tú, 坭墩 ní tung.
Mount, (maps) 表圖 'piau dú, (a height) 登高 tung kau, (a hill) 上山 zong' san.
Mountain, 山 san.
Mourn, 哀哭 é k'óh.
Mourning, (wear) 帶孝 tá' hiau'.
Mouse, 小老鼠 'siau 'lau 'sû.
Mouth, 嘴 'tsz, 口 'k'eu.
Much, 多 tú, 多化 tú hau'.
Mud, 泥 ní.
Muddy, 濁 zók, 渾 wun.
Mulberry-tree, 桑樹 song zú'.
Mule, 騾子 lú 'tsz.
Multiply, 相乘 siang zung, 加多 ká tú.
Multitude, 衆人 tsúng' niun, 多好人 tú hau' niun.
Murder, 殺人個罪 sah niun kú' 'dzûe, (to commit) 故意殺人 kú' í' sah niun.
Murderer, 兇手 h'iúng 'seu.
Murmur, (against) 譏諷別人 ki fúng' bih niun, (in heart) 怨心 yön' sing, 心裏抱怨 sing li 'bau yön'.

注释

【香信】香菇。"信"应作"蕈"。
【板要】一定要，必须要。
【伤坏】损坏，毁坏。
【石漆】石油。

MYR

Mushrooms, 蔴菇 mú kú, 香茵 h'iang kiün, 香信 h'iang sing', 木耳 móh 'urh.
Music, 樂 yáh, 音 yung yáh.
Musical, (stone) 磬 k'iung, (boxes) 八音匣 pah yun hah.
Musician, 奏樂個 tsen' yáh kú', 吹手 t'sz 'seu.
Musk, 麝香 zó' h'iang.
Musket, 洋鎗 yang t'siang.
Muslin, 加紗布 ká só pú'.
Musquito, 蚊子 mun 'tsz.
Mussels, (dried) 淡菜 dan' t'só'.
Must, 必定 pih ding', 總要 'tsúng yau', 須 sü yau', 少勿得 'sau veh tuh, 免勿得 'mien veh tuh, (must certainly) 板要 'pan yau'.
Mustard, 芥菜 ká' t'só', 芥種子 ká' 'tsúng 'tsz.
Mustaches, 鬍鬚 hú sü.
Muster, 樣子 yang' 'tsz.
Musty, (damp and) 潮濕霉爛 dzau sáh mé' lan'.
Mute, 啞子 'ó 'tsz.
Mutilate, 傷壞 song wá'.
Mutiny, 背叛 pé' bén'.
Mutton, 羊肉 yang nióh.
Mutual, 互相 ngú' siang, 彼此 'pé 't'sz, (help) 相幫相助 siang pong siang dzú'.
My, 我個 'ngú kú', (younger brother) 舍弟 só' 'dí, (elder brother) 家兄 ká h'iung, (my office) 敝衙門 bí' ngá mun, (my country) 敝國 bí' kóh.
Myriad, 一萬 ih man'.
Myrrh, 沒藥 meh yáh.

NAT

Myself, 自己 zz' 'kí, 家 zz' ká, 親身 t'sing sun.
Mysterious, 奧妙 au' miau', 深妙 sun miau', 秘密 pí' mih, 壓 au' ah.
Mystery, 奧妙 au' miau'.

N

Nail, (iron) 鐵釘 t'ih ting, (finger) 指甲 tsz kah.
Nail, (to) 釘 ting, (to the cross) 釘拉十字架上 ting' 'lá zeh zz' ká long'.
Naked, 光身體 kwong sun 't'í, 赤身裸體 t'sáh sun lú' 't'í.
Name, 名 ming, 頭 ming deu, 堂 ming dong, 號 ming hau', 字 ming zz', (family name) 姓 sing', (literary name) 別號 bih hau', (a good name) 好名聲 'hau ming sang.
Name, (to) 起名 'k'í ming, 叫 kiau', (one's self) 自家稱呼 zz' ká t'sung hú'.
Nankeen, 紫花布 'tsz hwó pú', 土布 t'ú pú', 赤 t'sáh pú'.
Naphtha, 石油 záh yeu, 石漆 záh t'sih.
Napkin, 手巾 'seu kiun.
Narrate, 申說 sun sŏh, 話明白 wó' ming báh.
Narrow, 狹 hah, 亻也, 窄 tsah.
Narrow-minded, 小器 'siau k'í', 見識勿多 kien' suh veh tú.
Nation, 國 kóh, kwóh, 民 ming, 邦國 pong kóh.
Native, (dialect) 本地話 'pun dí wó',

NEE

(place) 本鄉 'pun h'iang, 籍 'pun dzih, (productions) 土產 't'ú t'san.

Nativity, (of our Lord) 救主生日 kieu' tsù sang nyih.

Natural, 自然 zz' zén, 天生個 t'ien sang kú'.

Nature, 天地自然之理 t'ien dí' zz' zén tsz 'li, (of medicines) 藥性 yáh sing', (of soils) 土 't'ú sing', (human nature) 人性 niun sing'.

Naval, (officer) 水師 'sûe sz, (commander of fleet of armed boats) 提督 'sûe sz dí tóh.

Navel (cord) 臍帶 dzí tá'.

Navigator, 行船個人 ḥang zén kú' niun.

Nauseate, 發嘔心 fah 'ḥeu sing.

Near, 近 'giun, 相 siang 'giun, 附 vú' 'giun, 到快 tau' k'wá'.

Nearly, 差勿多 t'só veh tú, (dead) 死快者 'si k'wá' 'tsé.

Neat, 清修 t'sing sieu, 收作好看 seu tsoh 'hau k'ön'.

Nebula, 星氣 sing k'í'.

Necessary, 不得已 peh tuh 'í, 不得不然 peh tuh peh zén.

Necessaries, 須用個物事 sŭ yúng' kú' meh zz'.

Necessity, 免勿來個事體 'mien veh lé kú' zz' 't'í.

Neck, 頸骨 kiung kweh, 頭 deu kiung kweh.

Necklace, 頸環 kiung gwan, (necktie) 領巾 'ling kiun.

Need, 缺乏 k'iöh vah, 缺用 k'iöh yúng', 乏 vah yúng', 必須要用 pih sŭ yau' yúng'.

Needle, 針 tsun, 引線 'yúng sien',

NEW

Needle-work, 針線生活 tsun sien' sang weh.

Needless, 勿必 veh pih, 勿要 veh yau', 用勿着 yúng' veh záh.

Needy, 窮苦 giúng' k'ú'.

Neglect, 勿照應 veh tsau' yung', 勿留心 veh lieu sing, 忽畧 bweh liáh, 輕慢 k'iung man'.

Negotiate, (for others) 代人辦事體 dé' niun ban' zz' (for peace) 商量大家和睦個事體 song liang dá' ká hú mók kú' zz' 't'í, or 講和 'kong hú.

Negotiator, 中人 tsúng niun.

Neighbour, 隣舍 ling só', 隔壁 káh pih, 同鄉 dúng h'iang.

Neither, 全勿是 zén veh 'zz, (—in the east nor in the west) 也勿拉東也勿拉西 'á veh 'lá túng 'á veh 'lá sí.

Neophyte, 新進教個 sing tsing' kiau' kú'.

Nephew, 阿姪 á dzeh, (sisters son) 外甥 ngá' sang.

Nerve, 筋 kiun, 腦氣 'nau k'í'.

Nest, 窩巢 wú ziau, (birds) 巢 'niau wú.

Net, 網 'mong, (fishing) 捉魚 tsoh ng 'mong.

Never, 從來勿曾 dzúng lé veh zung, (never been done) 一向勿曾做 ih h'iang' veh zung tsú', (can never be obtained) 終勿能得 tsúng veh nung tuh.

Neuter, 勿彼勿此 veh 'pé veh 't'sz, (remains) 兩面禿勿服 'liang mien' t'oh veh vóh.

New, 新 sing, 鮮 sing sien.

News, 信息 sing sih, 聞 sing vun, 消

注　釋

【差勿多】差不多。
【死快者】快死了。
【收作好看】收拾好看。
【從來勿曾】从来没有。
【兩面禿勿服】两边都不服。

注释

【明朝】明天。
【开年】来年，明年。
【九倘】倘：当为"趟"，次。九次。
【勿肯】不肯。
【一眼勿响】一点声响都没有。
【打磕铳】打瞌睡，困倦。
【呒啥物事】没什么东西。
【目今】如今。

息 siau sih.
Newspaper, 新聞紙 sing vun 'tsz.
Next, (time) 下次 'hau t'sz', (of coming) 再來 tsó' lé, (next day) 次日 t'sz' r̩yih, 明朝 ming tsau, (next year) 開年 k'é nien.
Nice, 細軟 sí 'niön, (to eat) 好吃 'hau k'iuh.
Niche, (for Buddua) 佛龕 veh k'én.
Niece, 姪女 dzeh 'nü.
Niggardly, 客惜 ling sih, 刻薄 k'uh bóh.
Nigh, 近 'giun.
Night, 夜 yá, (midnight) 半 pén' yá', (to-night) 今 kiun yá', (last night) 昨 zóh yá'.
Nine, 九 'kieu, (times) 倘 'kieu 't'ong,* (ninefold) 倍 'kieu bé'.
Nineteen, 十九 zeh 'kieu.
Ninety, 九十 'kieu zeh.
Nippers, (of silver-smith) 銀鉗 niung gien.
Nipple, 嬭頭 'ná deu.
Nitre, 硝 siau.
No, (will not) 勿肯 veh 'k'ung, (cannot) 勿能 veh nung, (no one) 呒啥人 m sá' niun, (of no use) 呒啥用 m sá' yúng', (no noise) 一眼勿響 ih 'ngan veh 'h'iang.
Noble, (hereditary) 有世爵個 'yeu sz' tsiáh kú'.
Nobility, (five ranks of) 公侯伯子男 kúng heu puh 'tsz nén.
Nod, (as a sign) 點頭 'tien deu, (through drowsiness) 打磕銃 'tang k'eh t'súng'.
Noise, 響 'h'iang, 吵鬧 't'sau nau', 鬧

nau'.
None, 呒沒 m meh.
Nonsense, 呒沒意思個說話 m meh í' sz' kú' seh uó' 糊塗 hú dú.
Noon, 午時 'ng zz, 正午 tsung' 'wú.
Nor, neither, 又勿快又勿慢 í' veh k'wá' í' veh man'.
North, 北 póh, 北半爿 póh pan' ban, 邊 póh pien.
North-wind, 北風 póh fúng, (north-west) 西北 sí póh.
Nose, 鼻頭 bih deu, (bridge of) 梁 bih liang.
Nostril, 鼻孔 bih 'k'úng.
Not, 勿 veh, (it is not) 勿是 veh 'zz, 非 fí, (do not come) 勿要來 veh yau' ló, (not yet) 勿曾 veh zung, 未裏 mí 'lí.
Note, 記 kí', 信 sing', (take a note) 記一記 kí' ih kí'.
Nothing, (produce from) 無中生有 vú tsúng sung 'yeu, (there is) 呒啥物事 m sa' meh zz', (know nothing) 勿曉得啥 veh 'hiau tuh sá'.
Notice, 理會 'lí wé', 覺着 koh záh.
Notify, 通知 t'úng tsz, 報 t'úng pau'.
Notion, 意思 í' sz'.
Nourish, 養活 'yang weh, (a superior) 供 kúng 'yang.
Novel, 小說 'siau söh, 閒書 han sû, (of the seven men of genius) 七才子書 t'sih dzé 'tsz sù.
Now, 過歇 kú' h'ih, 難 nan kú' h'ih, 現在 hien' dzé', 難 nan, 當今 tong kiun, 如 zù kinn, 目今 móh

* T'ong means a sudden stopping. Hence it is used to mark the number of times an action takes place.

OAT

kien.
Noxious, (vapour) 毒氣 dók k'i'.
Null and void, 歸于無有 kwé yǔ vú 'yeu.
Number, 數目 sú' máh, (whole) 共 gúng' sú', (science of) 算學 sún' yáh, 法 sún' fah.
Number, (to) 計算 kí' sún', 數 sún' sú', (difficult to) 難以 nan 'í sún', 其 gí sú' nan sún'.
Numberless, 嘸 m sú'.
Numbness, (of foot) 腳麻 kiáh mó.
Numerous, 多 tú, 化 tú hau'.
Nun, (Buddhist) 尼姑 ní kú.
Nurse, 嬾嬾 sun sun, (wetnurse) 奶 'ná sun sun.
Nurse, (to a baby) 抱小囡 bau' 'siau 'nön, (a sick person) 服事 vóh zz', 須張 sú tsang.
Nut-galls, 五倍子 'ng bé' 'tsz.
Nutmeg, 荳蔲 deu' k'eu', 玉菓 nióh 'kú, (best) 上等 zong 'tung deu' k'eu', (uncleaned) 草蔲連殼 't'sau k'eu' lien k'oh.
Nutriment, 吃局 k'iuh gióh, (takes no) 勿吃啥 veh k'iuh sá'.
Nutritious, 可以養命個 'k'ó 'í 'yang ming' kú'.

O

Oak-tree, 橡樹 siang' zú', (oak gall) 無食子 vú zuh 'tsz.
Oakum, 蔴 mó.
Oar, 槳 'tsiang, 划 wó 'tsiang.
Oath, 誓願 zz' niön', (take) 發 fah

OBL

zz', 起 'k'i zz', 伐咒 vah tseu', (violate) 背約 pé' yáh, 盟 pé' mung, 負 vú' zz'.
Obdurate, 硬心 ngang' sing, 固執己見 kú' tseh 'kí kien'.
Obedient, 順 zun', (filial) 孝 hiau' zun', (compliant) 依從 í dzúng, 百依百順 puh í puh zun'.
Obeisance, (to perform) 跪拜 gǔ pá', (knocking the head) 磕頭 k'eh deu, (make a bow) 作揖 tsoh yih.
Obey, 聽從 t'ing dzúng.
Object, (in going) 去個意思 k'í' kú' í' sz', (objects truck) 打着拉個物事 tang záh 'lá kú' meh zz'.
Objection, (of another kind raised by him) 是伊辯論另是一番道理 'zz í bien' lun' ling' 'zz ih fan 'dau 'lí.
Oblation, 奉獻個物事 vúng' h'ien, kú' meh zz', 貢爲禮物 kúng' wó 'lí veh.
Obligation, 本分 'pun vun', 分所當然 vun' 'sú tong zén.
Oblige, (compel) 勉強 'mien 'k'iang, (do because obliged) 勿得已而做 veh tuh 'í urh tsú', (do any thing for a person) 替人做事體 t'í' niun tsú' zz' 't'í.
Obliging, 和氣 hú k'i'.
Oblique, (inclined) 斜 ziá, 歪 hwá ziá' (inclined plane) 面 mien', (not correct) 勿正 veh tsung', (oblique tones) 仄聲 tsuk sung.
Obliterate, 塗抹 dú meh, 刪脫 san t'eh.
Oblong, 長方 dzang fong.

注　釋

【五倍子】又名百虫仓、百药煎、棓子。一种药材，可以治疗多种疾病。
【伐咒】发咒,诅咒发誓。
【硬心】固执。
【去个意思】打算去（某地）。
【打着拉个物事】拍打着某个东西。英文object truck似应为object struck。
【是伊】他。"是"是词头。

注 释

【乘之时便个（机会）】抓住方便的机会。
【叫伊死】让他去死。
【燔祭】焚烧物品的祭祀。

OCC

Obloquy, (endure) 受人個咒罵 'zeu niun kú' tseu' mó', 忍耐別人個毀謗 'niun né' bih niun kú' 'hwé 'pong.

Obscene, (books) 淫書 yun sû, (conduct) 行亂個事體 yun lûn' kú' zz' 't'í.

Obscure, 昏昧勿明 hwun mé' veh ming, (dark heaven and black earth) 昏天黑地 hwun t'ien huh dí', (hard to understaud) 隱昧難曉 'yun mé' nan 'h'iau.

Observatory, 觀象臺 kwén ziang' dé, 靈 ling dé.

Observe, 測量 t'suh liang, 觀看 kwén k'ön', (statutes) 遵守 tsun 'seu, (diligently observe) 謹守 'kiun 'seu.

Obsolete, 早巳廢脫 'tsau 'í fí' t'eh.

Obstacle, 妨碍個物事 fong ngé' kú' meh zz'.

Obstinate, 頑皮 wan bí, 豪強 'au giang.

Obstruct, 攔截 lan zih, 擋 lan 'tong, 阻止 'tsú 'tsz, (no obstruction) 勿碍啥 veh ngé' sá', 嘸啥隔碍 m sá' káh ngé'.

Obtain, 得着 tuh záh, (my wish) 得意 tuh í'.

Obtuse, 笨 bun', 獃 ngé bun'.

Obviate, (in order) 免得 'mien tuh, 脫 'mien t'eh, 省之 'sang jtsz, etc.

Obvious, 勿用辯嗼自然曉得 veh yúng' bien' lau zz' zén 'h'iau tuh.

Occasion, 機會 kí wé', (seizing the convenient occasion) 乘之時便個 zung tsz zz bien' kú' kí wé'.

Occasioned, (his death) 叫伊死 kiau' í 'sí.

Occult, 秘密 pí' mih.

OFF

Occupation, 事業 zz' nyih, 本 'pun nyih.

Ocean, 洋 yang, (western) 西 sí yang.

Odd and even, 奇偶 kí 'ngeu, (odd number) 單數 tan sú', (strange) 奇怪 gí kwá'.

Ode, 詩 sz, (book of odes) 詩經 sz kiung.

Odious, 可惡 'k'ó wú', 恨 'k'ó ng'.

Odoriferous, (wood) 香木 h'iang móh, (vapour) 氣 h'iang k''.

Oesophagus, 喉嚨 heu lúng.

Of, 個 kú'. (the emperor of China) 中國個皇帝 tsúng kók kú' wong tí'.

Offence, 過失 kú' seh, 差 t'só'.

Offend, (him) 得罪伊 tuh 'dzüe í, (against the law) 違背律法 wé bé' lih fah, (against the law of heaven) 干犯天條 kûn van' t'ien diau' (offender) 罪人 'dzüe niun.

Offer, 送 súng', 獻 h'ien', (tribute) 進貢 tsing' kúng'.

Offering, 禮物 'lí veh, (burnt offering) 燔祭 van tsí', (sin offering) 贖罪祭 zóh 'dzüe tsí, 謝恩 ziá' un tsí.

Office, 職分 tsuh vun', (to be in office) 做官 tsú' kwén, (foreign office) 總理各國事務衙門 'tsúng 'lí koh kóh zz' vú' ngá mun, (office of the Tau tai) 道臺衙門 'dau dé ngá mun.

Officer, 官府 kwén 'fú, (princes and great officers) 王大臣 wong dá' dzun, (civii and military officers) 文武百官 vun 'rú puh kwén, (official style) 公文 kúng vun, (duties) 公事 kúng zz', (offen-

ONL

ce) 公罪 kúng 'dzûe, (robes) 朝服 dzau vóh.
Officious, 多事 tú zz'.
Often, (comes) 常來 dzang lé, (sinned often) 屢次犯罪 'lü t'sz' 'van 'dzûe.
Oil, 油 yeu, (of cotton) 棉 mien yeu, (oil paint) 油漆 yeu t'sih, (oil paper) 紙 yeu 'tsz, (bean oil) 荳 deu, yeu, (anoint with oil) 抹 meh yeu 傅 fú' yeu, (wood oil) 桐 dúng yeu (vegetable) 菜 t'só' yeu.
Ointment, 膏藥 kau yáh, (fragrant) 香膏 h'iang kau.
Old, 老 'lau, (old man) 老人家 'lau niun ká.
Olive, (a small green drupe called the Chinese olive, *canarium*) 橄欖 kan lan, (olive seeds) 仁 lan niun.
Omen, 兆頭 dzau deu, (bad) 凶兆 h'iúng dzau', (good) 吉 kih dzau'.
Omit, (record of) 失載 seh tsó'.
Omnipotent, 無所不能 vú 'sú peh nung, (Lord) 全能個主 zien nung kú' 'tsû.
Omnipresent, 無所不在 vú 'sú peh dzé'.
Omniscient, (creator) 無所不知個造化主 vú 'sú peh tsz kú' 'zau hwó' 'tsû.
On, 勒拉 leh 'lá, (—a boat) 船上 leh 'lá zén long'.
Once, 有一次 'yeu ih t'sz', 回 ih wó', 倘 ih 't'ong.
One, 一個 ih kú'.
Onion, 葱頭 t'súng deu.
Only, 止有 'tsz 'yeu, 只得 tseh tuh, (only this one) 單單第一个 tan

OPP

tan dí' ih kú', 惟獨 ví dóh dí' ih kú' 不過 pih kú' dí' kú', (but) 但是 dan' 'zz, 獨是 dóh 'zz, (it is only needful) 只消 tseh siau.
Only begotten son, 獨生兒子 dóh sang ní 'tsz.
Onwards, 朝前去 zau zien k'í'.
Ooze-out, (in drops) 滴漏 tih leu' (through) 洩 sih leu'.
Opaque, 勿透光個 veh t'eu' kwong kú'.
Open, 開個 k'é kú', (of woven fabrics) 稀 h'í.
Open, (to) 開 k'é, 打 'tang k'é, (a shop) 開店 k'é tien', 鋪 l'é p'ú', (suddenly to open men's dark minds) 頓開茅塞 tung' k'é mau suh.
Opening, (a way for the diffusion of doctrine) 開傳道個門路 k'é dzén 'dau kú' mun lú'.
Openly, 顯然 'h'ien zén 明當嚮亮 ming tong 'h'iang liang', 清天白日 t'sing t'ien báh nyih.
Opiate, 麻藥 mó yáh.
Opinion, 意見 í' kien', 主見 'tsú kien', 思 í' sz', (every one has his opinion) 各有各意 koh 'yeu koh í'.
Opium, 鴉片 á p'ien', 洋烟 yang yien, (as a drug) 土 yang 't'ú, (shop) 鋪 yien p'ú', 館 á p'ien' 'kwón.
Opponent, 對敵 tó' dih, 頭 té' deu, (my) 抵擋我個人 'tí tong' 'ngú kú' niun.
Opportunely, 恰好 hah 'hau, 幸虧 yung' k'ü, (you have come opportunely) 儂來之正合着我個意思 núng' lé tsz tsung' heh záh 'ngú kú'

注释

【趁之机会】趁机。
【勿要差过】不要错过。
【再勿然末】再不然就。
【舒徐】徐缓，妥帖。
【原底子】原来。

í' sz'.

Opportunity, (taking the) 趁之機會 t'sung' tsz kí wé', (do not lose) 勿要差過 veh yau' t'só kú' ki wé'.

Oppose, 抵敵 'tí dih, 擋 'tí tong', 拒絕 gü' dzih, 抗 k'ong' gü', (oppose the majesty of heaven) 違天之命 wé' t'ien tsz ming'.

Opposite, 對面 té' mien', 門 té' mun, (mutually opposed) 相反 siang 'fan.

Opposition, 相對 siang té', (in opposition to the sun) 衝日 t'súng zeh.

Oppress, 暴虐 bau' niáh.

Optics, (doctrine of light) 光學 kwong yáh, (doctrine of seeing) 視 zz' yáh.

Opulent, 豐富 fúng fú', 厚 fú' heu', 發財 fah dzé.

Or, 或 wóh, 或者 wóh 'tsé, 或是 wóh 'zz, (or if it be not so) 勿然 veh zén, 再勿然末 tsé' veh zén meh.

Oracles, (of God) 上帝個言語 zang tí kú' yien 'nü, (they pretend oracles of the gods in temples to induce men to come constantly to burn incense) 廟裏假裝神明個言語教人常來燒香 miau' 'lí 'ká tsong zun ming kú' yien 'nü kiau' niun dzang ló sau h'iang.

Oral, 口傳下來 'k'eu dzén 'au lé, 以口相傳 'í 'k'eu siang dzén.

Orange, (small) 橘子 kióh 'tsz, (middle sized) 柑 kén 'tsz, (large) 橙 zung 'tsz, (cumquat for preserves) 金 kiun kióh.

Orbit, 軌道 kwé' dau', (sun's) 黃 wong dau', (moon's) 白 báh dau'.

Ordain, (a law) 設立律法 seh lih lih fah, (an elder) 立爲長老 lih wé' 'tsang 'lau, (preordain) 預先立定 yü' sien lih ding'.

Order, 次序 t'sz' zü', 第 t'sz' dí', (command) 命令 ming' ling', 誡 ká', 吩咐 fun fú', (imperial) 聖旨 sung' tsz', 上諭 zang' ü'.

Order, (to arrange) 安排 ōn bá, 舒徐 sú xí, (command) 吩咐 fun fú', 命 ming', (put in order) 切理 t'sih 'lí.

Orderly, 循規蹈矩 zing kwé dau' 'kü, 齊整 zi 'tsung.

Ordinal, (numbers) 第一 dí' ih, 第二 dí' ní' etc.

Ordinary, 平常 bing dzang, 尋常 zing dzang, 素 bing sú'.

Ore, (of gold) 金砂 kiun só, (of iron) 鐵石 t'ih záh.

Organ, 風琴 fúng giun, (the five sensorial organs) 五官 'wú kwén.

Orifices, (seven) 七竅 t'sih k'iau', (open a small) 開小眼 k'é' siau' 'ngan.

Origin, 來由 lé yeu, 原頭 niōn deu, 原底子 niōn 'ti 'tsz, 來歷 lé lih, 根 niōn kun, 起初 'k'i t'sú, 原元 niōn yōn, 端 'k'i tōn.

Original, (ancestor) 始祖 'sz 'tsú, 頭一個祖宗 deu ih kú' 'tsú tsúng, original text) 元文 niōn vun, (cause) 緣 yōn, 故 yōn kú'.

Ornament, 裝飾花頭 tsong suh hwó deu, 修 sieu suh, (literary) 文 vun suh, (head ornaments) 首飾 'seu' suh.

Orphan, 孤 kú, (persons without sons husbands, parents and relatives) 鰥

OUT

寡孤獨 kwan 'kwó kú dóh.
Orpiment, 雄黃 yiúng worg.
Oscillate, 搖擺勿定 yau 'pá veh ding'.
Ostensibly, (to learn doctrines but really for a livelihood) 名爲學道實爲度日 ming wé hoh 'dau zeh wé dú nyih.
Other, 別 bih, (persons) 人 bih niun, (what you do not wish your self do not give or do to others) 己所不欲勿施於人 'kí 'sú peh yóh veh sz yū niun, (otherwise) 勿實蓋能末 veh zeh ké nung meh, 勿然末 veh zén meh.
Otter, 獺 t'ah, (skin) 皮 t'ah bi, (sea-otter) 水獺 'sz t'ah.
Oval, 長圓 dzang yŏn, (egg-shaped) 鷄蛋樣子 kí dan yang' 'tsz.
Oven, (of iron) 鐺 t'sang, (of brick) 爐子 lú 'tsz.
Overturn, 反轉來 'fan 'tsén lé, 倒 'tau 'tsén lé, 過 'fan kú' lé (pass over a river) 度過去 dú' kú' k'i', (over and over) 反反復復 fan fan fóh fóh.
Over-anxious, 千掛萬慮 t'sien kwó' man' lü', 過分掛念 kú' vun' kwó' nian'.
Overcome, 得勝 tuh sung', 戰贏 tsén' yung, (overcome one's self) 克己 k'uh 'kí, (others) 過別人 sung' kú' bih niun.
Over-count, 多算 tú sûn'.
Overflow, 淹 yien, 漲溢 'tsang yuh, 氾濫 fan' lan'.
Over-hasty, 忒急 t'uh kih.
Overhead, 頭上頭 deu 'zong deu.

OVE

Overlay, (with gold) 描金 miau kiun, 鍍 dú' kiun.
Overlook, 管理 'kwén 'lí, (not take notice of) 勿理會 veh 'lí wó'.
Overpower, 服 vóh, (by strength) 用力量服別人 yung lih liang' vóh bih niun.
Oversee, 照管 tsau' 'kwén, 監察 kan t'sah.
Overseer, 監督 kan tóh.
Overset, 推倒 t'é 'tau.
Oversight, (commit an) 勿理會 veh 'lí wó', 勿留心 veh lieu sing.
Overspread, (the country) 徧地流行 pien' dí' lieu yung.
Overstep, (duty) 過本分 kú' 'pun vun'.
Overtake, 追着 tsûe záh, (cannot) 追趕勿到 tsûe 'kûn veh tau'.
Overthrow, (a kingdom) 滅脫國土 mih t'eh kóh dú'.
Ought, 應當 yung tong, 該 yung ké, ké tong, 理 'lí tong, (it ought to be so) 理所當然 'lí 'sú tong zén.
Ounce, 兩 'liang.
Our, 我伲個 'ngú 'ní kú', (country) 本國 'pun kóh.
Ourselves, 我伲自家 'ngú 'ni zz' ká.
Out, (give) 發出來 fah t'seh lé, (come out) 出來 t'seh lé, (go out) 出門 t'seh mun, 去 t'seh k'i'.
Outer, 外頭個 ngá' deu kú'.
Outrun, (him) 比伊跑得更快 'pí í 'bau tuh kung k'wá', 過 'bau kú' í.
Outside, 外頭 ngá' deu, (appearance) 貌 ngá' mau'.

注　釋

【勿实盖能末/勿然末】不这样的话。
【头上头】头上面。
【灭脱国土】推翻国家政权。
【我伲个】我们的。

注释

【该人铜钱】见别人的钱。"该"或写作"赅"，拥有。
【助生气/养(气)】氧气。
【绿膏】绿颜色颜料，油漆。
【全吓杀者】都吓坏了。

Owe, 欠 k'ieu‘, (—men money) 該人銅錢 ká niun dúng dien.
Own, 自家個 zz‘ ká kǔ‘, (—hand) 親手 t'sing 'seu.
Owner, 本主 'pun 'tsù, (of house) 房東 vong túng.
Ox, 牛 nieu.
Oxygen, 助生氣 dzú‘ sung k'í‘, 羕 'yang k'í‘.
Oyster, 蛤蜊 keh li, (shells) 壳 li k'oh, (oyster shell windows) 螺鈿窻 lu dien t'song, (large oysters) 蚌 bong‘.

P

Pacify, 安慰 ōn wé‘, (be pacified) 下氣 'hau k'í‘, 息怒 sih nú‘.
Pack, 包 pau, 縛 vóh, (a bundle) ih kú‘ pau vóh, (pack of cards) 一付紙牌 ih fú‘ 'tsz bá.
Pack, (to) 包 pau, 縛 vóh, 裝 tsong 收作 seu tsoh.
Packet, (of letters) 一包信 ih pau sing‘.
Packthread, 蔴繩 mú zung.
Paddee, 稻 dau‘, (fields) 田 dau dien.
Padlock, 鎖 'sú, 弔 tiau‘ 'sú.
Pagan, (nations) 拜偶像個國土 pá‘ 'ngeu ziang‘ kú‘ kóh dǔ‘, (customs) 異邦風俗 í‘ pong fúng zóh.
Page, (leaf of book) 書頁 sù yih, (twenty one pages) 念一張 nian ih tsang
Pagoda, 塔 t'ah, 寶 'pau t'ah.
Pail, 桶 'dúng.

Pain, 痛 t'úng‘.
Paint, 漆 t'sih, (colours) 顏色 ngan suh, (vegetable green paint) 綠膏 lóh kau, (oil and paint) 油 yeu t'sih, (colour materials) 顏料 ngan liau‘, (boxes of) 色箱 suh siang.
Paint, (to) 畫 wó‘, 圖 wó‘ dú, 繪 wé‘ dú.
Painter, 畫工 wó‘ kúng.
Pair, 一對 ih té‘, (of shoes) 一雙鞋子 ih song há ‘tsz.
Pair, (to) 匹偶 p'ih 'ngeu, 配 p'é‘ 'ngeu, 合 p'é‘ heh.
Palace, 宮殿 kúng dien‘, (used in travelling) 行宮 yung kúng, (of the emperor) 紫禁城裏向 'tsz kiun‘ zung 'li h'iang‘; 三宮六院 san kúng lóh yön‘.
Palatable, 好吃 'hau k'iuh, 有滋味 'yeu tsz mí‘.
Pale, 發黃 fah wong, 完 wong wén, 白 báh liau liau.
Palisade, 棚欄 t'sàh lan.
Palsy, 癱瘋 t'an fúng.
Pan, (of iron) 鐵鑊子 t'ih wók 'tsz, 銅盆 dúng bun, (of earthen ware) 瓦 'ngó bun.
Pane, (of glass) 一方玻璃 ih fong pú li.
Panic, (all in a) 全嚇殺者 dzen hák sah 'tsé‘.
Panoply, 盔甲 k'wé kah.
Pant, 喘 t'sén‘.
Panther, 豹 pau‘.
Pantry, 傢生房 ká sang vong.
Paper, 紙 'tsz, (money to burn) 紙錠元寶 'tsz ding‘ niön 'pau, (for

letter) 信 sing⸍ 'tsz.

Parable, 譬喻 'p'í yü⸍, 比 'pí yü⸍.

Paraclete, 保慰師 'pau wé⸍ sz.

Paradise, (Buddhist) 西天極樂世界 sí t'ien giuh loh sz⸍ ká⸍, (christain) 天堂 t'ien dong, (of Eden) 埃田樂園 é dien loh yön.

Paradox, 似是而非 zz⸍ 'zz urh fí.

Paragraph, (of a book) 一段書 ih dön⸍ sû.

Parallax, (annual) 歲差 sûe⸍ t'só.

Parallel, (lines) 平行線 bing yung sien⸍.

Paralysis, (of the head) 偏頭瘋 p'ien deu fúng, (of one side) 半身勿逐 pén⸍ sun veh zûe⸍, 偏枯 p'ien k'ú.

Paraphrase, 廣訓 'kwong hiün'.

Parasitic, (plant) 寄生草 kí sung 't'sau.

Parasol, 涼傘 liang san⸍.

Parcel, 包 pau.

Parch, 炒 't'sau, (dry, parched) 燥 sau⸍.

Parchment, 羊皮 yang bí.

Pardon, 饒赦 niau só⸍, 免 só⸍ 'mien, (general pardon by special grace) 皇恩大赦 wong un dá⸍ só⸍.

Pare, (nails) 削指甲 siák 'tsz kah, (an apple) 剝脫苹菓皮 pók t'eh bing 'kú bí.

Parents, 兩親 'liang t'sing, 父母 'vú 'mú.

Parliament, 議政公會 ní tsung kúng wó⸍.

Parlour, 客堂 k'áh dong, 廳 k'áh t'ing.

Parrot, 鸚哥 áng kú.

Parsimonious, 鄙吝 'pí ling⸍, (in spen-ding) 惜 ling⸍ sih, 儉 gien⸍ ling⸍, (in spending money).

Parsley, 芹菜 giun t'sé⸍.

Part, 分 fun, (one part) 一股 ih 'kú.

Part, (to) 分 fun. (equally) 平 bing fun, 均 kiün fun, (part and separate) 分散 fun san⸍, (cannot part with) 捨勿得 'só veh tuh.

Partial, 偏愛 p'ien é⸍, 向一面 p'ien h'iang⸍ ih mien⸍.

Particle, 虛字眼 h'ü zz⸍ 'ngan.

Particularly, 特爲 duh wé, duh duh 'lí.

Partisans, 黨羽 'tong 'yü.

Partition, 隔斷 káh dön⸍, (make a) 分開 fun k'ó, 間 kien⸍ káh, (partition wall) 隔壁 káh pih.

Partly, (—for profit and partly for fame) 半爲利半爲名 pén⸍ wó lí pén⸍ wó⸍ ming.

Partners, 同做生意個 dúng tsú⸍ sang í⸍ kú⸍, (they are partners) 是伊合 'zz í keh tsú⸍ sang i⸍ kú⸍.

Parturition, 生產 sung 't'san, (difficult) 難 nan 't'san.

Party, 同夥 dúng 'hú, 羣 dúng giün 黨 dúng 'tong, (defend one's) 保護同黨 'pau hú⸍ dúng 'tong.

Pass, 經過 kiung kú⸍, (3 great seas) 過三條大海 kú⸍ san diau dá⸍ 'hé⸍ (pass one's life) 度生 dú⸍ sung, (pass a river) 度河 dú⸍ hú, (pass a ferry) 渡 kú⸍ dú⸍.

Pass, (over mountains) 嶺 'ling, (a pass where tolls are levied) 關口 kwan 'k'eu.

Passage, (take a) 搭船 tah zén⸍, 趁

注 释

【埃田乐园】伊甸园。

【偏枯】半身不遂。

【两亲】即双亲，父母。

【特为】特地。

【是伊合（做生意个）】跟他一起做生意的。

注 释

【逾越节/除酵节】犹太教的七大节日之一。

【路票】通行证。

【当东】开当铺的，当铺老板。

【步行个】行人，步行者。

PAT

t'sung' zón, (money) 脚 zón kiáh, 水 'sz kiáh.
Passenger, (by boat) 船客 zón k'áh.
Passion, 氣 k'í', 火 'hú k'í', (the passions) 情欲 zing yóh, (the seven passions and six desires) 七情六欲 t'sih zing lóh yóh.
Passover, 踰越節 yü yöh tsih, (feast of unleavened bread) 除酵節 dzû kiau' tsih.
Passport, 路票 lú' p'iau', 印 lú' yun'.
Past, 過去個 kú' k'í' kú', (faults) 前非 zien fí.
Paste, 漿 tsiang'.
Paste, (to) 貼 t'ih, 黏 nien', (to mount) 沾 tsén, (maps) 裱圖 'piau dú.
Pastor, 牧師 môh sz.
Pastry, 麵粉點心 mien' fun 'tien sing, (cake) 烤 kau' 'tien sing.
Pastorage, 草地 't'sau dí'.
Pasture, (animals) 牧養牛羊 môh 'yang nieu yang.
Patch, (to) 補 'pú.
Path, 小路 'siau lú.
Patient, 忍耐 'niun né', (patience) 耐性 né' sing'.
Patients, 病人 bing' niun.
Patois 鄉談 h'iang dan.
Patriarchs, 先祖 sien 'tsú, 列 lih 'tsú.
Patrimony, 家業 ká nyih.
Patriotism, 忠心 tsúng sing, (exhaust patriotism in requiting the state) 盡忠報國 zing' tsúng pau' kóh.
Patron, 恩主 un 'tsú, (of a temple) 施主 sz 'tsú.
Patronize, 照應 tsau' yung', (the Bud-

PED

dhist law) 護法 hú' fah.
Pattern, 樣 yang', 模範 mú van', 子 yang' 'tsz, mú yang', 式 yang' suh.
Pave, (with stones) 鋪石 p'ú záh, (paved road) 石路 záh lú', (pavement) 石皮 záh bí.
Pavilion, 亭子 ding 'tsz.
Pauper, 嘸沒個人 m meh kú' niun.
Pawn, 當 tong', (ticket) 票 tong' p'iau', (shop) 典 'tien tong'.
Pawnbroker, 當東 tong' túng, 開當個 k'é tong' kú'.
Pay, 工錢 kúng dien, 價 kúng ká', (of officers) 俸祿 fúng' lóh, (of soldiers) 錢糧 zien liang.
Pay, (to) 還 wan, 找 'tsau wan, 償 zong wan, (land-tax) 完錢糧 wén zien liang.
Peace, 太平 t'á' bing, 平安 bing ön, 和好 hú 'hau.
Peaceful, 和平 hú bing.
Peach, 桃子 dau 'tsz, (stones) 仁 dau niun,
Peacock, 孔雀 'k'úng t'siáh.
Peak, 高峯 kau fúng.
Peaked, 尖個 tsien kú'.
Pear, 梨 lí, 生 sang lí.
Pearl, 珍珠 tsun tsú, (a pearl which shines by night) 夜明 yá' ming tsú.
Peasant, 種田人 tsúng' dien niun.
Pease, 小荳 'siau deu', 碗 wén deu'.
Peck, 斗 'teu.
Peculate, 私用庫銀 sz yúng' k'ú' niun.
Pecul, 一担 ih tan, or 一擔
Pedestrian, 步行個 bú' yung kú'.

PER

Pedigree, (book of) 家譜 ká 'pú, 宗族枝泒 tsúng dzóh tsz p'á'.
Peel, 皮 bí, (orange) 陳 dzun bí (pumelo) 柚 zieu bí, (citron) 柑 kén bí.
Peel, to (the skin of fruit) 剝皮 póh bí.
Peep, 窺看 k'wé k'ön'.
Peg, 木釘 móh ting.
Peltry, 皮貸 bí hú'.
Pen, 筆 pih, (goose pencil) 鵝毛筆 ngú mau pih, (hair pencil) 狼毛筆 long mau pih.
Pendulum, 鐘擺 tsúng 'pá.
Penetrable, 透得過 t'eu' tuh kú', 穿 t'sén tuh kú'.
Penetrate, 徹到底 t'seh tau' 'tí, (bore through) 鑽 tsùn tau' 'tí, tsùn t'eu'.
Penitence, 懊悔 'au hwé', (for sin) 因罪憂愁 yung 'dzŭe yeu dzeu.
Penknife 小刀 'siau tau.
Pentecost, 五旬節 'wú zing tsih, (50 day's festival) 轉經 'tsén kiung tsih.
Penurious, 吝嗇 ling sih.
People, 百姓 pák sing', 民 ming.
Pepper, 胡椒 hú tsiau.
Peppermint, 薄荷 bóh hú, (oil) 油 bóh hú yeu, (leaves) 葉 bóh hú yih.
Perambulate, 巡行 zing yung, (and search) 查 zing dzó.
Perceive, 覺着 koh záh, 想得出 'siang tuh t'seh, (thoroughly) 透徹 t'eu' t'seh.
Perfect, 完全 wén zien, (in a lesson) 熟 zóh.
Perfect, (to) 成功 zung kúng, 就 zung dzieu', (a lesson) 讀熟 dóh zóh.

PER

Perfectly, 十分 zeh fun.
Perfidiously, (act) 失信 seh sing', 背約 pé' yáh.
Perforate, 刺透 t'sz t'eu', 穿 t'sén t'eu'.
Perform, 行 hang, (perform secret acts of merit) 修陰功 sieu ynn kúng, (perform a Buddhist mass for the souls of the dead) 念經超度亡靈 nian' kiung t'sau dú' vong ling, (perform a Tauist sacrifice with prayers for rain) 打醮求雨 'tang tsiau' gieu 'yŭ.
Perfume, 香 h'iang.
Perfume, (to) 熏一熏 h'iŭn ih h'iŭn.
Perhaps, 恐怕 'k'úng p'ó', 或者 wóh 'tsé.
Perigee, 最卑 tsŭe' pé.
Peril, 險 'h'ien 危 ngwé 'h'ien, (exposed to peril) 冒 mau' 'h'ien.
Period, (of prosperity) 興旺個時候 h'iung wong' kú' zz heu'.
Periodical, (printed each month) 月報 niŏh pau', 每月印一號 'me niŏh yun' ih hau'.
Perish, 滅亡 mih vong, 沉淪 dzun lun, (by hunger) 餓殺 ngú' sah.
Perishable, 容易敗壞 yúng í' bá' wá'.
Perjury, 背誓 pé' zz', 約 pé' mung yáh.
Permanent, 常常勒拉 dzang dzang leh 'lá.
Permit, 允許 'yŭn 'h'ŭ, 准 'yŭn tsun, 容憑 yúng bing, 任 zun bing.
Perpendicular, (line) 豎線 'zú sien', 垂 dzŭe sien'.

注释

【勿关侬啥事】不关你的事。

【晦朔弦望】晦：每月最后一日。朔：每月月初，又指新月。弦：月中分谓之弦。因此有上弦（每月农历初七初八）和下弦（每月农历廿二、廿三）。望：每月十五月圆之日。指月亮从亏到盈再到亏期间的四种状态和对应的日期。

【猛火油】磷。

【洋琴】即钢琴。

【游廊】走廊。

Perpetrate, 做 tsú, 行 hang.
Perpetual, 永遠 'yúng 'yon.
Perplexed, 想勿出 'siang veh t'seh, 猜唔疑惑 ts'é lau ní wóh. 三心兩意 san sing 'liang í', 立勿定主意 lih veh ding 'tsú í'.
Persecute, 趕逐 'kün zóh, 逼迫 pih p'uh.
Persevere, 堅固忍耐 kien kú' 'niun nó', 終久勿變 tsúng 'kieu veh pien'.
Persimmon, 柿子 zz 'tsz.
Person, (in his own) 自家身上 zz' ká sun long', (other person) 別人 bih niun, (three persons and one substance) 三位一體 san wé' ih 't'í.
Personate, (other) 代替別人 dé' t'i' bih niun.
Perspicuous, 明顯 ming 'h'ien.
Perspire, 出汗 t'seh hön'.
Persuade, 勸化 k'iön' hwó', 敎人信服 kiau' niun sing' vóh.
Pertain, (—to) 屬 zóh, 關 kwan zóh, (does not pertain to you) 與你無干 'yü 'ní vú kün, 勿關儂啥事 veh kwan núng' sá' zz'.
Pertinacious, (in adhering to one's own view) 固執己見 kú' tseh 'kí kien'.
Perturbed, 慌慌忙忙 hwong hwong mong mong.
Pervade, (all regions) 徧流四方 pien lieu sz' fong, 廣傳各國 'kwong dzén koh kóh.
Perverse, 豪強 an giang, 刁皮 tiau bí.
Pervert, (right and wrong) 攪亂是非 'kiau lön' zz fí.
Pestilence, 瘟疫 wun yóh, 病 wun bing'.
Pestle, 杵 't'sù, 舂藥個 t'súng yák kú' 't'sù.
Petition, 稟帖 'ping t'ih, 呈子 zung 'tsz.
Petition, (to) 求 gieu, 稟請 'ping 't'sing, (for leave) 告假 kau' ká'.
Petticoat, 裙 giün.
Phantasm, 假像 'ká ziang'.
Phases, (of moon) 晦朔弦望 hwé' sóh yien vong'.
Pheasant, 野鷄 'yá kí.
Phoenix, 鳳凰 vúng' wong.
Philanthropy, 仁心愛物 zun sing ó' veh, 好生之德 'hau sung tsz tuh.
Philanthropist, 愛人個人 ó' niun kú' niun.
Philosophy, (moral) 性理 sing' 'lí, (physical and moral) 格物窮理 kuh veh giúng 'lí.
Phlegm, 痰 dan.
Phosphorus, 猛火油 mung 'hú yeu.
Phrase, 一句說話 ih kü' seh wó', (household phrases) 家常白話 ká dzang báh wó', (book phrases) 文字眼 vun zz' 'ngan, (colloquial) 俗 zóh zz' 'ngan, (with a good sense), 好 'hau zz' 'ngan, (with a bad sense), 孬 k'ieu zz' 'ngan.
Physic, 藥 yáh, (good) 良 liang yáh.
Physician, 醫生 í sang, 郎中 long tsúng, (a famous) 名 ming í, 內科 né' k'ú í sang.
Physiognomist, 相面先生 siang' mien' sien sang.
Piano-forte, 洋琴 yang giun.
Piazza, 遊廊 yeu long, 洋 yang long.
Pick up straw, 拾柴 zih zá, (pick a

PIN

flower) 探花 'tʻsé hwó.
Pickles, 酸瓜 sûn kwó.
Picture, 畫 wó', (pasted on paper) 紙裱 'tsz 'piau wó', (of scenery) 山水 san 'sz, (of men and animals) 人物 niun veh, (oil) 油漆 yeu tʻsih wó', (pith paper) 蓮紙 tʻúng 'tsz wó'.
Piece, (of ink) 一塊墨 ih kʻwó' muh, (of cloth) 一疋布 ih pʻih pú'.
Pier, 馬頭 'mó deu.
Pierce, 莿 tʻsz', (with needle) 挿 tʻsah, (with a boring instrument) 攢 tsûn.
Piety, 虔心 gien sing, 誠心 dzung sing, (to parents) 待父母孝 dé' 'vú 'mú hiau', (to God) 待上帝恭敬 dé' zang' tí' kúng kiung'.
Pig, 猪魯 tsz lú, (stye) 猪圈 tsz kʻiön, (shed) 棚 tsz bang.
Pigeon, 鴿子 keh 'tsz.
Pike, 長鎗 dzang tʻsiang.
Pile, (up in layers) 累 lé', (in a heap) 堆 té.
Piles, 痔瘡 dzz' tʻsong, (drive piles) 打樁 'tang tsong, (stone upon piles) 蓋樁石 ké' tsong záh.
Pilgrim, 客旅 kʻáh 'lü.
Pills, 丸藥 wén yáh.
Pillage, 打刼 'tang kih, 搶 'tʻsiang.
Pillar, 柱 zǔ', (of the state) 國家個柱石 kóh kiá kú' zǔ' záh.
Pillow, 枕頭 tsun den, (case) 套 tsun deu tʻau'.
Pilot, 引船个人 'yun zén kú' niun' 領 'ling zén kú'.
Pin, 針 tsun, 敝 bih tsun.
Pincers, 鐵鉗 tʻih gien.

PLA

Pinch, (with nippers) 捻 nien', 夾 kah, (with fingers) 捏 niah.
Pine-tree, 松樹 súng zǔ'.
Pinnacle, 頂子 'ting 'tsz.
Pint, 升 sung.
Pious, 虔誠 gien zung.
Pipe, (with six holes like a fife) 簫 siau, (for smoking) 烟筒 yien dúng.
Pirate, 強盜 giang dau', 海盜 'hé dau'.
Pistol, 小銃 'siau tʻsúng', (revolving) 打六出洋鎗 'tang lóh tʻseh yang tʻsiang.
Pit, 坑 kʻang.
Pitch, 松香 súng hʻiang.
Pitch, (to) 抹瀝清 meh lih tʻsing, (throw) 拋 pʻau, 投 deu, (a tent) 搭棚 tah bang.
Pitious, 可憐 'kʻú lien.
Pith, (of grass) 草心 'tʻsau sing.
Pitiful, 有哀憐人個心 'yeu é lien niun kú' sing.
Pity, 憐愛 lien é', 肉麻 nióh mó.
Pivot, 樞紐 chʻǔ 'nieu.
Placard, (official) 告示 kau' zz', (private advertisement) 告白 kau' báh.
Place, 地方 di' fong, 戶堂 hú dong, 場化 dzang hau', 所在 'sú zó', (what place) 啥所 sá' 'sú, 頭 sá' 'sú deu, 堂 sá' 'sú dong.
Place, (to) 按 ön', 擱 koh, 放 fong.
Plain, 樸素 pʻoh sú', (easy to understand) 明白 ming báh, 淺近 'tʻsien giun, (flat) 平 bing, (level plain) 平原 bing niön, 一塲平 ih dzang bing.
Plaintiff, 原告 niön kau'.

注 釋

【蓮紙】印报或印一般书刊用的普通白纸。
【猪鲁】即"猪猡"。猪。
【客旅】旅客。
【顶子】建筑的尖顶，小尖塔。
【肉麻】怜悯，同情。
【户堂】地方。
【场化】地方。
【啥所】什么地方。

注释

【孛相干/玩器】玩具。
【勿对景】不中意。
【当头】典当物。
【连年大熟】连年丰收。
【弯得转】弯得过来。
【铅砣子】铅锤，坠子。

PLE

Plaintive, (note of a bird) 其鳴也哀 gí ming 'yé é.
Pait, 摺 tseh.
Plait, (to) 辮 bien'.
Plan, 方法 foung fah, 則 fah tsuh, 計策 kí' t'sáh.
Plan, (to) 計謀 kí' meu.
Plane, (a) 刨 bau', (to) 刨 bau'.
Planet, 行星 hang sing.
Plank, 木板 mok 'pan.
Plants, 花草 hwó 't'sau.
Plant, (to) 種 tsúng, 栽 tsé, tsé tsúng', (and manure) 培 tsé bé.
Plantain, 芭蕉 pó tsiau.
Plaster, (for walls) 灰沙 hwé só, (sticking) 膏藥 kau yáh.
Plaster, (to walls) 抹 meh, 楥 man, (a sore) 貼膏藥 t'ih kau yáh.
Plate, 碟子 dih 'tsz, 盆子 bun 'tsz, (of iron) 鐵片 t'ih p'ien'.
Platter, 盤 bén.
Play, 孛相 beh siang', (play for money) 賭銅錢 'tú dúng dien', (play music) 作樂 tsoh yáh.
Players, 唱戲個 t'song h'í' kú', (disciples of the pear garden *) 梨園子弟 lí yön 'tsz dí'.
Plaything, 孛相干 beh siang kün, 玩器 wan' k'í'.
Plead, 懇求 'k'un gieu, (argue in various ways) 橫辯竪辯 wang bien' 'zû bien'.
Pleasant, (prospect) 好景緻 'hau 'kiung tsz', (—circumstances) 安樂 ön loh.
Please, (men) 取悅於人 't'sû yöh yü niun, (not pleased) 勿中意 veh tsúng' í', 勿對景 veh tó' 'kiung, (not pleased with) 勿喜歡 veh 'h'í hwén, veh 'h'í yöh.
Pleasing, 可愛 'k'ó é', 有趣 'yeu t'sú'.
Pleasure, 宴樂 yien' loh.
Pledge, (to) 當 tong', 典 'tien, (for a short time) 押 ah, (a pledge) 當頭 tong' deu, 質 tsz'.
Plenipotentiary, 欽差大臣 k'iung t'sá dá' dzun.
Plenteous, 豐盛 fúng zung', (year) 年 fúng nien.
Plenty, (time of—) 盛世 zung' sz', (successive years of) 連年大熟 lien nien dá' zóh.
Pliable, 軟弱 'niön zâh, 彎得轉 wan tuh 'tsén, (bend with the wind) 隨風倒 zûe fúng 'tau.
Plod, 勤謹做事體 giun 'kiun tsú' zz 't'í.
Plot, 計策 kí' t'sáh, 暗計 én' kí', (to plot rebellion) 謀反 meu 'fan.
Plough, 犁頭 lí deu.
Plough, (to) 犁 lí, 耕 kung.
Pluck, (ears of wheat) 採麥穗頭 't'sé mák zeh deu, (up by the roots) 拔脫根 bah t'eh kun.
Plug, 塞頭 suh deu.
Plum, 李 'lí, (in a field of melons do not adjust your shoe, nor under a plum tree your hat) 瓜田不納履 李下不整冠 kwó dien peh nah lü' 'lí 'hau peh 'tsung kwén'.
Plumbline, 準繩 'tsun zung.
Plumber, (maker in lead) 鉛匠 k'an dziang', (in tin) 錫 sih dziang'.
Plummet, (of lead) 鉛砣子 k'an dú

* So called from the garden in the palace of T'ang-ming-hwang, the emperor who is regarded as the founder of play acting in China.

POL

'tsz, (of iron) 鉄 t'ih dú 'tsz.

Plummet, to, (the depth of water) 探水深淺 t'én 'sz sun 't'sien.

Plunder, 搶奪 't'siang döh, 打刼 'tang kih.

Pneumatics, 風氣學 fúng k'i' yáh.

Poach, (eggs) 煨鷄蛋 wé ki dan'.

Pocket, 荷包 hú pau, 袋 dé, 囊 nong, 褡褳 tah lien.

Pocket edition, (sleeve pearl) 袖珍 zieu tsun.

Pocket-handkerchief, 手巾 'seu kiun.

Pods, (of peas and beans, bean angles) 豆角 deu' koh.

Poet, 詩家 sz kiá.

Poetry, 詩 sz.

Point, (of a knife) 刀頭 tau deu, (in writing) 點 'tien.

Point, (to) 指 'tsz, 手 'seu tsz, (point out to) 示 'tsz zz', 點 'tsz 'tien, (a book) 書 'tien sú.

Pointed, 尖個 tsien kú', 頭 tsien deu kú'.

Poison, 毒 dóh, 氣 dók k'i', (take poison) 服 vóh dóh.

Poke, 刺 t'sz', 觸 t'sóh.

Pole, (north) 北極 póh giuh, (of a sedan) 轎杠 giau' kong, (for pushing boats) 竹篙 tsóh kau, or 篙子 kau 'tsz.

Pole, to, (a boat) 撑船 t'sang zén.

Police, (of yamens) 衙役 ngá yóh, (going rounds) 巡捕 zing bú', (officer) 捕廳 bú' t'ing.

Polish, 磨光 mú kwong, (as in cutting and polishing) 如琢如磨 zû tsoh

POR

zû mú.

Polite, 有禮 'yeu 'li, (Confucius was gentle, good, respectful, moderate and retiring) 温良恭儉讓 wun liang kúng kien' zang'.

Politics, 國家個事體 kóh kiá kú' zz' 't'i, 政事 tsung zz'.

Pollute, 沾污 tsén wú', 染 tsén 'zén, 玷 tien wú', 混濁 'hwun zóh.

Polluted, 齷齪 ok t'soh, (by contact) 搨涙 t'ah lé'.

Pomegranate, 石榴 záh lieu.

Pomp, 榮華 yúng wó, 體面 't'i mien'.

Pond, 池 dzz, (fish—) 魚 ng dzz.

Pony, 小馬 'siau 'mó.

Pool, (semicircular) 泮水 p'en' 'sz.

Poor, 貧窮 bing giúng, 乏 bing vah, 苦 giúng 'k'ú.

Poorly, (treat others) 待人刻薄 dé' niun k'uh bóh, (not quite well) 勿適意 veh suh i'.

Pope, 敎化皇 kiau' hwó' wong.

Poppy, 罌粟花 yung sóh hwó.

Popular, (he is) 百姓全愛伊 pák sing' dzén é' i.

Population, 民數 ming sú', 戶口 hú 'k'eu.

Populous, 人烟勿少 niun yien veh 'sau.

Porcelain, 磁器 dzz k'i'.

Porch, 門樓 mun leu, 垂花門 dzúe hwó mun.

Pore, 竅 k'iau'.

Pork, 猪肉 tsz nióh.

Porpoise, 江猪 kong tsz.

Port, 海口 'hé 'k'eu, (clearance) 紅單 húng tan, (charges) 船鈔 zén t'sau'.

注　释

【风气学】气体力学。
【泮水】水溢出。
【江猪】海豚。
【海口】港口，口岸。
【红单】清单。
【船钞】运费。

注 释

【炮眼】舷孔，舷口，观察口。

【门上个】看门的，门房，服务员。

【带信个】邮差。

【讲斤头】按重量售货。

【做得来个】行得通的，可实行的。

POT

Port-ho.e, 炮眼 p'au‵ 'ngan.
Portable, 拿得動 nó tuh 'dúng.
Porter, 門上個 mun long‵ kú, 看門個 k'ön mun kú.
Portion, 名分 ming vun‵, (half or more) 十分之五六 zeh vun‵ tsz 'ng lóh, (destined portion) 緣分 yön vun‵, (one portion of an army) 一股子 ih 'kú 'tsz.
Portrait, 像 ziang‵, 小照 'siau tsau‵, 形像 yung ziang‵.
Position, 地位 dí wé‵, (in position) 勒拉本處 leh 'lá 'pun t'sü‵.
Positively, (enjoin) 特命 duh ming‵, 特特裏吩附 duh duh 'lí fun fú‵.
Possess, 有 'yeu, (so rich as to possess the four seas and so honourable as to be the emperor) 富有四海貴爲天子 fú‵ 'yeu sz‵ 'hé, kwé‵ wé t'ien 'tsz.
Possessed, (with a demon) 附鬼 vú‵ kü, or 身上 sun long‵ vú‵ kü.
Possessions, 基業 ki nyih, 家 ká nyih, 產 ká 't'san.
Possible, (physically) 能 nung, (it is allowed) 可以 k'ó 'í, (it may be done) 使得 'sz tuh.
Post, (pillar) 柱 zú‵, (piles) 木樁 móh tsong.
Post-office, 信局 sing‵ gióh.
Postage, 信資 sing‵ tsz, 酒錢 'tsieu dien, 'tsieu tsz.
Posterity, 後代 'heu dó‵, 子孫 'tsz sun, 苗裔 mian í‵ 'heu.
Postman, 帶信個 tá‵ sing‵ kú‵.
Postpone, 延擱 yien koh.
Pot, (earthenware) 瓦罐 'ngó kwén‵,

PRA

(iron) 鐵罐頭 t'ih kwén‵ deu, (tea-pot) 茶壺 dzó hú.
Potash, 醶 kan, 鹵鹹 'lú han.
Potatoe, (sweet) 山蕷 san yü‵, 蕷 yü‵, (Chinese yam) 山藥 san yáh (foreign) 外國 ngá‵ kóh san yáh.
Potter, 燒窰人 sau yau niun, 瓦器個 sau 'ngó k'í‵ kú‵.
Pottery, 瓦器 'ngó k'í‵, 窰貨 yau hú‵, 缸甏等類 kong bang 'tung lé‵.
Pouch, 囊 nong, 荷包 hú pau.
Poultry, 鷄鴨 ki ah.
Pound, (Chinese catty) 斤 kiun, (English) 四分斤之三 sz‵ fun kiun tsz san, (by the pound) 講斤頭 'kong kiun deu.
Pound, to (in water) 搗 dau, (in a mortar) 舂 súng, 插 t'sah.
Pour, 倒 'tau, 尌 tsun, 灌 kwén‵, or gwón‵.
Powder, 粉 fun, (drugs in powder) 散 san‵, (gunpowder) 火藥 'hú yáh.
Power, 能 nung, 幹 nung kün‵, 才 dzé nung, (authority) 權柄 giön ping‵.
Powerful, 有能幹個 'yeu nung kün‵ kú‵, 有力量個 'yeu lih liang‵ kú‵.
Powerless, 無能 vú nung.
Practicable, 做得來個 tsú‵ tuh lé kú‵.
Practice, 行爲 hang wé.
Practice, (to) 學習 hoh dzih, 鍊 zih lien‵, 做慣 tsú‵ kwan‵.
Praise, 稱讚 t'sung tsan‵, 頌 t'sung zúng‵, 美 tsan‵ 'mé.
Praiseworthy, 可讚美個 'k'ó tsan‵ 'mé kú‵.

Pray, 求 gieu, 禱告 'tau kau', 祈 gí 'tau.

Prayer, 禱告文 'tau kau' vun, 祈文式 gí 'tau vun suh.

Preach, 講書 'kong sû, 傳道 zén 'dan.

Precede, 先去 sien k'í', 來 sien lé.

Precedent, 可依爲典個 'k'ó í wé 'tien kú', 立做樣式個 lih tsó' yang' suh kú'.

Precept, 命令 ming' ling', 戒 kâ', 訓 hiün'.

Precession, (of the equinoxes) 歲差 sûe' t'só.

Precipice, 壁澤 pih dóh, 懸崖 yön ngé, (of ten thousand feet deep) 千丈巖 t'sien dzang' ngan,

Precipitate, 太忙 t'uh mong, (to precipitate) 投下去 deu 'hau k'í'.

Precise, (of language) 簡便 'kien bien', (of manner) 謹愼 'kiun zun'.

Precisely, 正勒拉時候上 tsung' leh 'la zz heu' long, 正是實蓋 tsung' 'zz zeh ké'.

Preclude, (from advancing) 塞住進路 suh dzû' tsing' lú', (from an opportunity) 先奪伊個機會 sien döh í kú' kí wé',

Precursor, 先驅 sien k'ü.

Predecessors, 老前輩 'lau zien pé', (as kings) 先王 sien wong.

Predestinate, 預先揀定 yü' sien 'kan ding', or 'sien ding'.

Predicate, (in a sentence) 賓 ping, (subject and) 主 'tsû ping, (it may be predicated of him) 指着之伊可以話 'tsz zák tsz í 'k'ó í wó'.

Predict, 預先話 yü' sien wó'.

Prediction, 預言 yü' yien.

Preeminent, (above all) 超越于衆人之上 t'sau yöh ü tsúng' niun tsz 'zang.

Preface, 序 zû'.

Prefect, (of department) 知府 tsz 'fú, (of three department) 道臺 'dau dé.

Prefer, (civil to military life) 愛文過於愛武 é' vun kú' yü é' 'vú.

Prefix, 按拉前頭 ön' 'lá zién deu.

Pregnant, 懷胎 wan t'é.

Prejudice, 偏見 p'ien kien'.

Prejudicial, 傷害人個 song hé' niun kú'.

Premature, 時辰未到 zz zun ví tau', 忒早 t'uh 'tsau.

Preordain, 預先定規 yü' sien ding' kwé.

Prepare, 預備 yü' bé', (be prepared against) 防 bong bé', (fully prepared) 齊備 zí bé'.

Preposterous, 豈有此理 'k'i' yeu' 't'sz 'li.

Presage, 先兆 sien zau', 頭 zau' deu, (happy) 吉 kih zau', (unlucky) 凶 h'iúng zan'.

Prescribe, (as a physician) 寫方 'siá fong, 開方子 k'é fong 'tsz.

Prescription, 方子 fong 'tsz.

Presence, (in his) 勒拉伊個面前 leh 'lá í kú' mien' zien.

Present, 勒拉 leh 'lá, (world) 今世 kiun sz', (time) 此刻 't'sz k'uh, (life) 今生 kiun sung, (emperor) 當今帝皇 tong kiun wong tí'.

Present, (a gift) 禮物 'li veh, (marriage presents) 聘 p'ing' 'li.

注　釋

【壁澤】悬崖峭壁。
【正是实盖】正是这样。
【按拉前头】放在前面。

注 释

【酒酢】（制酒用）榨酒机。
【挤咾掗】很挤。
【过（胜个）】胜利者。

PRE

Present, (as a gift) 送 súng‛, 饋 gwé súng‛, (with both hands) 捧上 'fúng 'zong, 獻 'fúng h'ien‛.
Presently, (I will come) 我就來 'ngú zieu‛ lé.
Preserve, 保全 'pau dzien.
Preserved, (fruits) 糖菓 dong 'kú, (ginger) 薑 dong kiang.
Preside, 掌管 'tsang 'kwén, 爲首領 wó 'seu 'ling.
President, (of one of the six boards) 尙書 zang‛ sû, (chief in any office) 正堂 tsung‛ dong.
Press, (cupboard) 匱 kwó‛, 衣匱 í kwé‛, (wine-press) 酒酢 'tsieu tsó‛, (printing) 印書夾子 yung‛ sû kah 'tsz.
Press, (down) 壓 ah, (heavily) 重 'dzúng ah, (near) 追近 p'uh 'giun, (urgently) 摧急 t'sûe kih, (upon) 挤咾掗 tsí lau gah.
Presume, (wrongly rely on) 妄靠自家個力量 vong‛ k'au‛ zz‛ ká kú‛ lih liang‛, (not presume to interfere) 勿敢多事 veh 'kén tú zz‛, (to attack presumptuously his tiger like grandeur) 昌犯伊個虎威 mau‛ 'van í kú‛ 'hú wé.
Pretend, (to be a prince's son) 假粧自爲王子 'ká tsong zz‛ wó wong 'tsz, (to be good) 貌爲善 'ká mau‛ wé 'zén.
Preternatural, (doctrines) 超性個道理 t'sau sing‛ kú‛ 'dau 'lí.
Pretty, 好看 'hau k'ōn‛, 美 'mé, 趣 or 翠 t'sú‛, 鮮明 sien ming, 標致 piau tsz‛, 嫋娜 'nian 'nú.
Prevail, 得勝 tuh sung‛, (over) 過 sung‛ kú‛.
Prevent, 免 'mien, 阻攔 'tsú lәn, 防

PRI

備 bong bé‛.
Previous, 前 zien.
Previously, 先 sien, 預 yü‛ sien, 前頭起 zien deu 'k'í.
Price, 價錢 ká‛ dien, 值 'ká dzuh, 行情 hong zing.
Prick, 刺 t'sz‛.
Pride, 自大自高個心 zz‛ dú‛ zz‛ kau kú‛ sing.
Priest, 祭 tsí‛ sz, (high) 長 tsí‛ sz 'tsang, (Buddhist) 和伱 hú zong, (Taoist) 道士 'dau 'zz.
Primitive, (times) 元始個時候 niōn 'sz kú‛ zz heu‛, 上古 'zang 'kú.
Primogeniture, (rights of) 長子個家業 'tsang 'tsz kú‛ ká nyih or 'tsang 'tsz tsz nyih 之.
Prince, 王 wong, 王子 wong 'tsz (eldest son of an emperor) 皇子 wong‛tsz, (son of an emperor) 太子 t'á‛ 'tsz, (hereditary prince) 親王 t'sing wong, (prince of second degree) 郡王 giun‛ wong.
Princess, 公主 kúng 'tsû.
Principal, 主 'tsû, (—wife) 妻 t'sí, 正夫人 tsung fá niun, (most important) 首先要緊 'seu sien yau‛ 'kiun, (capital in trade) 本錢 'pun dien.
Principles, 道理 'dau 'lí.
Print, 印書 yun‛ sû, 刷 seh sû.
Printer, 印書個人 yun‛ sû kú‛ niun.
Prison, 監牢 kan lau. 獄 nióh.
Prisoner, 囚犯 dzien van‛.
Private, 私 sz, (business) 事 sz zz‛, (to be born in a private station) 白

衣出身 báh í t'seh sun.
Privately, 悄悄 'ts'iau 'ts'iau, 私底下 sz 'tí 'hau, 暗én' 'tí 'lí.
Privy-council, 軍機處 kiūn kí t'sù'.
Prize, 賞 'song, 賜 'song sz'.
Prize, (to) 以爲寶貝 'í wé' 'pau pé', 看重 k'ön' 'dzúng.
Probable, 好象要 'hau ziang' yau', (not probable) 勿見得 veh kien' tuh.
Probation, (time of) 試試八個辰光 sz' sz' niun kú' zun kwong.
Probe, 籤 tsun, (for the eye) 金鎞 kiun bi.
Probe, (to) 刮 kwah, 探測 t'én' t'suh.
Probity, 義道 ní' 'dau, 正眞 tsung' dzuh, 氣 ní' k'í'.
Proceed, 上前去 zong' zien k'í', 朝 zau zien, (proceeds from some unknown origin) 從勿知啥個來由行出來 zúng veh tsz sá' kú' ló yeu hang t'seh lé, (proceeds from the simple to the profound) 由淺入深 yeu 'ts'ien zeh sun.
Procession, (of idols) 出會 t'seh wé', (go out to meet idols and thank them in assembly) 迎神賽會 niung zun sé' wé'.
Proclaim, (cry out) 大聲呼叫 dá' sung hú kiau', (publish) 宣揚 sien yang, 布告 pú' kau', 曉諭 'h'iau yü'.
Proclamation, 告示 kau' zz', (imperial) 謄黃 dung wong.
Procrastinate, 遲延 dzz yien, 擔 tan yien, 遲留 dzz lieu.
Prodigal, (son) 敗子 bá' 'tsz, 浪 long' 'tsz, (expenditure) 亂費浪用 lōn'

fí' long' yúng'.
Produce, (to) 生出來 sang t'seh lé, (something from nothing) 無中生有 vú tsúng sung 'yeu.
Produce, (a country) 土產 't'ú 't'san, 出 t'seh 't'san.
Profane, (a sacred name) 褻瀆聖名 sih dóh sung' ming, (a sacred place) 蹧蹋聖地 tsau t'ah sung' dí'.
Profess, (to be) 自家稱爲 zz' ká t'sung wé, (in words to be good in heart bad) 口是心非 'k'eu 'zz sing fí.
Proficiency, (make) 長進 'tsang tsing'.
Profit, 利息 lí' sih, 錢 lí' dien, (capital small and profit great) 本少利多 'pun 'sau lí' tú.
Profligate 放肆 fong' sz'.
Profound, 深奧 sun au', 妙 sun miau', au' miau'.
Progenitor, 祖宗 'tsú tsúng, 先 'tsú sien, (first) 始 'sz 'tsú.
Progeny, 後代 'heu dó', 裔 'heu í'.
Prognostic, 兆頭 zau' deu, 先 sien zau'.
Prognosticate, (power to) 先見之明 sien kien' tsz ming, (by cash) 起課 'k'í k'ú', (by the eight symbol) 占卦 tsén kwó'.
Progress, 前行 zien hang, (growing better day by day) 一日好一日 ih nyih 'hau ih nyih, (in learning) 長進學問 'tsang tsing' hoh vun, (make no progress) 行勿前 hang veh zien.
Prohibit, 禁止 kiun' 'tsz.
Prohibited place, 禁地 kiun' dí'.
Prohibition, (transgress a) 犯禁 'van

注 釋

【金鎞】亦作"金錍"、"金箆"。古代治眼病的工具。形如箭頭，用来刮眼膜。
【從勿知啥個来由行出来】不知什么来由会如此。
【謄黃】皇诏。
【敗子】败家子。

注 释

【先话后来个事体】预言。
【兴发】兴旺。

PRO

kiuu'.
Project, (design) 圖謀 dú meu, (throw out) 拋出去 p'au t'seh k'i', (as a noun) 機 kí, 計策 ki' t'sáh.
Projectile force, 拋力 p'au lih.
Prolong, 加長 ká dzang, (somewhat) 多加一點 tú ká ih 'tien.
Prominent, 凸出來 deh t'seh lé, 出頭 t'seh deu.
Promiscuous, 混雜 'wun dzah, 勿分彼此 veh fun 'pó 't'sz.
Promise, 應許 yung 'h'ü, 許 'h'ü or 'hé, (from the emperor) 恩准 un 'tsun.
Promote, 陞 sung, 舉用 'kü yúng', (two steps) 陞兩級 sung 'liang kih.
Promotion, (as the result of examinations mounting high on the golden list) 高登金榜 kau tung kiun 'pong, (to the highest rank) 連陞一品 lien sung ih 'p'ing.
Prompt, (to act) 趕緊辦事體 'kŭn 'kiun ban' zz' 't'i.
Promulgate, 播揚 pú yang, (everywhere) 編傳 pien dzén, (a decree through the empire) 詔書頒行天下 tsau sù pan' yung t'ien 'hau.
Pronounce, 話出來 wó' t'seh lé, (—sentence) 定案 ding' ŏn'.
Pronounciation, 口音 'k'eu yun.
Proof, 憑據 bing kü'.
Prop, 柱 dzü', (wooden) 木 móh dzü', 架子 móh ká' 'tsz.
Prop, (to) 支 tsz, 住 tsz dzü' 搭上 tah zong'.
Propagate, (a religion) 傳敎 zén kiau'.
Proper, 理當 'li tong, 合宜 heh ní,

PRO

(not) 勿合情理 veh heh dzing 'lí.
Property, 家業 ká nyih, 貲財 tsz dzé, (properties of substances) 物事個本性 meh zz' kú' 'pun sing'.
Prophecy, (the books of) 先知諸書 sien tsz tsû sù, (the words) 個說話 sien tsz kú' seh wó'.
Prophesy, (to) 先話後來個事體 sien wó' 'heu lé kú' zz' 't'i, 未卜先知 ví' póh sien tsz.
Prophet, 先知 sien tsz, (female) 女 'nü sien tsz, (prophet of Islam) 欽差 k'iung t'sá.
Propitiatory, (sacrifice) 贖罪祭 zóh 'dzûe tsí'.
Propitious, (wind) 順風 zun' fúng.
Proportion, 比例 'pí lí'.
Proportionals, (four) 四率 sz' seh, 四個比例率 sz' kú' 'pí lí' söh.
Proportionate, 相應 siang yung', 稱 siang t'sung'.
Propose, (one's own opinion) 陳說己意 dzun söh 'kí í'.
Proprietor, 本主 'pun 'tsû, 東家 túng ká.
Prose composition, (essays) 文章 vun tsang, (classical prose) 古文 'kú vun.
Prosecute, 告 kau', 訟 zúng' kau'.
Prosecutor, 原告 niön kau'.
Proselyte, 奉敎個 vúng' kiau' kú', 進 tsing' kiau' kú'.
Prosody, (rules for poetical composition) 詩律 sz lih, (for songs) 曲 k'ióh lih.
Prospect, (fine) 景緻 'kiung tsz'.
Prosper, 興發 h'iung fah, 旺 h'iung

wong, 享通 hung t'ûng, 暢 t'ung t'sang, 順當 zun' tong.

Prostitute, 娼妓 t'sang gi', (his sons will be (or are) robbers and his daughters prostitutes) 男盜女娼 nén dau' 'nü t'sang.

Prostrate, (cast one's self) 俯伏 'fú vóh, 拜 pá' vóh.

Prostration, (ceremony of) 磕頭 k'eh deu.

Protect, 保佑 pau yeu', 護 'pau hú', 照應 tsau' yung', 庇 'pau pi', 眷 kiön' yeu'.

Protestant, (religion) 耶穌敎 yá sû kiau'.

Protomartyr, 首先為道致命個人 'seu sien wé' 'dau tsz' ming' kú' niun.

Prototype, 首先表樣 'seu sien 'piau yang'.

Protract, (time) 担時候延長 tan zz heu' yien dzang.

Protuberant, 凸出來 deh t'seh lé.

Proud, 驕傲 kiau ngau'.

Prove, 証出憑據來 tsung' t'seh bing kü' lé.

Provender, 糧草 liang 't'sau.

Proverb, 俗語 zóh 'nü, 箴言 tsun yien.

Provide, 預備 yü' bé', 備 bé' ban', (against) 防 bong bé', 提 dí bong.

Providence, (of God) 上帝保佑 zang' tí' 'pau yeu'.

Provident, 曉得預備 'hiau tuh yü' bé.

Province, 省 'sang, (eighteen) 十八 zeh pah 'sang.

Provincial, (dialect) 鄉談 h'iang dan, 土白 't'ú báh, (city) 省城 'sang zung, 會 sang wé'.

Provisions, 吃局 k'iuh gióh, 吃個 k'iuh kú', 糧草 liang 't'sau.

Provoke, 惹 'zá, 招 tsau 'zá, (do not provoke his anger) 勿要干伊個怒 veh yau' kûn i kú' nú', (provoke anger) 激怒 kih ná'.

Prow, 船頭 zén deu.

Proximate, (proximity) 附近 vú' 'giun, 'giun.

Prudence, (discernment) 見識 kien' suh, (caution) 細心 sí' sing.

Prudent, (wise) 有智慧 'yeu tsz' wé', (well informed, discerning) 有見識 'yeu kien' suh, (cautious) 有細心 'yeu sí' sing, (intelligent) 聰明 t'sùng ming.

Prune, 修理 sieu 'li.

Pry, 窺探 k'wó t'én.

Psalms, 詩 sz, 篇 sz p'ien, (sing) 唱 t'song' sz.

Public, (the) 衆人 tsúng' niun, 百姓 tsúng' pák sing', (business) 公事 kúng zz', (hall) 公所 kúng 'sú, (road) 官路 kwén lú', (duties) 官稅 kwén sùe'.

Publish, 宣揚 sien yang, (to the world) 頒行於世 pan yang yü sz'.

Pudding, 點心 'tien sing.

Pull, 拉 'lá, 牽 k'ien, (pull up) 拔脫 bah t'eh, (pull down) 倒 'lá tau, 折脫 t'sáh t'eh, (pull open or asunder) 扯開 t'sá k'é.

Pulley, 滑車 wah t'só.

Pulpit, 講書臺 'kong sû dé.

Pulsation, 脉動 máh 'dúng.

Pulse, (bloodvessel) 脉 máh, 血 h'iöh máh, 脉息 mák sih.

注释

【首先为道致命个人】最初的殉道者。

【首先表样】原型，原表。

【证出凭据来】拿出证据来。

【吃局】饭局。

【勿要干伊个怒】不要激怒他。

【讲书台】讲坛。

注 释

【文担】柚子。
【金瓜】南瓜。
【勿差过时刻】不要迟到。
【刾】"刾"应为"刺",刺。

PUR

Pulverize, 磨粉 mú fun.
Pumeloe, 文担 vun tan, 柚子 yeu 'tsz.
Pumice-stone, 浮石 veu záh.
Pummel, (rice, to remove the skin) 擣米 'dau 'mí, (and wash clothes) 洗衣裳 'dau 'sí í zong.
Pump, 水車 'sz t'só.
Pumpkin, 金瓜 kiun kwó.
Punctual, 勿差過時刻 veh t'só kú' zz k'uh.
Punctuate, 點圈 'tien k'iön, 書 'tien sû.
Puncture, (to) 刾 t'sah.
Punctured hole, 眼 'ngan.
Pungent, (in taste) 辣 lah, (of words) 刺人個 t'sz' niun kú'.
Punish, 伐 vah, 加刑罰 ká yung vah.
Punishment, 刑罰 yung vah, 受罪 'zeu 'dzûe.
Punkah, 抽風 t'seu fúng.
Pupil, 學生子 hok sang 'tsz, 門生 mun sang, 徒 mun dú, 弟 dú dí', (of the eye) 眼珠 'ngan tsû.
Purchase, 買 'má, (rice) 糴 dih 'mí (goods) 置貨 tsz' hú'.
Pure, 清 t'sing, 乾淨 kûn zing', 潔 kih zing', (in intelligence) 虛靈不昧 h'ü ling peh mó', (the pure article) 原貨 niön hú'.
Purgative, 瀉藥 siá' yáh.
Purgatory, 煉獄 lien' nióh.
Purge, 泄瀉 sih siá'.
Purified, 鍊過 lien' kú'.
Purify, (by water) 洗 'sí, (by fire) 煅鍊 tön' lien', (one's nature) 修煉 sieu lien', (make clean) 弄乾淨

QUA

lúng' kûn zing'.
Purple, 紫 'tsz, (bluish) 荸蕌清 beh dau t'sing.
Purport, 意思 i' sz'.
Purpose, 意思 i' sz' i', 志 tsz' i', (on purpose) 故 kú' i', 特特裏 duh duh 'lí, (for this very purpose) 特意為此 duh i' wé' 't'sz.
Purposely, (and knowingly to offend) 明知故犯 ming tsz kú' vàn'.
Purse, 袋 dé', 荷包 hú pau.
Pursue, 追 tsûe, 趕 'kùn, tsûe 'kùn.
Pus, 膿 núng.
Push, 推 t'ó, (and overset) 倒 t'ó 'tau, (a side) 開 t'ó k'ó.
Pusillanimous, 膽小 'tan 'siau.
Pustule, 疹子 tsun 'tsz, 膿泡 núng pau.
Put, 放 fong', 安 ön, 閣 koh, (put on clothes) 着衣裳 tsáh í zong, (put off clothes) 脫 t'öh í zong, (put away) 除脫 dzû t'eh, (put up as ornament) 裝 tsong.
Putrid, 朽爛 'h'ieu lan', (smelling) 氣味難聞 k'i' mí' nan vun.

Q

Quadrangular, 四方個 sz' fong kú'.
Quadrant, 象限儀 ziang' yan' i.
Quadruped, 走獸 'tseu seu'.
Quail, 鵪鶉 én zun.
Quaint, 古怪 'kú kwá'.
Quake, 震動 tsun dúng', 戰驚 tsén' kiung.
Qualities, 性情 sing' zing, (of medi-

RAB

cines) 藥 yák sing'.
Quantity, 多少 tú 'sau, 幾化 'kí hau'.
Quarrel, 相爭 siang tsung, 論 tsung lun', 淘氣 dau k'í.
Quarter, 四分之一 sz' fun tsz ih, (moon's four quarters) 會朔弦望 wé' sóh yen vong'.
Queen, 王后 wong 'heu, 女王 'nü wong.
Queer, 奇怪 gi kwá'.
Quench, (thirst) 解渴 'ká k'öh, 止 'tsz k'öh, (fire) 滅脫火 mih t'eh 'hú, 隱 yun t'eh 'hú.
Question, (him) 問問伊 mun' mun' i, (and examine) 考 'k'au mun', (and search) 查 dzó mun'.
Quick, 快 k'wá', k'wá' k'wá', 豪燥 hau sau', (as a horse) 如馬 k'wá' zú 'mó.
Quicken, 活動 weh 'dúng.
Quicksilver, 水銀 'sz niun.
Quiet, 安靜 ön zing', 平 bing ön.
Quilt, 被單 bí' tan, (stuffed) 綿 mien bí'.
Quit, 離開 lí k'é, (the world) 去世 k'í' sz'.
Quite, 全 zien, (quite aware) 十分明白 zeh fuh ming báh.
Quiver, 箭袋 tsien' dé', (stick arrows in) 插 t'sah tsien'.
Quote, 引証 'yun tsung'.

R

Rabbit, 兔子 t'ú' tsz.

RAN

Race, 宗族 tsúng dzóh.
Race, (to) 賽跑 sé' 'bau, 馬 'bau 'mó.
Rack, (frame) 格子 kák 'tsz.
Radiant, 照光個 tsau' kwong kú', 射 zé' kwong kú'.
Radiate, 發光 fah kwong.
Radically, (wrong) 原根勿好 niön kun veh 'hau.
Radish, (red) 紅蘿蔔 húng lau bóh (white) 白 bah lau bóh.
Radius, 半徑 pén' kiung'.
Raft, (wood) 木排 móh bá.
Rags, 破布 p'ú' pú', 碎 sé' pú'.
Rage, 怒 nú'.
Rail, 罵人 mó' niun.
Railing, 欄杆 lan kün.
Railway, 鐵路 t'ih lú'.
Rain, 雨 'yü, (to rain) 落 loh 'yü.
Rainbow, 虹 húng, 降 kiang.
Rain-water, 雨水 'yü 'sz.
Raise, 舉起來 'kü 'k'í 'lé, 擎 giung 'k'í 'lé.
(of two chairbearers) 擡 dé k'í 'lé, (assist to rise) 扶 vú 'k'í 'lé, (from obscurity) 提拔 dí bah, (raise troops) 招募兵勇 tsau mú' ping 'yúng, (the head) 擡頭 dé deu.
Raisins, 葡萄乾 beh dau kün.
Rake, (or pronged hoe) 鐵搭 t'ih tah.
Ram, 公羊 kúng yang.
Ramble, 走字相 'tseu beh siang'.
Random, (running at) 亂跑 lön' 'bau, (talking at) 瞎七瞎八個說話 hah t'sih hah pah kú' seh wó'.
Rank, (in the state) 品級 'p'ing kih, (first rank) 頭 deu 'p'ing, (order)

注　释

【幾化】多少。
【原根勿好】基础不好。
【走字相】随便走走，玩玩。
【瞎七瞎八個说话】胡说八道。

注释

【浪搭】浪荡。

【倷盖转应该话】"倷"，人称代词。你这回应该说。

【实骨子/直头】实在。

【长毛】清政府对太平军的蔑称。

REA

次序 t'sz' zû', 第 t'sz' dí', (in ranks of 50) 五十個八一隊 'ng zeh kú' niun ih dó', (among brothers) 排行 bá hong, (classes) 班次 paN t'sz', (rise from the ranks) 行伍出身 hong 'wú t'seh sun.

Ransom, 贖 zóh, (and save) 救 kieu' zóh, (from sin) 罪 zóh 'dzúe.

Rapid, 急速 kih sóh, 迅 sing' sóh, (water flows rapidly) 水流 'sz lieu sing' sóh.

Rapine, 搶奪財物 't'siang döh dzé veh.

Rare, 稀罕 h'í 'höN, 難得看見 naN tuh.k'öN' kieN'.

Rashly, 冒昧無知 mau' mé' vú tsz, (become connected) 浪搭 long'tah.

Rat, 鼠 'sû, 老 'lau 'sû, or 'lau 'sz.

Rate, 價錢 ká' dieN, 定數 ding' sú', (at a certain rate) 照 tsau' sù'.

Rate, (to) 估量 'kú liang'.

Rather, (I had or you should) 寧可 niung 'k'ó', (die than do it) 死勿願做 niung 'k'ó 'sí veh nióN' tsù', (you ought rather to say) 倷蓋轉應該話 ná' ké' 'tseN yung ké wó'.

Rational, 有理 'yeu 'lí, (endowed with reason) 有靈性個 'yeu 'ling sing' kú'.

Rattans, 籐條 dung diau, (split) 肉 dung nióh, (blinds) 籐 dung lieN, (chairs) 椅 dung 'i.

Rattle, (of wood) 木鐸 méh dóh.

Raven, 烏鴉 wú yá, 老 'lau au.

Raw, 生 sang, (eat raw) 吃 sang k'iuk.

Ray, (of light) 一線光 ih sieN' kwong.

Razor, 剃頭刀 t'í' deu tau.

Reach, 得到 tuk tau', (cannot reach) 走勿到 'tseu veh tau'.

REC

Read, 讀書 dók sû, 念 niaN' sû.

Ready, (for use) 現成 hieN' zung, 便 bieN', (prepared) 預備拉者 yü' bé' 'lá 'tsé, (ready money) 錢 hieN' zieN.

Real, 眞 tsun, 實在 zeh zé', 確 k'iah zeh.

Really, 果然 'kú zeN, 實骨子 zeh kweh 'tsz, 實實在在 zeh zeh zé' zé', 直頭 zuh den.

Reap, 割 köh, 收 seu, 鐮 lieN.

Reaping-hook, 鐮刀 lieN tau.

Rear, (children) 養育小囝 'yang yóh 'sieu 'nöN.

Rear, (of a city) 城背後 zungpé' 'heu.

Reason, 理 'lí, 道 'dau 'lí, 'dau, 天理 t'ieN 'lí, (cause) 緣故 yöN kú', 原由 niöN yeu.

Reason, (to) 論 lun', 辯 bieN' lun'.

Reasonable, 理所當然 'lí 'sú tong zéN, (not) 勿合情理 veh heh dzing 'lí, veh heh 'lí 宜 veh heh nf.

Rebel, (to) 叛逆 béN' niuh 反亂 'faN lön', 造 zau 'faN.

Rebel, 賊匪 dzuh fí, (long haired) 長毛 dzang mau, (filchers) 捻匪 nieN fí.

Rebuke, 責備 tsáh bé',(remove and—) 撤轉來 t'seh 'tseN lé.

Recal, 追回來 tsûe wé lé, (a word once spoken is difficult to recal even with four horses) 一言既出四馬難追 ih yieN kí' t'seh sz' 'mó naN tsûe,

Recant, 反口 'faN 'k'eu

Recede, 退 t'é', 迴避 wé bí'.

Receipt, 收單 seu taN, 票 seu p'iau'

REC

Receive, 受 'zeu, 領 'ling zen', (receive with respect) 接待 tsih dé', (receive fovour) 蒙恩 múng un, 得 tuh un.

Recent, 新鮮 sing 'sien, 近來 'giun lé.

Recipe, 方子 fong 'tsz.

Reciprocal, 互相 ngú' siang, siang.

Recite, 背 pé', 念 nian'.

Reckless, 胆太勿怕 'tan dú' veh p'ó', (fears not the law) 勿畏王法 veh wó' wong fah.

Reckon, 算帳 sùn' tsang', sùn', 打 'tang sùn'.

Recline, 困下來 k'wun' 'au lé.

Recognize, 認着 niung' záh, (do you or not) 識勿 suh veh suh.

Recollect, 記得 kí' tuh, 想起來 'siang 'k'í lé.

Recommend, 舉薦 'kü tsien', 保 'pau 'kü.

Recompence, 報應 pau' yung', (good actions have a good recompence and evil actions an evil recompence) 善有善報惡有惡報 'zén 'yeu 'zén pau' oh 'yeu oh pau'.

Recompense, (to) 報答 pau' tah, 應 pau' yung', (favour) 恩 pau' un, (reward good and punish wickedness) 賞善罰惡 'song 'zén vah oh.

Reconcile, 復和 vóh hú, 好 hú 'hau, 相 siang hú, (invite to reconciliation) 勸人和睦 k'iön' niun hú móh, (talk about) 講 'kong hú.

Recondite, 奧妙 au' miau', 深 sun au'.

Record, (a name) 記名 kí' ming, (merits and faults) 功過 kúng kú',

REF

(bear record) 做見証 tsú' kien' tsung'.

Recover, (from sickness) 病好 bing' 'hau, (completely) 全愈 zien 'yü, (a lost thing) 再得勿見拉個物事 tsé' tuh veh kien' 'lá kú' meh zz', (recover a city) 克復 k'uh vóh.

Recreate, 再造 tsé' 'dzau, (favour equal to a new creation) 恩同 un dúng tsé' 'dzau, (refresh) 回復精神 wé vóh tsing zun.

Recreation, (take) 孛相相 beh siang' siang'.

Recruit, (strength) 補力量 'pú lih liang', (troops) 招募兵勇 tsau mú' ping 'yúng.

Rectangle, 長方 dzang fong, (rectangular) 四方個 sz' fong kú'.

Rectify, 改正 'ké tsung', 弄直 lúng dzuh.

Rectitude, (of mind) 心裏公平 sing 'lí kúng bing.

Red, 紅 húng, (to be red) 發 fah húng, (dye red) 染 'nien húng.

Redeem, 贖 zóh, (a pledge) 當 zóh tong.

Redress, (grievances) 申寃 sun yön, 屈 sun k'iöh.

Reduce, (price) 簡脫點 'kan t'eh 'tien, (expenses) 省費用 'kan 'sang fi' yúng', (to subjection) 平服 bing vóh.

Reed, (bamboo) 竹竿 tsóh kûn', (hollow) 管 'kwén.

Refer, (to ancient book) 引証古書 'yun tsung' 'kú sú.

Refers, (to the sage) 指着之聖人話個 'tsz zák tsz sung' niun wó' kú'.

注 释

【光差】折射。
【固辞】坚决推辞。
【性命也勿（顾）】喻做事冒险，不要命。

REF

(does it refer to us?) 關係我伲呢 kwan í' 'ngú 'ní ni?.
Refine, (silver) 煉銀子 lien' niung 'tsz, (gold and silver) 煆煉金銀 tön' lien' kiun niun, (refine men's minds by afflictions) 以苦難煉人心 'í 'k'ú nan lien' niun sing.
Refit, 修補 sieu 'pú, 收作 seu tsoh.
Reflect 斟酌 tsung tsoh, 追想 tsûe 'siang, 思 sz 'siang, (light) 反照光亮 'fan tsau' kwong liang'.
Reflection, (of a mirror) 鏡照 kiung' tsau'.
Reform, 改正 'ké tsung', 回頭 wé deu, 感化 'kén hwó'.
Refraction, 光差 kwong t'só.
Refrain, (from smoking) 戒烟 ká' yien, (from eating) 禁口勿吃 kiun' 'k'eu veh k'iuh.
Refresh, 安慰 ön wé', 補一補精神 'pú ih 'pú tsing zun, (men's minds) 喜悅人心 'h'í yöh niun sing, (refresh with coolness) 涼快涼快 liang k'wá' liang k'wá'.
Refuge, 安身個地方 ön sun kú' dí' foung, (from danger) 避難 bí' nan' kú' dí' fong, (take refuge here) 逃難拉此地 dau nan' 'lá 't'sz dí'.
Refugees, 難民 nan ming, 逃難個人 dau nan kú' niun.
Refund, (money) 賠還銅錢 bé wan dùng dien.
Refuse, 推却 t'ó k'iáh, 辭 t'é dzz, (firmly refuse) 固辭 kú' dzz, (refuse consent) 勿許 veh 'h'ü, 應承 veh yung' dzung.
Refute, 駁倒 póh 'tau.

REJ

Regain, 又得 í' tuh, (a city) 担城收復 tan zung seu vóh, (a former office) 開復原任 k'ó vóh niön zun.
Regard, 顧 kú', (condescendingly) 垂 dzûe kú', (not even regard life) 性命也勿 sing' ming' 'â veh kú', (not regard others) 勿理別人 veh 'lí bih niun.
Regenerate, 改舊從新 'ké 'gieu dzúng sing, 再生出來 tsé' sang t'seh lé, 新造 sing 'dzau.
Regeneration, 更生 kung sung, 重 dzúng sung.
Regent, 攝政王 seh tsung' wong.
Regimen, 節度 tsih dú'.
Regiment, (camp) 營 yung, (division) 股 'kú.
Region, 一帶地方 ih tá' dí' fong, 境界 'kiung ká'.
Register, 冊 t'sáh, 簿 bú', 版圖 'pan dú, 籍 'pan dzih.
Register, (to) 上人丁冊 'zong niun ting t'sáh.
Reg-et, 憂悶 yeu mun', 心憔 sing tsiau.
Regret, (to) 悔恨 hwé' hun', 懊 'au hwé', (it is to be regretted) 可惜 'k'ó sih.
Regular, 端方 tön fong, 井井有條 'tsing 'tsing 'yeu diau.
Regulate, 調理 diau 'lí, 治 dzz 'lí, (a family) 齊家 dzi kiá, (one's self) 修身 sieu sun.
Regulations, 章程 tsang dzung, 法度 fah dú', 條例 dian 'lí.
Reject, 棄脫 k'í' t'eh, 絕 k'í' dzih.

REL

Reign, 爲王 wú wong, 坐天下 'zú t'ien au‹, 江山 'zú kiang san.
Rejoice, 歡喜 hwén 'h'í. 樂 'h'í loh, 快活 k'á‹ weh.
Reiterate, (orders) 再三吩附 tsé‹ san fun fú‹.
Relate, 傳說 dzén söh.
Related, 相關 siang kwan.
Relations, 親戚 t'sing t'sih, 屬 t'sing zóh, 眷 t'sing kiön‹, (the five human relations) 五倫 'wú lun, 人倫 niun lun, (on the father's side) 骨肉之親 kweh nióh tsz t'sing.
Relative, (on father's side) 堂親 dong t'sing, (on mother's) 表親 'piau t'sing.
Relax, 放鬆 fong‹ súng, 寬舒 k'wén sú.
Release, 開釋 k'é suh, 放 k'é fong‹, suh fong‹, 解 'ká k'é.
Relent, 發軟心腸 fah 'niön sing dzang, 勿怒 veh nú‹.
Reliance, (that on which we rely) 靠頭 k'au‹ deu, 棒 k'au‹ bong‹, 所靠托個 'sú k'au‹ t'ok kú‹, (act of relying, my hope) 我個指望 'ngú kú‹ 'tsz vong‹, 靠 k'au‹ etc.
Relics, (of Buddha) 舍利 só‹ lí, (in Sanscrit) sharira.
Relieve, (the poor) 賙濟 tseu tsí.
Religion, 教門 kiau‹ mun, (three) 三教 san kiau‹, (Confucianism) 儒教 zû kiau‹, (Buddhism) 釋 suh kiau‹, (Tanism) 道 'dau kiau‹, (Catholic) 天主 t'ien 'tsú kiau‹, (Protestant) 耶穌 yá sú kiau‹, (Mahommedanism) 回回 wé wé kiau‹.
Religious, 虔誠 gien zung.

REN

Relish, 味道 mí‹ dau‹, 滋 tsz mí‹, (to relish it) 愛其 ó‹ gí mí‹ dau‹.
Reluctant, 勿情願 veb dzing niön‹.
Rely, 倚靠 'i k'au‹, 仗 'í dzang‹, 賴 'í lé‹, 托 k'au‹ t'oh, 藉 dzih‹ 恃 zz‹.
Remain, (in office) 留任 lieu zun‹, (remain over) 剩下來 zung‹ 'au lé, 餘 yû 'au lé.
Remainder, 剩頭 zung‹ deu, 餘頭 yû deu, 長 dzang deu.
Remarkable, 希奇古怪 h'í gí‹ 'kú kwá‹, 異常 í‹ dzang.
Remedy, 方法 fong fah, (for a disease) 治病個 dzz bing‹ kú‹ fong fah.
Remember, 記得 kí‹ tuh, 想起來 'siang 'k'í lé, 記念 kí‹ nian‹.
Remiss, 懈怠 yó‹ dó‹.
Remit, (sins) 饒赦 niau só‹, (taxes) 蠲免錢量 kiön 'mien dzien liang.
Remnant, 所餘剩個 'sú yû zung‹ kú‹.
Remorse, 悔恨 hwé‹ hung‹.
Remote, 遠 'yön, 遙 yau 'yön.
Remove, 遷移 t'sien í, (house) 搬場 pén dzang (officers) 調 diau‹.
Rend, (cloth) 撕 sz, 扯碎 t'sá sé‹.
Render, (thanks) 稱謝 t'sung ziá‹, 感 'kén ziá‹, (account of matters) 回復 wé fóh.
Renew, 做新 tsú‹ sing, 改舊從 'ké 'gieu dzúng sing.
Renovate, 煥然一新 hwén‹ zén ih sing, (one's self) 自新 zz‹ sing.
Renounce, 斷絕 dön‹ dzih‹, 屛除 ping‹ dzû.
Renown, 名聲 ming sang.

注释

【扯破拉者】撕破了。
【懊憹】后悔,悔恨。
【粧扮】打扮。
【嘸没面孔】没有面子。

Rent, 租 tsú, 錢 tsú dien, (of house) 房 vong tsú.
Rent, (to) 租 tsú.
Rent, (torn) 扯破拉者 t'sá p'ú' 'lá tsé, 碎者 sé' tsé.
Repair, 收作 seu tsoh, 修補 sieu 'pú.
Repay, 償還 zong wan, 賠 bó wan.
Repeat, (a task) 背書 pé' sû, (say again) 再話 tsé' wó'.
Repeatedly, 再三 tsé' san, 屢次 lü t'sz'.
Repel, 抵防 'tí bong.
Repent, 懊憹 'au lau', 悔 'au hwé', 悔改 hwé' 'ké, (of sin) 罪悔 'dzûe, 過 'kó kú', 改惡爲善 'ké oh wó 'zén, 棄邪歸正 k'í' ziá kwé tsung'.
Repetition, 重復個説話 dzúng fóh kú' seh wo'.
Repine, (at providence) 怨天 yön' t'ien.
Replenish, 盛滿 zung 'mén.
Reply, 回答 wé tah, 應 tah yung', 對 té' tah, (to a letter) 信 wé sing'.
Report, (of a charity) 証信錄 tsung' sing'.lóh, (rumour) 風聲 fúng sung, (idle report) 謠言 yau yien, (a sound, a noise) 響聲 'h'iang sung.
Report, (to) 通報 t'úng pau', (to the emperor) 奏明皇帝 tseu' ming wong tí'.
Repose, 安息 ön sih.
Repose, (to) 歇息 h'ih sih.
Represent, 形容出來 yung yúng tseh ló, (in speaking) 陳説 dzun söh, 表明白 'piau ming báh, (a character on the stage) 粧扮 'tsong pan'.
Representation, 形象 yung ziang'.
Repress, 彈壓 dan yah, 降伏 kong vóh, 約束 yáh sóh, 止住 'tsz dzû'.
Reprieve, 緩決 wón kiöh.
Reprimand, 責備 tsáh bé'.
Reprint, 重刻 dzúng k'uh.
Reproach, (to) 責駡 tsáh mó', 備 tsáh bé', (without) 無玷無辱 vú tien vú zóh.
Reprove, 指謫 'tsz tsuh, 規諫 kwó kien', 直 dzuh kien', (one's prince) 諫君 kien kiün.
Reptile, 爬行個物事 bó yung kú' meh zz'.
Repudiate, 勿認 veh niung', 退休 t'é' h'ieu.
Repugnant, (to feelings) 勿對景 veh té' 'kiung, 勿中意 veh tsúng' í'.
Repulse, 打退 'tang t'é'.
Reputation, 名聲 ming sang, 氣 ming k'í', (to lose) 嘸没面孔 m meh mien' 'k'úng.
Request, 求 gieu, 奉請 vúng' 't'sing, (leave of absence) 告假 kau' ká', (an edict) 旨 't'sing 'tsz.
Require, 須用 sü yúng', 要 yau', (oblige him to) 強要伊 'k'iang yau' í.
Requisite, 必須要用 pih sü yau' yúng'.
Requite, 報答 pau' tah, 應 pau' yung'.
Rescue, 拯救 'tsung kieu', 拔救 kieu' bah.
Resembling, 相像 siang ziang', (there

RES

is no resemblance) 勿 veh ziang‘, (it resembles) 像 ziang‘, 仿佛 fong feh.

Resent, 抱怨 bau yön‘.

Resentment, 怨氣 yön‘ k'i‘.

Reserve, 存留 dzun lieu.

Reside, 住 dzû‘.

Residence, (my) 敝舍 bí só‘, (your) 府上 'fú long‘, (house) 房子 vong 'tsz.

Residue, 餘剩下來個 yū zung‘ 'au lé kú‘.

Resign, (office) 退休 t'é h'ieu, (for a time) 告假 kau‘ ká‘, (on account of age) 告老 kau‘ 'lau, (on account of sickness) 告病 kau‘ bing‘.

Resin, 松香 súng h'iang, 樹膠 zû‘ kau.

Resist, 抵擋 'tí 'tong, 拒住 gū‘ dzû‘, 敵脫 dih t'eh.

Resolve, 立定主意 lih ding‘ 'tsû í‘.

Resolved, 志意堅定者 tsz‘ í‘ kien ding‘ 'tsé.

Resources, (mental power) 本事 'pun zz‘, (methods) 方法 fong fah, (no resource) 嘸法 m fah, 嘸奈何 m né‘ hú.

Respect, 恭敬 kúng kiung‘, 重 kiung‘ dzúng‘, (written paper) 惜字紙 kiung‘ sih zz‘ 'tsz, (the superior man respects himself) 君子自重 kiün 'tsz zz‘ dzúng‘.

Respectable, 體面 'tí mien‘.

Respecting, (that matter) 論到伊樁事體 lun‘ tau‘ í tsong zz‘ 't'í.

Respire, 透氣 t'eu‘ k'í‘.

Respite, (grant two days) 寬伊兩日 k'wén í 'liang nyih.

RET

Respond, 應酬 yung‘ dzeu, 承 yung‘ dzung‘ 答 tah yung‘, (this one sings and that one responds) 此唱彼和 't'sz t'song‘ 'pí hú.

Responsible, (he is) 要問伊 yau‘ mun‘ í, 伊要擔當 í yau‘ tan tong.

Rest, 安息 ön sih, 平 bing ön.

Rest, to, (awhile) 歇一歇 h'ih ih h'ih, (rest on) 憑着 bing záh, 靠 k'au‘ záh.

Restless, 刁皮 tiau bí, 心勿平安 sing veh bing ön, 慌 hwong.

Restitution, (make) 賠補 bé 'pú.

Restore, 還 wan, 賠 bé wan, (his life) 求伊活轉來 kieu‘ í weh 'tsén lé.

Restrain, 約束 yah sóh, 拘 kū sóh, 管 'kwén sóh, (one's self) 自家操持自家 zz‘ ká‘ t'san dzz zz‘ ká‘.

Restrict, (in time) 限定日子 han‘ ding‘ nyih 'tsz.

Result, 關係 kwan í‘, (cause and) 因果 yun 'kú, (consequence) 收場 seu dzang, 梢 seu sau.

Resuscitate, (him) 叫伊復活 kau‘ í vóh weh.

Resurrection, 復生 vóh sung, 活 vóh weh.

Retail, 零碎賣 ling sé‘ má‘, 做小生意 tsú‘ 'siau sang í‘, (retailer) 販戶 fan‘ hú.

Retain, 收留 seu lieu, 下來 lieu 'au lé.

Retard, 擔延 tan yien, 遲 dzz yien.

Retinue, 跟從個人 kun dzúng kú‘ niun.

注　釋

【论到伊椿事体】讲到那件事。

【宽伊两日】宽限他两天。

【刁皮】调皮。

【求伊活转来】求他活过来。

【贩户】小贩，零售商。

注 释

【转来】回来。
【字转来/旋转来】转过来。
【心往象外】心思不在这里，幻想。
【肋旁骨】肋骨。
【背房】朝北的房子。

REV

Retire, (from office) 退休 t'é' h'ieu, (from the front) 廻避 we bí', (modestly) 謙 k'ien t'é'.
Retired, 幽靜 yeu dzing'.
Retract, 反口 'fan 'k'eu.
Retribution, 報應 pau' yung'.
Return, 轉來 'tsén lé, 回 wé' 'tsén lé, 李 beh 'tsén lé, 旋 zien 'tsén lé, 歸 kwé wé, (home) 歸去 kū k'í', (return to the world from being a monk) 還俗 wan zóh.
Reveal, 默示 muh zz', 暗底裏指示 én' 'tí 'li tsz zz'.
Revenge, 報讎 pau' dzeu.
Revenue, 賦稅 fú' sûe', 國土進餉 kóh dú' tsing' 'h'iang, (customs) 稅銀 sûe' niun, (land revenue) 錢糧 zien liang.
Revere, 恭敬 kúng kiung'.
Reverence, 蕭靜 sóh dzing', 虔心 gien sing, 敬 kiung' gien.
Reverie, (be in) 發迷 fah mí, 心往象外 sing 'wong ziang' wé'.
Reverse, 相對 siang té', 倒反 'tau 'fan.
Reverse, (to) 回轉來 wé' 'tsén lé, 反 'fan 'tsén lé, 倒 'tau 'tsén lé.
Revert, (to its original) 歸回本原 kwó wé' 'pun niön, 復 vóh niön.
Review, (military) 操練 t'sau lien', (examine) 查驗 dzó nien'.
Revile, 毀謗 'hwé pong', 罵人 mó' niun.
Revise, 校訂 kiau' ting', 刪 san ting'.
Revive, 復興 vóh h'iung.
Revolt, 叛逆 bén' niuh, 造反 'zau 'fan.

RIG

Revolve, 旋轉 zien 'tsén, 輪 lun 'tsén, 運 'tsén yūn.
Reward, 賞 'song, 賜 'song sz'.
Rheumatism, 骨頭痛 kweh deu t'úng', (in the shoulder) 肩瘋 kien fúng.
Rhinoceros, 犀牛 sí nieu.
Rhubarb, 大黃 dá' wong.
Rhyme, 韻 yūn', 脚 yūn' kiáh.
Ribs, 肋旁骨 luh bang kweh.
Ribband, 帶 tá'.
Rice, (growing) 稻 dau', (uncooked) 米 'mí, (boiled) 飯 van'.
Rich, 富 fú', (to become) 發財 fah dzé, (a rich man) 財主 dzé 'tsú, 翁 dzé úng, (riches and honour) 富貴 fú' kwé'.
Riddle, 隱語 'yun 'nû.
Ride, (a horse) 騎馬 gí 'mó, (in a carriage) 坐車 zú' t'só, (in a sedan) 轎 zú' giau'
Ridge, (of a house) 背房 vong tsih, (of the back) 背脊骨 pé' tsih kweh, (of a mountain range) 山 san tsih, 連山個脊梁 lien san kú' tsih liang.
Ridicule, 譏刺 kí t'sz', 諷 kí fúng', 誚 kí ziau', 戲笑 h'í' siau'.
Ridiculous, 好笑 'hau siau'.
Rig, (of a vessel, how many masts?) 幾根桅子 'ki kun wé' tsz.
Right, 理所當然 'li 'sú tong zén, 有理 'yeu 'lí, 勿差 veh t'só, (ought) 應當個 yung tong kú', (right doctrine) 正道 tsung' dau', (right angle) 直角 dzuk koh, (right hand) 右手 yeu' 'seu, (right side) 邊 yeu' pien, (soldiers who struggle for

right) 義兵 ní‘ ping, (right feeling) 正氣 tsung‘ k'í‘, (not right) 勿是 veh 'zz, 勿正 veh tsung‘, 勿合情理 veh heh dzing 'lí.

Righteous, 公義 kúng ní‘, (in theology complete in virtue) 善無不備 'zén vú peh bé‘, (with out sin) 嘸沒罪嘸沒差 m meh 'dzúe m meh t'só.

Righteousness, (in theology complete virtue) 完全個德行 wén zien kú‘ tuh yung‘, (impute) 稱義 t'sung ní‘, (impute righteousness to him) 稱伊爲義 t'sung í wé ní‘.

Rigid, (in governing) 嚴緊 nien 'kiun, (in adhering to) 貼近之 t'ih giun‘ tsz, (unbending) 硬執 ngang‘ tseh, 定 tseh ding‘ tsz, (physically) 彎勿轉 wan veh 'tsen, 曲 k'ióh veh 'tsen.

Rim, 邊 pien.

Ring, 鐶 gwan, (for finger) 戒指 ká‘ 'tsz, (iron) 鐵 t'ih gwan, (brass) 銅圈 dúng k'iön.

Ring, (to) 打鐘 'tang tsúng, 拷 k'au tsúng, (hand-bell) 搖鈴 yau ling.

Ringleader, 頭目 deu móh.

Rinse, (the mouth) 漱口 sók 'k'eu, 擱 koh 'k'eu.

Rip, (open) 剖開 p'eu‘ k'é.

Ripe, 熟 zóh.

Ripple, (on water) 水絞 'sz vun.

Rise, 起頭 'k'í deu, 端 'k'í tön, (there is a rise in price) 行情長者 hong zing 'tsang 'tsó.

Rise, to, (in promotion) 昇 sung (in baking) 發起來 fah 'k'í lé, (getting up early) 清早 t'sing 'tsau 'k'ílé. (of water) 長 'tsang, (of rising from the dead) 死之曉復活 'sí tsz lan vóh weh, 死而復生 'sz rh vóh sung (stand up) 蹺 lók 'k'í lé.

Risk, (life) 拚命 p'ing ming‘, (danger) 昌險 mau‘ 'h'ien.

Rite, 禮 'lí, 素 'lí sú‘.

Rival, 對頭 tó‘ deu.

River, 河 hú, 江 kong, (small) 浜 pang.

Rivet, 鉅釘 gū‘ ting, (— basins) 搭碗 tah 'wén.

Road, 路 lú‘, 途 lú‘ dú‘, 道 dau‘ lú‘.

Roam, 各處周遊 kok t'sû‘ 'tseu yeu.

Roar, 咆哮 bau h'iau.

Roast, 烘 húng‘, 烤 k'au‘.

Rob, 搶奪 't'siang döh, 打刼 'tang kih.

Robber, 強盜 giang dau‘, 賊 dzuh.

Robe, 袍子 bau tsz, (court robes) 朝服 zau vóh, (emperor's dragon robe) 龍 lúng bau.

Robust, 強壯 giang tsong, 健 giang gien‘.

Rock, 磐石 bén záh.

Rod, 竿 kún, (fishing) 釣 tiau‘ kûn, 棍子 'kwun 'tsz.

Rogue, (slippery —) 光棍 kwong 'kwun, 刁皮個人 tiau bí kú‘ niun.

Roll, 卷 kiön‘, (of cloth) 一疋布 ih p'ih pú‘, (picture mounted on a roller) 一軸畫 ih gióh wó‘, (of bread) 饅頭 mén deu, 麵包 mien‘ pau.

Roll, to, (transitive) 卷 kiön‘, (intransitive) 打滾 'tang 'kwun, (roll about) 滾來滾去 'kwun lé 'kwun k'í‘.

注 釋

【鉅釘】柳丁。"鉚"字誤寫為"鉅"。

注释

【鸡架】鸡棚。
【拔脱根】连根拔掉。

ROU

Roller, (for picture) 卷軸 kiön' giöh, (stone roller for gravel) 石碾 záh nien.

Romance, 小說 'siau söh. 閒書 ꜣan sù.

Roof, 屋頂 ók 'ting.

Room, 房間 vong kan, 子 vong 'tsz, (bed) 臥 ngú' vong, (guest) 客堂 k'áh dong, (study) 書 sú vong.

Roost, 鷄架 ki ká'.

Root, (of trees) 根 kun, (of things) 本 'pun, (of a disease) 病 bing' kun, (square root) 平方根 bing fong kun, (cube) 立 lih fong kun.

Root, (to) 立根 lih kun, (root out) 拔脫根 bah t'eh kun.

Rope, 繩 zung, 繂 zung sóh, (boat rope) 纜 lan zung.

Rosary, (of beads 108 in number) 素珠 sù' tsù, 念 nian' tsù.

Rose, 薔薇花 ziang mé hwó, (monthly) 月季花 niöh ki hwé.

Rot, 朽爛 'h'ieu lan', 壞 lan' wá'.

Rote, (say lessons by) 背工課 pé' kúng k'ú'.

Rotten, 腐壞 'vú wá', 拉者 wá' 'lá 'tsé.

Rove, (idly) 閒遊 han ꜣeu, (roving bandits) 流賊 lieu dzuh, (rove through the world) 飄流拉世界上 p'iau lieu 'lá sz' ká' long'.

Rouge, (red dye for silks) 胭脂 yien tsz.

Rough, (in manners) 粗魯 t'sú 'lù, (rough copy) 草稿 't'sau 'kau.

Round, 圓 yön.

Rouse, 叫醒 kiau' 'sing, 警 'kiung

RUL

'sing, 激發 kih fah, (the spirits) 抖擻精神 'teu 'seu tsing zun.

Route, 路 lú'.

Routed, 打之敗仗 'tang tsz bá' tsang'.

Row, 行 hong, 排 bá

Row, to, (in a boat) 船上打槳 zén long' 'tang 'tsiang.

Royal, (family) 王宗 wong tsúng, (will) 旨意 'tsz í', (law) 王法 wong fah, (built by royal command) 勅建 t'suh kien'.

Rub, 摩 mú, (between the hands) 搓 t'só, (ointment) 抹 meh, (furniture) 揩 k'á.

Ruby, 紅寶石 húng 'pau záh.

Rudder, 舵 dú', 梢 sau.

Rudely, (treat) 待慢 dé' man', 待人嘸禮 dé' niun m̀ 'lí.

Rudiments, 學問個根本 ḥoh vun' kú' kun 'pun.

Rue, 芸香 yün h'iang.

Rug, (of cow's hair) 牛毛毯 nieu mau tan, (of skins) 皮 bí tan, 氈 bí tsén.

Ruin, 敗脫 bá' t'eh, 滅 mih t'eh, 壞 bá' wá', (a house in ruins) 坍塌個房間 t'an t'ah kú' vong 'tsz.

Rule, 法度 fah dú', 規矩 kwé 'kü, 模 kwé mú, 範 mú van', (rules of a school) 學 ḥoh kwé, (of an establishment) 條 kwé diau', (foot-rule) 尺 t'sáh.

Rule, (to) 管 'kwén, 治理 dzz 'lí, 主掌 'tsû 'tsang.

Ruler, 主 'tsû, 王 wong, 主宰 'tsû 'tsé, (Supreme) 上帝 ꜣng' tí'.

SAD

Ruminate, (chew cud) 倒嚼 'tau ziáh, (meditate) 思想 sz 'siang, 追思 tsûe sz.
Rumour, 風聲 fúng sung, 聞 fúng vun, 消息 siau sih.
Run, 跑 'bau, (run out) 漏 leu', (run a race) 馬 'bau 'mó.
Rush, 蒲 bú, (mats) 席 bú zih.
Rush, to, (against the scaffolding) 撞着架子 zong' záh ká' 'tsz.
Rut, (of a cart) 車轍 t'só t'seh.

S

Sabbath, 安息日 ŏn sih nyih, (worship day) 禮拜日 'li pá' nyih (Lord's day) 主日 'tsú nyih.
Sable-skin, 貂皮 tiau bí.
Sack, 口袋 'k'eu dé', 囊 nong.
Sack-cloth, 麻布 mó pú'.
Sacrament, 聖禮 sung' 'lí, (the seven Romanist) 七樣聖事 t'sih yang' sung' zz', (the two sacraments) 兩樣聖禮 'liang yang' sung' 'lí.
Sacred, 聖 sung', (edict) 諭 sung' ü', (books) 經 sung' kiung, 書 sung' sû, (emperor) 主 sung' 'tsû.
Sacrifice, 祭 tsi', 祀 tsí' zz', 禮 tsi' 'lí, (burnt) 燔 van tsí'.
Sacrifice, (to) 獻祭祀 h'ien' tsi' zz', (to ancestors) 祭祖宗 tsí' 'tsú tsúng.
Sacrilege, (to holy places) 褻瀆聖地 sih dóh sung' dí'.
Sad, 憂愁 yeu dzeu, (very) 氣悶來死 k'í' mun' lé 'sí,
Saddle, 鞍子 ŏn 'tsz, 馬 'mó ŏn,

SAL

(girth) 肚帶 dú' tá'.
Saddle, (to a horse) 備馬 bé' 'mó, 上鞍子 zong' ŏn 'tsz.
Sadness, 憂悶 yeu mun'.
Safe, 妥當 't'ú tong, 穩 'wun tong, (fix safely) 定 ding' t'ú tong, (safe profits) 聽 'wun dzan'.
Sagacious, 有智慧個 'yeu tsz' wé' kú', 精明 tsing ming.
Sagacity, 精明能幹 tsing ming nung kŭn'.
Sage, 聖人 sung' niun, (sages) 賢人 sung' niun hien niun.
Sail, 篷 búng, (hoist) 扯 't'sá búng, 拉 'lá búng, (lower) 落 loh búng, 下 'au búng, (raise sail) 揚帆 yang van, (sail cloth) 布 búng pú'.
Sail, to, (a boat) 行船 hang zén.
Sailor, 水手 'sz 'seu, 搖船個 yau zén kú'.
Saint, (chirstian) 聖徒 sung' dú, (Confucianist) 人 sung' niun, (Tauist) 眞人 tsun niun.
Sake, (for sake of) 爲 wé', (for gain) 利 wé' lí.
Salammonic, 硇砂 'lú só.
Salad, 生菜 sang t'sé'.
Salary, (from the emperor) 俸祿 fúng' lóh, (of a teacher, bundle of dried fish) 束修 sók sieu. 金 sieu kiun, (fuel and water) 辛水 sing 'sz, 辛 sing fúng'.
Sale,(not on—) 勿賣 veh má', (no sale for) 嘸鎖塲 m siau dzang.
Saleable, 能賣 nung má', 得出個 má' tŭh t'seh kú'.
Saliva, 湛唾 dzan t'ú'.
Sallow, (face) 黃面 wong mien'.

注　释

【问好个说话】问候，寒暄。

【刺人个说话】挖苦人、讽刺人的话。

【补还之伊】赔偿他，补偿他。

SAP

Salt, 鹽 yien, (salt merchant) 客 yien k'áh.
Salt, (in taste) 鹹 han.
Salt, (to) 醃 yien.
Saltpetre, 消 siau.
Salvation, (doctrine of) 救人個道理 kieu‘ niun kú‘ 'dau 'lí.
Salutation, 問好個說話 mun‘ 'hau seh wó‘.
Salute, (by shaking the folded hands) 倉蜡 t'song zó‘, (by uplifting the folded hands) 拱手 kóng 'seu, (by prostration) 對人磕頭 tó‘ niun k'eh deu.
Same, (kind) 一樣 ih yang‘, (same day) 一個日子 ih kú‘ nyih 'tsz, (in most things the same) 大同小異 dá‘ dúng 'siau í‘ (same in meaning) 意思相同 í‘ sz̀ siang dúng.
Sample, 樣子 yang‘ 'tsz.
Sanctification, (become sanctified) 成聖 dzung sung‘, 做潔淨人 tsú‘ kih zing‘ niun.
Sanctify, 教人成聖 kiau‘ niun dzung sung‘, kiau‘ niun tsú‘ kih zing‘ niun.
Sanction, (to) 允准 'yūn 'tsun.
Sand, 沙 só, (moving) 流 lien só, (bank) 灘 só t'an,
Sandals, (straw shoes) 草鞋 't'sau há.
Sandal-wood, 檀木 dan móh, 香 dan h'iang móh deu.
Sanguinary, 愛殺人個 ó‘ sah niun kú‘.
Sanguine, 性急 sing‘ kih, 血氣多個 h'iöh k'í‘ tú kú‘.
Sanhedrim, 七十長老公會 t'sih seh 'tsang 'lau kúng wó‘.
Sanscrit, 梵言 ran yien.
Sap, (of trees) 脂膏 tsz kau, 樹汁 zǔ tseh.

SAW

Sapper, 地底下挖洞個 dí‘ 'tí 'au wah dúng‘ kú‘.
Sapan-wood, 蘇木 sú móh,
Sapphire, 碧玉 pih nióh.
Sarcasm, 刺人個說話 t'sz‘ niun kú‘ seh wó‘.
Sarcenet, 綾子 ling 'tsz.
Sash, 紳 sun, 帶 tá‘, (girdle) 束腰帶 sóh yau tá‘.
Satchel, 書袋 sû dé‘.
Satellite, 小行星 'siau hang sing, 'siau sing, 月 nióh, 附 vú‘ hang sing kú‘ 'siau sing.
Satiated, 飽 'pau, 足 'pau tsóh.
Satin, 緞子 dōn‘ 'tsz.
Satirical, 愛譏刺人個 ó‘ ki t'sz‘ niun kú‘.
Satisfaction, (make him) 補還之伊 'pú wan tsz í, 賠 bó 'pú tsz í.
Satisfy, (appetite) 充飢 t'súng kí, 吃飽 k'iuh 'pau.
Saturated, 濕透者 sáh t'eu‘ 'tsó.
Savage, (wild) 野 'yá, (cruel) 殘忍 dzan zun, 兇 h'iúng,
Sauce, 醬 tsiang‘, 調料 diau liau‘, (saucepan) 調菜個罐頭 diau t'sé‘ kú‘ kwén‘ deu.
Saucer, 碟子 dih tsz, (boat shaped) 茶船 dzó zén.
Saunter, 走亭相 'tseu beh siang‘, 遊戲 yeu h'í‘.
Save, 救 kieu‘, 濟 kieu‘ tsí‘, 拯 'tsung kieu‘, 超渡 t'sau dú‘, 保全 'pau dzien.
Saviour, 救主 kieu‘ 'tsû.
Savour, 味道 mí‘ dau‘, 滋 tsz mí‘.
Saw, 鋸 kü‘ (to saw wood) 鋸木頭

SCH

kŭ' móh deu, (sawdust) 木屑 móh sih.
Say, 話 wo', 說 söh, (to him) 告訴伊 kau' sú' í.
Saying, (common) 俗語 zóh 'nü.
Scabbard, 鞘子 siau' 'tsz, 帽 t'au.
Scaffold, 架子 ká' 'tsz.
Scale, (balances) 天平 t'ien bing, 秤 t'sung, (of fish) 魚鱗 ng ling, (scale in the eye) 隔膜 káh moh.
Scale, to, (a wall) 登墻 tung ziang, 爬城 bó zung.
Scaling-ladder, 上城梯 zong' zung t'í.
Scallions, 韭菜 'kieu t'sə̀'.
Scandal, 羞辱 sieu zóh, 人個事體 sieu zóh niun kú' zz' 't'í, 叫人惹厭咾勿服個事體 kau' niun 'zá yien' lau veh vóh kú' zz' 't'í.
Scar, 傷痕 song hun, 迹 hun tsih, song tsih.
Scarce, 難找 nan 'tsau, 少 'sau, 罕 'hŏn.
Scarcely, (obtained) 剛剛得着 kong kong tuh záh, 恰 k'an' k'an' tuh zah, (— enough) 僅殼 'kiun keu'.
Scarlet, 紅 húng, 赤 t'suh húng.
Scatter, 分散 fun san', 撒開 sah k'é, (seed) 種 sah 'tsúng, 花 san' hwó, (scattered) 流離四散 lieu li sz' san'.
Scent, 香味 h'iang mí'.
Sceptical, 疑心 ní sing, 惑 ní wóh.
Sceptre, 圭 kwé, 如意 zû í'.
Scheme, 計策 kí' t'sáh.
Scheme, (to) 圖謀 dú meu, 幹 meu kûn'.
Scholar, (pupil) 學生子 hok sang

SCR

'tsz, (educated men) 讀書人 dók sû niun, 士子 'zz 'tsz, (class of scholars) 儒敎 zû kiau'.
School, 學堂 hoh dong, 書舘 sû 'kwén, (charitable) 義 ní' hoh, (school of Confucius) 孔門 'k'úng mun.
Schoolmaster, 先生 sien sang, 敎書個 kau' sû kú'.
Schoolmistress, 女先生 'nü sien sang.
Science, 格致之學 kuh tsz' tsz yáh, (of astronomy) 天文 t'ien vun, (of numbers) 數學 sú' yáh, (of light) 光 kwong yáh.
Scissors, 剪刀 'tsien tau.
Scoff, 戲笑 h'í' siau'.
Scold, 罵 mó'.
Scoop, to, (a hole in the ground) 挖地坑 wah dí' k'ang.
Scope, 意思 i' sz', 總旨 'tsúng 'tsz.
Scorch, 熏 h'iün, 炒 't'sau, 焦 tsiau.
Scorn, 輕慢 k'iung man', 看 k'ön' k'iung.
Scorpion, 蠍 h'ih, 子 h'ih 'tsz.
Scoundrel, 光棍 kwong 'kwun.
Scour, 淘 dau.
Scourge, 天災 t'ien tsé.
Scout, 探聽個人 t'én t'ing kú' niun.
Scrape, 刮 kwah, (smooth) 平 kwah bing.
Scratch, 爬 pó, 抓 'tsau, 搔 tsau, 劃 wáh.
Screen, 屏風 bing fúng,
Screen, (to) 遮蓋 tsó ké', 蔽 tsó pí', 掩 tsó 'yien.
Screw, (cork) 咨鑽 tsz tsûn', (nail)

注　釋

【女先生】女教师。
【格致之学】格物致知。旧时对自然科学的总称。
【探听个人】侦察员。
【咨钻】锥子。

注 释

【暗氏里】私底下。"底"应为"氐"。
【偷伴之】偷偷地。

SEA

螺蛳钉 lú sz ting.
Scribe, 代筆 dé' pih, 寫字個 'siá zz' kú'.
Scriptures, 聖經 sung' kiung, 書 sung' sû.
Scroll, 卷軸 kiön' gióh.
Scrub, 洗刷 'sí seh.
Scruple, 疑心 ní sing.
Scrupulous, 煩瑣狐疑 van 'sú hú ní.
Scrutinize, 考究 'k'au kieu', 查察 dzó t'sah.
Scull, (of a boat) 櫓 'lú, (of a dead person) 枯髏骨 k'ú leu kweh.
Scull, to, (a boat) 搖船 yau zén.
Sculptor, 雕匠 tiau dziang'.
Sea, 海 'hé, (bottom of) 底 'hé 'ti, (shore of) 邊 'hé pien, 灘 'hé t'an.
Seaman, 水手 'sz 'seu.
Seaport, 海口 'hé 'k'eu.
Seaweed, 海帶 'hé tá'.
Seal, (an animal) 海龍 'hé lúng, (stamp) 圖章 dú tsang, 書 dú sû, 印 yun' tsang, (imperial seal) 國璽 kóh 'sih, (seal character) 篆文 dzén' vun.
Seal, (to) 打印 'tang yun', 蓋 ké' yun', (a letter) 封口 fúng 'k'eu, 信 fúng sing', (seal up a door) 門 fúng mun.
Seam, (straight) 直縫 dzuh vúng', (cross) 橫 wang vúng', (mend a rent seam) 修補破綻 sieu 'pú p'ú' dzan'.
Sear, 焦 tsiau.
Search, 求 gieu, 找 'tsau, 尋 zing, 覓 mih.
Season, (use in its) 時候上用 zz heu' long' yúng', (four seasons) 四時

SED

sz' zz, 季 sz' kí', (fruit in season) 時果 zz 'kú.
Season, to, (food) 調和五味 diau hú 'ng ví'.
Seasonable, 合用 heh yúng', 正合其時 tsung' heh gí zz, 正好 tsung' 'hau, (seasonably) 恰好 hah 'hau.
Seasoned, (timber) 乾木頭 kûn móh deu.
Seat, 座位 zú' wé'.
Secluded, (in situation) 冷靜 'lang dzing', 落 'lang loh, 僻 pí' dzing'.
Second, 第二 dí' ní', (month) 二月 urh' nióh, (a second of time) 一秒 ih miau'.
Secret, 秘密 pí' mih, 暗氏裏 ún' 'tí 'lí, (—merit) 陰功 yun kúng, (—plot) 隱謀 'yun meu.
Secretary, (to a mandarin) 師爺 sz yá.
Secrete, 藏 zong, 抗 k'ong', (lay ambush) 埋伏 má vóh.
Secretly, 私氐下 sz 'tí 'au, (transmitted) 秘傳 pí' dzén, 偷伴之 t'eu bén' tsz.
Sect, 教門 kiau' mun.
Section, (of a book) 章 tsang, (of bamboo) 節 tsih, (a slice) 片 p'ien', (of a novel) 回 wé.
Secular, 世界上個 sz' ká' long' kú'.
Secure, 妥當 't'ú tong, 穩 'wun tong.
Secure, (to) 保 'pau.
Security, 保人 'pau niun, (shop keeper as security) 鋪 p'ú' 'pau.
Sedan-chair, 轎子 giau' 'tsz.
Seduce, 引誘 'yun yeu', 擓掇 t'sön töh, 挑唆 t'iau sú, 迷惑 mí wóh,

SEL | SEP

(be seduced) 上當 'zong tong'.
Sedulous, 勤緊 giun 'kiun.
See, 看 k'ŏn', (through) 透 k'ŏn' t'eu', 破 k'ŏn' p'ú'.
Seed, 種 'tsúng, 子 'tsúng 'tsz, (kernel) 仁 niun, (stone of fruit) 核 wóh, (offspring) 子孫 'tsz sun.
Seek, 求 gieu, 尋 zing, (seek gain) 圖利 dú lí'.
Seem, 好像 'hau ziang', (seem willing) 光景是肯個 kwong 'kiung 'zz 'k'ung kú'.
Segment, 片 p'ien'.
Seize, 捉着 tsoh záh, 擒拿 giun nó·
Seldom, (see) 難得看見 nan tuh k'ŏn' kien', (comes) 勿大裏來 veh dá' 'lí lé.
Select, 簡選 'kan 'sien, 擇 'kan dzuh.
Self, 自家 zz' ká, 親身 t'sing sun, (what you wish not yourself do not to others) 己所不欲勿施於人 'kí 'sú peh yóh veh sz yū niun, (self examination) 自家省察自家 zz' ká 'sing t'sah zz' ká, (respect one's self) 自重 zz' zúng', (kill one's self) 自殺自 zz' sah zz', (selfexistent) 自然而有 zz' zón urh 'yeu, (reproach one's self) 自責自 zz' tsáh zz'.
Selfish, 爲自家 wó' zz' ká, 爲己 wó' 'kí, (selfish desires) 私慾 sz yóh, (he is selfish in the extreme) 只曉得自家勿曉得別人 tseh 'h'iau tuh zz' ká, veh 'h'iau tuh bih niun.
Sell, 賣 má', 脫 má' t'eh, (by auction) 叫 kiau má', (sold) 消脫者 siau t'eh 'tsé.

Semblance, 形象 yung ziang'.
Semicircle, 半圈 pén' k'iön.
Semidiameter, 半徑 pén' kiung'.
Seminary, 文館 vun 'kwén, 學 hok 'kwén.
Send, 打發 tang fah, 差 t'sá, (a letter) 寄信 kí sing', (send by a friend) 托相好帶 t'óh siang 'hau tá'.
Senior, 長輩 'tsang pé', (to me) 比我年老 'pí 'ngú nien 'lau.
Sense, (of seeing) 看 k'ŏn', 眼官 'ngan kwén, (five rulers of the senses) 五官 'wú kwén, (has a sense of shame) 曉得羞恥 'h'iau tuh sieu 't'sz, (meaning) 意思 í' sz'.
Senseless, 嘸沒意思 m meh í' sz'.
Sensible, (perceptible) 能覺着個 nung koh záh kú', 能測量個 nung t'suh liang kú', (sensible of kindness) 感恩 'kén un.
Sensualist, 撥拉酒色財氣迷惑個人 peh 'lá 'tsieu suh dzé k'í' mí wóh kú' niun.
Sentence, 句 kū', (beginning of) 頭 kū' deu, (end of) 末脚 kū' meh kiáh, (pass sentence) 判定 p'én' ding', 斷 p'én' tŏn'.
Sentinel, 看更個 k'ŏn' kang kú', 巡夜 zing yá' kú'.
Separable, 分得開個 fun tuh k'é kú', 相離 siang lí tuh k'é kú'.
Separate, 分開拉個 fun k'é 'lá kú', (that is a separate one) 另是一個 ling' 'zz ih kú'.
Separate, (to) 分開 fun k'é, 別 fun pih, (when separated) 相離個時

注释

【五十夫长/巴总】均为清军军队职务。"巴总"应为"把总"。

【有牙齿个城】锯齿状的城墙。喻防守坚固。

【日头勿曾落】太阳还没落下山。意为天还没黑。

【话定当】说定。

【严紧】严厉,严紧。

SET

侯 siang lí kú' zz heu'.

Separately, (sell) 拆賣 t'sáh má'.

Sepulchre, 墳墓 vun mú'.

Sequester, (goods of a criminal) 抄罪人個家業 t'sau 'dzûe niun kú' ká nyih.

Serene, (sky) 晴天 zing t'ien, (calm) 安靖 ōn zing'.

Sergeant, 五十夫長 'ngzeh fú 'tsang, 巴總 'pó 'tsúng.

Series, (order) 次序 t'sz' zû', 班聯 pan lien, pan t'sz', 品級 'p'ing kih, 排行 bá hong.

Serious, 要緊 yau' 'kiun, (in disposition) 嚴肅 nien sóh, 誠心 zung sing, (seriously ill) 病重 bing' dzúng'.

Serpent, 蛇 dzó, (brazen) 銅 dúng dzó.

Serrated, (wall) 有牙齒個城 'yeu ngá 't'sz kú' dzung.

Servant, 底下人 'ti 'au niun, 用人 yúng' niun, (cook) 燒飯個 sau van' kú', (boy) 跟班 kun pan, (chair coolies) 轎班 giau' pan, (gardener) 看花園個 k'ön hwó yön kú'.

Serve, 服事 vóh zz', 伺侯 zz' heu', 當差 tong t'sá.

Serviceable, 有用 'yeu yúng', 處 'yeu yung' t'sû'.

Sesamum plant, 芝蔴 tsz mó, (oil) 油 tsz mó yeu.

Set, 放 fong', 按 ön', 閣 koh (set up) 設立 seh lih, (set up right) 豎起來 'zû 'k'í lé, (set sail) 扯蓬 t'sá búng, (set on fire) 放火 fong' 'hú, (sun not yet set) 日頭勿曾落 nyih deu veh zung loh, (set mind at

SHA

rest) 放心 fong' sing, (set men on evil courses) 挑唆人去作惡 t'iau sú niun k'í' tsoh oh, (a ring set with pearls) 鑲珍珠戒指 siang tsun tsû ká' 'tsz.

Settle, 定見 ding' kien', 話定當 wó' ding' tong', (disturbances) 平定 bing ding', (settle a price) 估定 'kú ding', (the matter is settled) 事體完結者 zz' 't'i wón kih 'tsé, or 妥當 zz' 't'í ding' kwé 't'ú tong 'tsé.

Seven, 七 ts'ih, (seventeen) 十七 zeh t'sih, (seventy) 七十 t'sih seh.

Seventeenth, 第十七 dí' zeh t'sih, (seventieth) dí' t'sih seh.

Seventh, 第七 dí' t'sih, (of the month) 初七 t'sú t'sih.

Sever, 斷脫 dōn' t'eh, 分開 fun k'é.

Several, 好幾個 'hau 'kí kú', 'kí kú', (several times) 次 'hau 'kí t'sz', (severally) 各自 koh zz', 一個一個 ih kú' ih kú'.

Severe, 嚴緊 nien 'kiun, 利害 lí hó', (severe punishment) 重刑罰 dzúng' yung vah.

Sew, 縫 vúng, 零 ling.

Sewer, 水溝 'sz keu.

Shabbily, (behave) 薄待別人 bóh dó' bih niun.

Shade, (glass) 玻璃罩 pú lí tsau', (from the sun) 陰涼 yung liang.

Shade, (to) 遮掩 tsó 'yien.

Shadow, 影子 'yung 'tsz, (of the moon) 月 nióh 'yung.

Shake, (set in motion) 搖 yau, 動 yau dúng', (shake in the hand) 抖 'teu, (shake together) 撼 yau heh,

SHE

(shake heaven and earth) 震動 tsun' dúng'.
Shall, 必要 pih yau'.
Shallow, 淺 't'sien, (superficial) 近 't'sien giun'.
Shame, 慙愧 dzan kwé', 羞恥 sieu 't'sz, 勿好意思 veh 'hau í' sz'.
Shame, (to) 羞辱 sieu zóh, (feel shame for me) 坍燒我 t'an t'sùng' 'ngú.
Shameless, 面皮厚 mien' bí ɦeu', 嘸沒廉恥 m meh lien 't'sz.
Shape, 形狀 yung zong', 模樣 mú yang', 式 yang' suh.
Shapeless, 勿合樣式 veh ɦeh yang' suh.
Share, (one) 一股 ih 'kú, 一分 ih fun, (divide into three shares) 分三股 fun san 'kú.
Share, (to) 分 fun, 共 gúng' fun, (share in sorrow and in joy) 同得苦樂 dúng tuh 'k'ú loh.
Shark, 沙魚 só ng.
Sharp, 快 k'wá'.
Sharpen, 磨快 mú k'wá'.
Shattered, 破碎拉個 p'ú' sé' 'lá kú'.
Shave, 剃 t'í', (the beard) 鬚 t'í' sù, (the head) 頭 t'í' deu.
Shavings, 木花 móh hwó.
She, 伊 í.
Sheaf, (one) 一綑 ih 'k'wun.
Shear, (sheep) 剪羊毛 'tsien yang mau.
Shears, 剪刀 'tsien tau.
Sheath, 鞘 siau', 韜 t'au.
Shed, 棚 bang, (set up a) 搭 tah bang.
Shed, to, (tears) 流淚 lieu lé', 哭

SHO

k'óh.
Sheep, 羊 yang, 綿 mien yang, (fold) 圈 yang k'iön.
Sheet, 單被 tan bí, (of paper) 一張紙 ih tsang 'tsz.
Shelf, (set on the) 挨拉架子上 ön' 'lá ká' 'tsz long'.
Shell, 殼 k'óh, (conical winding) 螺絲 lú sz, lú k'óh.
Shelter, (one's self from wind and rain) 避風雨 bí' fúng 'yü.
Shelter, to, (unfortunate people) 護庇難民 hú' pí' nan' ming.
Shepherd, 牧童 móh dúng, 看羊個人 k'ön yang kú' niun.
Shield, (long wicker) 藤牌 dung bá, (to ward off arrows) 擋箭牌 'tong tsien' bá.
Shine, 照光 tsau' kwong, 發光 fah kwong, (shines by its own light) 自家 zz' ká' tsau' kwong, (borrows light from the sun) 借太陽個光 tsiá' t'é' yang kú' kwong.
Ship, 船 zén, (ship master) 家 zén ká', 老大 zén 'lau dá'.
Ship-owner, 船板主 zén 'pan 'tsù.
Shipwreck, 失船 seh zén, 壞脫者 zén wá' t'eh 'tsé.
Shirt, 汗衫 hön' san.
Shiver, (to) 身體發抖 sun 't'í fah 'teu.
Shocked, 驚嚇者 kiung háh 'tsé, 吃 k'iuh kiung, 嚇之個能 háh tsz kú' nung.
Shoe, 鞋子 há 'tsz, (straw shoes) 草 't'sau há, (and stockings) 襪 há mah.
Shoemaker, 鞋匠司務 há dziang' sz vú'.

注 釋

【船板主】船主，船東。
【壞脫者】壞掉了。
【嚇之个能】嚇成這樣。
【鞋匠司務】修鞋的師傅。

注释

【指拨伊看】指给他看。
【罗】箩筐。

SHR

Shoot, 枝條子 'sz diau tsz, (bamboo shoots) 竹笋 tsóh 'sun.
Shoot, (to) 射箭 zok tsien‘, 拉弓 'lá kúng, (with a gun) 放鎗 fong‘ t'siang, 開 k'é t'siang.
Shop, 鋪子 p'ú‘ 'tsz, 店 tien‘.
Shopkeeper, 店家 tien‘ ká.
Shore, 岸 ōn‘, (gone a shore) 上岸 者 'zong ōn‘ tsó, (on shore) 拉 岸上 'lá ōn‘ long‘, (sea shore) 海 灘 'hó t'an.
Short, 短 'tōn, (of breath) 氣 k'í‘ 'tōn, (short time) 勿多時候 veh tú zz heu‘, 一歇工夫 ih h'ih kúng fú, (come short of) 勿及 veh gih.
Short-comings, 短處 'tōn t'sù‘.
Short-sighted, 能看近勿能看遠 nung k'ön‘ 'giun veh nung k'ön‘ 'yön, (eyes that are) 近視眼 'giun zz‘ 'ngan.
Shorten, 縮短 soh 'tōn, 減 'kan 'tōn.
Shot, 彈 dan.
Should, 應該 yung ké, 當 yung tong, 理 'li tong, ké tong, 可以 'k'ó 'i, (should he) 若使伊 zák 'sz í.
Shoulder, 肩 kien, 頭 kien deu, 膀 kien 'pong, (of mutton) 羊肉前腿 yang nióh zien 't'ó, (shoulder to shoulder) 並肩 bing‘ kien.
Shout, 叫喊 kiau‘ han‘, 呼 hú kiau‘.
Show, 表明 'piau ming, (to him) 指 撥伊看 'tsz peh í k'ön‘, (kindness) 施恩 sz un.
Shower, (of rain) 小雨 'siau 'yü, 一 陣 ih dzun‘ 'yü.
Shrewd, 有見識 'yeu kien‘ suh.
Shrill, 尖聲 tsien sung.

SIG

Shrimps, 蝦 hön, (dried) 米 hön 'mí.
Shrine, (for an idol) 佛龕 veh k'én.
Shrink, 退縮 t'é‘ soh, soh,
Shroud, 包尸首布 pau sz 'seu pú‘.
Shrunk, (much) 縮得勿少 soh tuh veh 'sau.
Shudder, 戰抖 tsón‘ 'teu.
Shun, 避開 bí‘ k'é, (shun writing names of emperors of the present dynasty) 避本朝諱 bí‘ 'pun dzau hwé‘.
Shut, (eyes) 閉眼睛 pí‘ 'ngan tsing, (door) 關門 kwan mun.
Shy, 勿好意思 veh 'hau í‘ sz‘.
Sick, 有病 'yeu bing‘, 生 sang bing‘, 勿適意 veh suh í‘.
Sickness, 疾病 zih bing‘, 症 bing‘ tsung‘, 瘊 tsung‘ heu‘.
Sickle, 鎌刀 lien tau.
Side, 邊 pien, 旁 bong pien, (side rooms) 廂房 siang vong.
Siege, (lay to a city) 圍困城池 wé k'wun dzung dzz, (raise) 解 'ká wé.
Sieve, 簸箕 pú ki, 篩 sé (sz), 羅 lú.
Sift, 簸揚 pú yang, 篩 sé (sz), (rice) 米 pú 'mí.
Sigh, 嘆氣 t'an‘ k'í‘, 息 t'an‘ sih.
Sight, (a fine) 好光景 'hau kwong 'kiung, 致 'hau 'kiung tsz‘, (in sight) 看得見 k'ön‘ tuh kien‘, 望 得着 mong‘ tuh záh.
Sign, 記號 kí‘ hau‘, 字 zz‘ hau‘, (shop sign) 招牌 tsau bá, (twenty eight signs of the zodiac) 二十八宿 urh‘ zeh pah sien‘, (twelve signs) 十 二宮 zeh ní‘ kúng, 次 zeh ní‘ t'sz‘.

SIM

Sign, (to) 打記號 'tang kí' hau', 畫 wáh hau', 字 wáh zz' hau', 押 ah zz'.

Signal, (hoist a) 揷標 t'sah piau, (make a) 指揮 'tsz hwé, (signal flag) 表旗 'piau gí.

Significant, 有意思 'yeu í' sz', 包含許多 pau hén 'h'ū tú í' sz'.

Signify, 指示 'tsz zz', (what does it signify) 啥個意思 sá' kú' í' sz'.

Silent, 默默無言 muh muh vú yien, 勿響 muh muh veh 'h'iang, 勿白話 veh báh wó', (silent) 勿要響 veh yau' 'h'iang, veh yau' báh wó'.

Silently, (think) 默想 muh 'siang.

Silk, 絲 sz, (Taysaam) 大鱉 dá' dzón, (Tsat lí) 七里 t'sih 'lí, (Yuen fa) 袁花 yön hwó, (Canton pongees) 廣東綢 kwong túng dzeu, (wild silk-worm silk) 繭 'kien dzeu, (Hucheu silk) 湖 hú sz, (silk and satins) 綢緞 dzeu dön', (flowered silk) 花hwó dzeu, (a ball of silk) 絲毬 sz gieu, (silk stuffing) 絲綿 sz mien, (silk thread) 線 sz sien', (silk cord) 繩 sz zung.

Silly, 呆駿 ngó 'tó, 發惛 fah hwun, 有一點瘋 'yeu ih 'tien fúng.

Silver, 銀子 niun 'tsz, (fish) 魚 niun ng, (smith) 匠 niun dziang'.

Similar, (to this) 忒第個一樣 t'eh dí' kú' ih yang', (they are similar) 相像 siang ziang'.

Similitude, 比方 'pí fong, 譬喻 p'í yü'.

Simple, 牢實 'lau zeh, 樸 póh zeh, 誠 zung zeh, (simple heart) 丹心 tan sing, zung sing, (unmixed) 勿

SIS

混雜 veh 'hwuu zeh.

Simplicity, (fond of) 愛素勿愛文 ó' sú' veh é' vun.

Simply, (just) 竟 kiung', 不過 pih kú'.

Simultaneous, 相同時候 siang dúng zz heu'.

Sin, 'dzúe, 罪過 zé' kú', (heavy and grievous) 罪孽深重 'dzúe nyih sun 'dzúng, (original and actual) 原罪本罪 niön 'dzúe 'pun 'dzúe, (an unwitting sin is no sin) 不知不罪 peh tsz peh 'dzúe, (cause of sin) 根 'dzúe kun.

Sin, (to) 犯罪 'van 'dzúe, (when a man has sinned against heaven there is no use in praying) 獲罪于天無所禱也 wóh 'dzúe yū t'ien vú 'sú 'tau 'yé

Since, (in time), since the beginning of the present dynasty 本朝開國以來 'pun dzau k'é kóh 'í lé, (in argument) 旣然 kí' zén, (since it is thus) 是如此 kí' zén 'zz zú 't'sz.

Sincere, 誠實 zung zeh, 心 zung sing.

Sinew, 筋 kiun.

Sing, 唱 t'song'.

Single, 單 tan.

Singly, 一個一個 ih kú' ih kú', 一隻一隻 ih tsáh ih tsáh, (standing singly and alone) 隻身獨立 tsáh sun dóh lih.

Sink, 沉下去 dzun 'au k'í', 沒 dzun meh, (into perdition) 淪 dzun lun.

Sir, 老爺 'lau yá, 先生 sien sang, 尊駕 tsun ká', 相公 siang kúng.

Sister, 姊妹 'tsí mó', (elder) 阿 á

注 释

【泼灰】古建筑中制作各种灰浆的原材料,用水反复均匀地泼洒在生石灰上成为粉状后过筛。

【失脚】跌倒,滑了一跤。

SKY

'tsi, (younger) mé' mé'.
Sister-in-law, (elder brother's wife) 阿嫂 áh 'sau, (younger brother's wives) 妯娌 dzeu 'lí, (husband's sister) 姑姑 kú kú, (sister son) 外甥 ngá' sang.
Sit, 坐 'zú, (please sit down) 請 't'sing 'zú.
Situation, 地方 dí' fong, 地位 dí' wé', (in life) 身分 sun vun'.
Six, 六 lóh, (sixteen) 十六 zeh lóh, (sixteenth) 第十六 dí' zeh lóh, (sixth) 第六 dí' lóh.
Sixty, 六十 lóh seh, (sixtieth) di' lóh seh.
Size, (magnitude) 幾大 'kí dú', 'kí dú' 'siau, (in breadth) 廣大 'kí hó' 'kwong dá'.
Skate, 冰鞋 ping há.
Sketch, 草稿 't'sau 'kau, (rough drawing) 粗畫 t'sú wó', (with the finger) 指 'tsz wó'.
Sketch, (to) 繪畫 wé' wó', wó', (on thin paper over a copy) 描 miau.
Skill, 技巧 'gi 'k'iau, (skilled workman) 熟手 zók 'seu, 'k'iau 'seu.
Skilful, 聰明 t'súng ming, 巧 'k'iau.
Skin, 皮 bí, 膚 bí fú, (undressed skins) 生皮 sang bí, (dressed) 熟 zóh bí.
Skin, (to) 剝 póh.
Skip, 跳 t'iau'.
Skulk, 藏匿 dzong niuh, (away to the westward) 竄到西面 t'sön' tau' sí mien'.
Skull, (of a boat) 櫓 'lú.
Sky, 天 t'ien, 蒼 t'song t'ien, (sky light) 天窻 t'ien t'song.

SLO

Slab, 石碑 záh pé.
Slack, 鬆 súng, 軟 'niön, 踈 sú súng.
Slacken, 放鬆 fong' súng.
Slake, (lime) 潑灰 p'eh hwé, 煮 tsú hwé.
Slander, 譭謗 'hwé pong'.
Slanting, 斜 ziá, 橫琢裹 wang 'tú 'lí.
Slap, (on the face) 打耳光 'tang 'ní kwong.
Slave, 奴才 nú dzé, (slave girl) 奴婢 nú bí', 丫頭 au' deu.
Slaughter, (an ox) 宰牛 'tsé nieu.
Slay, 殺 sah.
Sleep, 睏 k'wun', (half a sleep) 半睏半醒 pén' k'wun' pén' 'sing, (sleeping room) 臥房 ngú' vong.
Sleeve, 袖 zieu'.
Slender, 細小 sí' 'siau.
Slice, 片 p'ien', (cut slices of meat) 切肉片 t'sih nióh p'ien'.
Slight, (small) 細微 sí' ví, (not the slightest mistake) 絲毫勿差 sz hau veh t'só.
Slight, (to) 看輕 k'ōn' k'iung, 忽畧 hweh liáh.
Slip, (the foot) 失腳 seh kiáh, (down) 跌倒 tih 'tau.
Slip, (of bamboo) 策 t'sáh, 簽 t'sien (of paper) 一片紙 ih p'ien' 'tsz.
Slipper, 拖鞋 t'ú há.
Slippery, 滑 wah.
Slit, 裂縫 lih vúng.
Sloping, 斜面 ziá mien'.
Slothful, 懶惰 'lan dú'.
Slow, 慢 man', 遲 dzz, (slow poison) 漸毒 dzien' dóh, (slow death by

cuttlng to pieces) 極刑凌遲處決 giuh yung ling dzz 't'sú kiöh.
Slowly, 慢 man' man', (a little slower) 點 man' tien.
Sluggard, 懶惰個人 'lan dú' kú' niun.
Slur, 斑點 pan'tien, 玷污 tien' wú, 染 tien' 'nien.
Small, 小 'siau, 細 sí', 微 ví.
Smallpox, 痘子 deu' 'tsz, 天花 t'ien hwó, (have smallpox) 出痘子 t'seh deu' 'tsz.
Smart, 痛 t'úng', (ready) 伶俐 ling lí'.
Smash, 打碎 'tang sé'.
Smear, 塗 dú, 抹 dú meh.
Smell, 氣味 k'í' mí'.
Smell, (to) 聞 vun, 嗅 p'un.
Smelt, 化 hwó', 鎔 yúng, 銷 siau.
Smile, 笑 siau'.
Smith, 匠人 dziang' niun, 工 kúng dziang'.
Smoke, 烟 yien.
Smoke, (to) 吃烟 k'iuh yien, (opium) 鴉片 k'iuh á p'ien', (to smoke clothing) 熏衣裳 h'iün í zong.
Smooth, 滑 wah, 平 bing, 光 kwong, kwong wah.
Smooth, (to) 弄平 lúng' bing, 削 siáh bing.
Smother, 淹殺 yien sah.
Smuggle, 漏稅 leu' sûe' (into the interior) 私入內地 sz zeh né' dí'.
Snake, 蛇 zó, (poisonous) 毒 dóh zó.
Snare, 圈套 k'iön t'au', 機檻 kí k'an, (net) 網 'mong.
Snatch, 搶 't'siang.
Snip, 剪斷 'tsien dön'.
Snow, 雪 sih, (snow white) 白 sih báh.
Snow, (to) 落 lok sih.
Snuff, 鼻烟 bih yien, (bottle) 瓶 bih yien bing.
Snuff, (a candle) 剪脫臘花 'tsien t'eh lah hwó.
So, 實蓋能 zeh ké' nung, zeh ké' 如此 zû 't'sz.
Soak, 浸 tsing, 泡 p'au', (soaked through with rain) 撥拉雨淋完者 peh 'lá 'yü ling wén 'tsé.
Soap, 肥皂 bí zau'.
Sober, 謹 'kiun, (become sober) 醉醒 tsûe' 'sing.
Society, 會 wé'.
Sodomy, 男色 nén suh.
Soft, 軟 'niön, 柔弱 zeu záh, (in disposition) 溫 wun zeu, (to become) 發 fah 'niön.
Soften, (this medicine in water) 水裏泡軟第個藥 'sz 'lí p'au' 'niön dí' kú' yáh.
Soil, 土 't'ú, 地 't'ú dí'.
Soil, (to) 玷污 tien' wú.
Solder, 釬 hön'.
Soldier, 兵丁 ping ting, 當兵個 tong ping kú'.
Sole, (a fish) 比目魚 'pí móh ng, (of a shoe) 鞋底 há 'tí.
Solely, 獨爲 dóh wé'.
Solemn, 莊嚴 tsong nien, 端肅 tön sóh, (solemn service) 大禮拜 dú' 'lí pá'.
Solicit, 求 gieu, (a reward) 討賞 't'au 'song.

【机槛】圈套，陷阱，机关。
【剪脱腊花】剪掉烛花。
【实盖能】是这样。
【釬】焊锡，焊。

注释

【独干子】独居者。
【担点啥】带点什么东西。
【一眼物事】一点小东西。
【过房儿子】干儿子。
【小犬】称自己的儿子，谦词。

SOO　　　　　　　SPA

Solicitous, (be) 掛念 kwó' nian', (anxious) 着急 záh kih, 勿放心 veh fong' sing, 勿落 fong' sing veh loh.
Solid, (not hollow) 實 zeh, (in character) 樸 póh zeh, (strong) 堅固 kien kú'.
Solitary, 孤單 kú tan, 獨干子 dóh kûn 'tsz, (standing) 立 kú lih, (place) 冷落戶堂 'lang loh hú dong.
Solstice, (summer) 夏至 'han tsz, (winter) 冬 tŭng tsz'.
Solve, 解開 'ká k'é, (doubts) 疑惑 'ká t'eh ní wóh.
Some, 幾個 'kí kú', (men) 有人 'yeu niun.
Something, (bring) 担點啥 tan 'tien sá', 物事 tan 'tien meh zz', (bring something to eat) 吃 tan ih tien meh zz' k'iuh, (some little things) 一眼物事 ih 'ngan meh zz'.
Sometimes, 有時候 'yeu zz heu', 勿常 veh dzang, 常時 dzang zz.
Son, 兒子 ní 'tsz, ng 'tsz, (adopted) 過房 kú' vong ní 'tsz (my son) 小兒 'siau urh, 小犬 'siau 'k'iŏn, (your son) 令郎 ling' long.
Son-in-law, 女婿 'nü sí'.
Song, 曲 k'ióh, (of Kwun shan) 崑 k'wun k'ióh, (sing songs) 唱 t'song' k'ióh, (song book) 本 k'ióh 'pun.
Soon, (come) 早點來 'tsau 'tien lé, (not soon) 勿早 veh 'tsau.
Sooner, (than I) 比我早 'pí 'ngú 'tsau, (the sooner the better) 越好 yŏh 'tsau yŏh 'hau.

Soot, 烟塵 yien zung.
Soothe, 安慰 ön wó'.
Sorcerer, 巫者 vú 'tsó, 跳神個 t'iau' zun kú', 行邪術個 hang ziá zeh kú'.
Sore, 痛 t'úng', (a sore) 瘡 t'song.
Sorrow, 憂愁 yeu dzeu, 悶 dzeu mun', 昏 hwun mun', 傷心 song sing, 鬱 yeu yŏh.
Sort, 種 'tsúng, 樣子 yang' 'tsz, 色 yang' suh, 等 'tung, 類 lé'.
Sort, (to) 打點 'tang 'tien, 分樣色 fun yang' suh.
Sovereign, 君主 kiün 'tsú, 王 kiün wong, 國主 kóh 'tsú.
Soul, 靈魂 ling wung, 心神 sing zun, 精 tsing zun, 氣 ling k'í', (rational soul) 性 ling siug'.
Sound, 聲音 sung yun, 響 'h'iang sang, 氣 sang k'í'.
Sound, to, (depth of water) 探水深 'ten 'sz sun.
Sound, (in health) 健壯 gien' tsong'.
Soup, 湯 t'ong, 羹 kang.
Sour, 酸 sŭn.
Source, 來由 lé yeu, 原本 niön 'pun, 根 niön kun.
South, 南 nén, (go south) 朝 zau nén, (on the south side) 南首 nén han', 邊 nén pien, nén pan' ban.
Sow, 母豬 'mú tsz.
Sow, (seed) 種子 tsúng' 'tsúng 'tsz.
Space, (between) 當中間裏 tong tsúng kan 'lí, (of a month) 隔一個月 káh ih kú' niŏh, 歇之 h'ih tsz ih kú' niŏh.

SPE

Spacious, 廣闊 'kwong k'weh.
Spade, (iron) 鐵抄 t'ih t'sau, 鏟 t'ih t'san, (wooden) 木 móh t'sau.
Spare, 瘦 'seu, 勿殼 veh keu'.
Spare, (to) 寬免 k'wén 'mien, 饒赦 niau só', (his life) 饒赦伊個命 niau só' í kú' ming', (cannot spare time) 捨勿得工夫 só' veh tuh kúng fú, (spare strength) 省力 'sang lih.
Sparing, 省儉 'sang gien', 吝嗇 ling suh.
Sparks, 火星 'hú sing.
Sparkle, 發光 fah kwong.
Sparrow, 家雀 ká t'siáh, 麻 mó t'siáh.
Spawn, 魚子 ng 'tsz.
Speak, 白話 báh wó', 說 wó' seh wó', (for me) 忒我說 t'uh 'ngú söh, (did not speak of it) 勿話起者 veh wó' k'í' 'tsé.
Spear, 長鎗 dzang t'siang, (not to use spears and shields) 勿動干戈 veh 'dúng kûn k'ú.
Specialty, 特意 duh í', 裏 duh duh 'lí.
Species, 類 lé', (each after its species) 各從其 koh dzúng gi lé', 種 'tsúng.
Specify, (one by one) 一個一個全話出來 ih kú' ih kú' dzén wó' t'seh lé.
Specimen, 樣子 yang' 'tsz.
Speckled, 有班點個 'yeu pan 'tien kú'.
Spectacles, 眼鏡 'ngan kiung'.
Spectators, 看個人 k'ōn' kú' niun.
Speech, 說話 seh wó'.
Speechless, 勿能話說話 veh nung

SPI

wó' seh wó'.
Speed, (utmost) 頂快 'ting k'wá', (speed not equal) 遲速勿等 dzz sóh veh 'tnng.
Speedily, 如飛 zú fí, (return) 快快回來 k'wá' k'wá' wé lé, 馬上就來 'mó long' dzieu' lé.
Spelling, (Chinese syllabic) 反切 'fan t'sih.
Spelter, 白鉛 báh k'an.
Spend, (money) 費用 fí' yúng', 花 hwó fí', (strength) 力 fí' lih, (one's life) 度生 dú' sung, 日 dú' nyih, (as a profligate) 浪 long fí'.
Spew, 吐 't'ú.
Sphere, 球 gieu, 圓 yŏn gieu, (terrestrial) 地 dí' gieu.
Spherical, 球形 gieu yung.
Spiced, 有香料個味道 'yeu h'iang liau' kú' mí' dau'.
Spider, 蜘蛛 tsz tsû, (spider's web) 網 tsz tsû 'mong.
Spike, (iron) 鐵榫 t'ih tsun, (wooden) 木 móh tsun.
Spikenard, 香膏 h'iang kau.
Spill, 跌下來 tih 'hau lé.
Spin, 紡 'fong, 紗 'fong só, (thread) 線 'fong sien'.
Spinach, 菠菜 pú t'sé'.
Spindle, 梭 sú, (light and darkness come and go like arrows and days and months like a spindle) 光陰似箭日月如梭 kwong yun zz' tsien' zeh yŏh zû sú.
Spine, 背脊骨 pé' tsih kweh.
Spiral, 螺螄形 lú sz yung.
Spirit, (pure) 神 zun, (of man) 精 tsing zun, 氣 zun k'í', 靈魂 ling

注 释

【家雀】麻雀。
【忒我说】对我说。
【迟速勿等】快慢不同。

注 释

【涎唾】唾沫。
【刺马】连在骑马者的靴后跟上的一种尖状物或带刺的轮，用来刺激马快跑。
【细作】暗探，间谍。

SPO

wung, (after death) 鬼 'kwé, (evil spirits possessing a man) 鬼附拉人身上 'kŭ vú' 'lá niun sun long', (spirit and habits of the people) 風氣 fúng k'í', 俗 fúng zóh, (spirits or gods of the mountains and streams) 山川之神靈 san t'sén tsz zun ling, (Holy spirit) 聖神 sung' zun 聖靈 sung' ling, (expression and manner in painting and writing) 神氣 zun k'í'.

Spiritual, (belonging to the soul) 屬靈魂個 zóh ling *w*ung kú', (belonging to the Holy spirit) 屬聖神個 zóh sung' zun kú', (man has two natures, a spiritual and a corporeal) 人有兩樣性情 niun 'yeu 'liang yang' sing' zing, 有靈魂個 'yeu ling *w*ung kú' sing' zing, 也有身體 'a 'yeu sun 't'í kú' sing' zing.

Spit, 吐 't'ú.
Spiteful, 怨恨 yōn' hng'.
Spittle, 涎唾 dzan t'ú'.
Splendid, 光亮 kwong liang', (splendour) 榮光 yúng kwong, 光暉 kwong hwé, 威風 wé fúng.
Splint, (of wood) 一片木頭 ih p'ien' móh deu.
Split, 劈 p'ih, 開來 p'ih k'é lé, 裂 lih, 豁 hwah, (a split) 豁剌 hwah lah.
Spoil, 弄壞 lúng' wá', 損 'sun wá', 敗 bá' wá', (take spoil, robbery) 打刼 'tang kih, (in war) 擄掠 'lú liáh.
Sponge, 海絨 'hé niúng.
Spoke, (of wheel) 輪輻 lun fóh.

SQU

Spontaneous, 自然 zz' zén.
Spoon, 杓 zok, 匙 zz, 調羹 diau kang, 執 tseh zoh.
Sport, 孛相 beh siang', 戲弄 h'í' lúng'.
Spot, 班點 pan 'tien, (black) 黑點 huh 'tien, (white spot on a skin) 一片白毛 ih pien báh mau.
Spotless, (white) 純白 dzun báh.
Spouse, 新婦 sing vú', 娘子 sing niang 'tsz.
Spout, (of kettle) 茶壺嘴 dzó hú 'tsz
Sprain, (the foot) 扭脚 'nieu kiáh.
Spread, (—out, as wings, tents) 張開 tsang k'é, (—over, as mats) 鋪開來 p'ú k'é lé' (spread abroad reports) 宣布 sien pú', 播揚 pú yang 傳出來 dzén t'seh lé.
Spring, (season) 春 t'sung, (of watch) 發條 fah diau, (steel spring) 剛 kong diau, (of water) 泉眼 dzien 'ngan, 源 niōn.
Spring, (to) 發 fah, 跳 t'iau'.
Sprinkle, 洒 'sá.
Sprout, 發芽 fah ngá.
Spur, (a horse) 刺馬 t'sz' 'mó, (urge) 催 t'sûe.
Spurious, 假 'ká, 僞 ngwé'.
Spurn, 輕慢 k'iung man'.
Spy, 細作 sí' tsoh, 探聽個人 t'én t'ing kú' niun, (traitorous) 奸 kan sí'.
Spy, to, (through a glass or tube) 窺看 k'wé k'ön'.
Squander, 耗費 hau' fí', 浪 long fí'.
Square, 四方 sz' fong, (a square

STA

brick) 方磚 fong tsén, (square of a number) 方積 fong tsih, (carpenter's square) 曲尺 k'ióh t'sáh.
Squeeze, 壓一壓 ah ih ah.
Squirrel, 松鼠 sùng 'sù, (grey) 灰 hwé 'sù.
Stab, 刺 t'sz'.
Stable, 馬棚 'mó bang, 房 'mó vong, (firm) 堅固 kien kú', 牢 lau, kien lau.
Staff, 杖阿棒 dzang' á bong, 棍子 'kwun 'tsz, 拐杖 'kwá dzang'.
Stag, 鹿 lóh.
Stage, (in a journey) 站 dzan', (for actors) 戲臺 h'í dé.
Stagnant, (water) 死水 'sí 'sz.
Stagnation, (of trade) 貨色勿消 hú' suh veh siau.
Stain, 垢污 keu' wú.
Stain, (to) 玷染 tien' 'zén.
Stairs, 樓梯 leu t'í.
Stake, 椿 tsong, (stake palisade) 板檣 'pan ziang.
Stalk, 梗 'kang.
Stall, 棚 bang, 攤 t'an.
Stamp, (on the ground) 踏地 dah di', (with a seal) 打印 'tang yun', 字號 'tang zz' hau'.
Stanch, 穩固 'wun kú', (to stanch blood) 止住血 'tsz dzû' h'iöh.
Stand, 立 lih, 立住 lih dzû', (cause to stand) 立定之 lih ding' tsz (stand up) 踩起來 lók 'k'í ló, (stood still) 立定者 lih ding' 'tsé, (not stand firmly) 立勿穩 lih veh 'wun, (a stand) 架子 ká' 'tsz.
Standard, (banner) 旗 gí, (of compar-

STA

is on) 准 'tsun, 表 'piau 'tsun, (boot measure) 官尺 kwén t'sáh, 法度 fah dú'.
Star, 星 sing, (fixed (stars) 恒 hung sing, or, 定位 ding' wé' sing.
Starch, 漿 tsiang'.
Starch, to, (clothes) 漿衣裳 tsiang í zong.
Start, 起身 'kí sun.
Startle, 嚇殺 háh sah.
Starve, 餓殺 ngú' sah.
State, (appearance) 光景 kwong 'kiung, (to such a state) 到實蓋能田地 tau' zeh ké' nung dien dí', (a country) 國 kóh.
State, (to) 話明白 wó' ming báh, (grievances) 訴冤 sú' yön, (state respectfully) 禀告 'ping kau', (to the emperor) 奏明皇帝 tseu', ming wong tí', (statement to a mandarin) 呈子 zung 'tsz, (a clear statement) 清單 t'sing tan.
Station, (in life) 身分 sun vun', (high position) 高位 kau wé'.
Statistical, (account of the empire) 大清一統志 dá' t'sing ih 't'úng tsz', (name of a book of Shanghai) 上海縣志 zong' 'hé yön' tsz'.
Statue, (moulded of earth) 泥塑個像 ní sú' kú' ziang', (wooden) 木頭人 móh deu niun, (stone Buddha) 石佛 záh veh, (stone image) 石像 záh ziang'.
Stature, 身量 sun liang'.
Statute, 條例 dian lí'.
Stay, (long) 久留 'kieu lieu, (a while) 等一歇 'tung ih h'ih, 停 ding ih

注 释

【立定之】站好。
【碌起来】起床，站起来。
【饿杀】饿死了。

注 释

【火轮船】汽船。
【阶檐石】阶沿石。
【仍旧拉此地】依旧在这里。
【脩金】(教师的)薪水。

STI

h'ih.

Steady, 穩當 'wun tong, 足 'wun tsóh, (steady resolution) 立定主意 lih ding' 'tsû í', (stand steady) 脚踏穩 kiáh dah 'wun.

Steaks, (cut the meat in) 担肉切片 tan niók t'sih p'ien.

Steal, 偷 t'eu, (steal children) 拐小囝 'kwá 'siau 'nön.

Steam, 水氣 'sz k'í', (to steam) 烝 tsung.

Steamer, 火輪船 'hú lun zén.

Steel, 剛 kong.

Steep, (in water) 浸拉水裏 tsing 'lá 'sz 'lí, 泡 p'au' 'lá 'sz 'lí.

Steer, 把舵 'pó dú', (steer to the right) 扳梢 pan sau, (to the left) 推 t'ó sau.

Stem, 梗 'kang.

Step, 步 bú', (in rank) 級 kih, (door steps) 階簷石 ká yien záh.

Step-father, 繼父 kí' vú'.

Stern, (severe) 嚴緊 nien 'kiun, (of a vessel) 船後頭 zén 'heu deu, (stern cabin) 房艙 vong t'song.

Stew, 燉 tung, 煠 zah.

Steward, 管賬個 'kwén tsang' kú'.

Stick, 棍子 'kwun 'tsz.

Stick, to, (upon or in) 挿 t'sah, (stick a candle upon its stand) 挿蠟燭 t'sah lah tsóh, (stick up an official notice) 貼告示 t'ih kau' zz'.

Sticky, 粘 nien.

Stiff, 硬 ngang', 拗強 au' giang, 剛強 kong giang.

Still, 寂靜 zih zing', (not moving) 勿動 veh 'dúng, 安 ön zing', 勿要 veh yau' 'h'iang, (yet) 也是 'á 'zz, 也要 'á yau', 還是 wan 'zz, wan yau', (and still more) 況且 'hwong t'siá, (still more ridiculous) 更加可笑 kúng' ká' k'ó siau', (it is still here) 仍舊拉此地 zung gieu' 'lá 't'sz dí', (exerted himself still more) 越發出力 yöh fah t'seh lih.

Stimulate, 催 t'sûe, 激發 kih fah, 勉勵 'mien lí'.

Sting, 刺 t'sz', 螫 tseh.

Stink, 臭 t'seu'. 氣味 t'seu' k'í' mí'.

Stipend, (of teacher) 脩金 sieu kiun, 束 sók sieu.

Stipulate, 約定 yáh ding', (first stipulate certain indispensable things) 先定勿得已個事體勿多幾欵 sien ding' veh tuh 'í kú' zz' 't'í veh .tú 'kí 'k'wén.

Stir up, 惹 'zá, (to mischief) 挑唆 t'iau 'sú, (in cooking) 調 diau, 攪 'kiau, (do not stir) 勿要動 veh yau' 'dúng.

Stirrup, 馬鐙 'mó tung.

Stitch, 縫 vúng.

Stockade, (wooden palisade round a camp-winding like deer horns) 鹿角 lóh koh, (open-work wooden gate of a stockade) 柵欄 t'sáh lan.

Stockings, 襪 mah.

Stomach, 胃 wé, (belly) 肚皮 dú' bí, (— ache) 痛 dú' bí t'úng'.

Stone, 石頭 záh deu, (great stone) 磐 bén záh, (mason) 匠 záh dziang', (ten ancient stone monuments of the Cheu dynasty in the shape of drums) 石鼓 záh 'kú.

STR

Stony, (ground) 磽地 kiau dí'.
Stool, 板凳 'pan tung.
Stoop, (the head) 低頭 tí deu.
Stop, (causative) 止住 'tsz dzú', 停 ding, (interrupt) 阻擋 'tsú 'tong, (stop a bottle) 塞 suh dzú', (stop work) 停工 ding kúng, (cease walking) 止步 'tsz bú', (stop the road) 攔道 lan dau'.
Stoppage, 阻隔 'tsú káh.
Stops, (in writing) 圈點 k'iön 'tien.
Storax, (a fragrant oil) 蘇合油 sú heh yeu.
Store, (for foreign goods) 洋貨店 yang hú' tien', (store house) 棧房 'dzan vong.
Store, (to) 藏 zong, 積蓄 tsih h'ióh.
Stork, 仙鶴 sien ngoh.
Storm, 暴風 bau' fúng, 風雨大作 fúng 'yü dá' tsoh.
Storm, to, (a city) 攻破城墻 kúng p'ú' zung dziang.
Story, (a house with two stories) 兩層樓個房子 'liang zung leu kú vong 'tsz.
Stove, 火爐 'hú lú, (of iron) 鉄 t'ih lú, (draught stove of earthen ware) 風 fúng lú.
Stout, 健壯 gien' tsong', (a stout man) 大塊頭 dú' k'wé' deu.
Stow, (away) 裝 tsong.
Straddle, 跨 k'wó.
Straight, 直 dzuh, 壁立 pih lih dzuh, (line) 線 dzuh sien'.
Straight-forward, (in disposition) 性直個 sing' dzuh kú'.
Straighten, 改直 'ké dzuh, 端正 'ké

STR

tön tsung', 改曲為直 'ké k'ióh wé dzuh.
Strain, (dirty water and make it clean) 濾齷齪水為清水 lú' oh t'soh 'sz wé t'sing 'sz.
Strait, 狹窄 hah tsah.
Strange, 古怪 'kú kwá', 異樣 í' yang.
Stranger, 驀生人 mák sang niun, 客邊人 k'áh pien niun.
Strangle, 勒殺 luh sah, 絞 kiau.
Stratagem, 計策 kí t'sáh.
Straw, (wheat) 小麥柴 'siau máh zá, (rice) 稻 dau' zá, (used in divination) 筮草 sz 't'sau.
Stray, 迷路 mí lú', 走差 'tseu t'só.
Streaks, (in stone) 石文 záh vun, (a streak of light) 一線光 ih sien, kwong.
Stream, (running downwards) 水一路下流 'sz ih lú' áu lieu, (is with us) 順水 zun' 'sz, (is against us) 逆 niuh 'sz.
Streamer, 旗 gí.
Street, 街 ká.
Strength, 氣力 k'í' lih, 量 lih liang', (strength of the wine is not great) 酒力量勿大 'tsieu lih liang' veh dú'.
Strengthen, 堅固 kien kú', (medicinally) 補力量 'pú lih liang'.
Strenuous, (effort, make a) 出力 t'seh lih, 担力量用盡 tan lih liang, yúng' dzing'.
Stress, (laid on the word "true") 意思重勒拉眞字上 í' sz' 'dzúng leh 'lá tsun zz' long'.
Stretch, 張開來 tsang k'é lé, (of a

注　释

【磽地】磽:坚硬的石头。贫瘠多石不生草木之地。
【性直个】性子直。
【驀生人】陌生人。
【客边人】外地人。
【小麦柴】小麦秆。
【石文】即石纹，石头上的条纹。

注释

【黾勉】尽力，勉力。
【贯肉肠子】腊肠。
【拨拉伊管】给他管。

STU

bow) 拉 'lá k'é lé, (of the hand) 申開來 sun k'é lé, (of the body) 舒身 'sû sun.
Strew, (on the earth) 鋪地 p'ú' dí'.
Strict, 嚴緊 nien 'kiun.
Strife, (brethren at) 弟兄相爭 'di h'iúng siang tsung.
Strike, 打 'tang, (the breast) 拍胸膛 p'áh h'iúng dong, (a light) 火 'tang 'hú, (against) 撞着 zong' záh.
String, 繩 zung, (small hempen string) 麻線 mó sien', (on clothing) 帶 tá', (bow string) 弓弦 kúng yien, (of beads) 一串珠 ih t'sén tsû.
String, to, (cash) 穿銅錢 t'sén dúng dien.
Strip, (one's self) 脫衣裳 t'öh i zong, (to strip another) 剝別人個 póh bih niun kú' í zong, (bark) 皮 póh bí.
Strip, (of paper) 條紙 diau 'tsz, 子 'tsz diau 'tsz.
Stripe, 班文 pan vun, (striped cloth) 柳條布 lieu diau pú'.
Strive, (one against another) 爭 tsung, (endeavour) 黽勉 'ming 'mien, (to be first) 先 tsung sien.
Stroke, 畵 wáh.
Stroll, 走孛相 'tseu beh siang'.
Strong, 有氣力 'yeu k'í' lih, (of work) 牢 lau, (in constitution) 健壯 gien' tsong, (tea) 濃茶 núng dzó, (of a city) 堅城 kien zung.
Stubborn, 刁皮 tiau bí, 頑 wan bí, (in holding opinions) 固執己見 kú' t'seh 'ki kien'.
Student, (close) 勤謹讀書個人 giun

SUB

'kiun dóh sû kú' niun, (pupil) 學生子 hok sang 'tsz.
Study, 書房 sû vong.
Study, (to) 讀書 dók sû, 念 nian' sû, 用功 yúng' kúng, (study minutely) 細細能考察 sí' sí' nung 'k'au t'sah.
Stuff, to, (with cotton) 裝綿花 tsong mien hwó, (sausages) 貫肉腸子 kwén nióh dzang 'tsz.
Stumble, 失脚 seh kiáh, (against) 撞着 zong' záh.
Stumbling-stone, 礙人個石頭 ngó' niun kú' záh deu.
Stunted, 短 'tön.
Stupefied, 昏迷 hwun mí.
Stupid, 呆笨 ngé bun', 蠢 t'sun bun'.
Sturdy, 硬直 ngang' dzuh.
Style, (of composition) 文法 vun fah, 筆 pih fah.
Style, (to) 稱呼 t'sung hú.
Suavity, 和平 hú bing, 氣 hú k'í'.
Subdivide, (into smaller parts) 再分更小 tsé' fun kung 'siau.
Subdue, 平服 bing vóh, (one's self) 克己復禮 k'uh' 'ki vóh 'lí, 守服自家 'seu vóh zz' ká.
Subject, 臣子 dzun 'tsz, 管拉個百姓 'kwén 'lá kú' pák sing', (theme) 題目 dí móh.
Subject, (be to him) 撥拉伊管 peh 'lá i 'kwén, 屬伊管轄 zóh í 'kwén yah, (to make subject) 壓服 ah vóh, 彈 dan ah.
Subjoin, (at the end) 勒拉末脚上增添 leh 'lá meh kiáh long',

tsung t'ien.

Subjugate, (by war) 戰服 tsén' vóh, the Devas (gods) and Maras (devils) 伏天魔 vóh t'ien mó.

Sublime, 高大無比 kau dá' m 'pí.

Sublunary, (affairs) 天下個事體 t'ien 'au kú' zz' 't'í, 世界上 sz' ká' long kú' zz' 't'í.

Submarine, (vegetation) 海底花草 'hé 'tí hwó 't'sau.

Submerge, 水裏沉下去 'sz 'lí dzun 'au k'í'.

Submission, (to will of Heaven) 服天意個平心 vóh t'ien í' kú' bing sing.

Submit, 歸服 kwé vóh, 投降 deu ɦong, deu vóh, (they submit in heart) 降服其心 ɦong vóh gí sing.

Subordinate, (be) 屬人所管 zóh niun 'sú 'kwén.

Subscribe, 寫名頭 'siá ming deu, 押字號 ah zz' ɦau', 畫 wáh zz' ɦau', 花 wáh hwó ah,

Subscription, (of 1000 taels) 捐一千兩銀子 kiōn ih t'sien 'liang niun 'tsz.

Subsequent, (generations) 後世 'heu sz', (calamities) 患 'heu wan'.

Subsist, (in him all things—) 萬物撥拉伊包持 van' veh peh lá í pau dzz.

Subsistence, (only wish a) 不過要餬口 pih kú' yau' ɦú 'k'eu, 穀吃 pih kú' yau' keu k'iuh.

Substance, (in the (Trinity) 體 't'í (matter generally as distinct from spirit) 形 yung, (all things are divided into spirit and matter) 萬物分做神形 van' veh fun tsú' zun yung, (substance of a thing as distinguished from its form) 質地 tseh dí', 底子 'tí 'tsz, 本 'pun 'tí, (estate) 家業 ká nyih.

Substantial 厚實 'heu zeh, 牢 lau.

Substantiate, (your words by proof) 担憑據來証儂個說話 tan bing kū' lé tsung' núng' kú' seh wó'.

Substitute, 替工 t'í' kúng.

Substitute, to, (this for that) 替第個換故個 t'í' dí' kú' wén' kú' kú'.

Subterfuge, 假托個說話 'ká' t'oh kú' seh wó'.

Subterraneous, 地底下 dí' 'tí 'au, (explosion of powder) 地雷轟裂 dí' le húng lih.

Subtile, 精微 tsing ví, 奧妙 au' miau', tsing miau'.

Subtract, 減 'kan, 除脫 dzú t'eh, (but in arithmetic dzú means divide) kan t'eh, 扣 k'eu' t'eh.

Subvert, 推倒 t'é tau', 反 'fan 'tau.

Suburbs, 城外 zung ngá', (western) 西門 sí mun ngá'.

Succeed, 得意 tuh í'. 成功 zung kúng, (to an estate) 接着家業 tsih záh ká nyih.

Successful, (in 100 fights) 百戰百勝 páh tsén' páh sung'.

Succession, (generations in) 代代相繼 dé' dé' siang kí,

Succinct, 簡便 'kien bien'.

Succour, 幫助 pong dzú'.

Such, 實蓋能 zeh ké nung, 如此 zú 'tsz.

Suck, 唻 tseh, 吃嬭 k'iuh 'ná.

Suckle, 喂嬭 wé 'ná.

注释

【对颈】对头，适合。
【绒盐】硫酸盐。
【告老咾归去者】告老还乡。

SUL

Sudden, 忽然間 hweh zén kan, 偶 ngeu zén.
Sudorific, 出汗藥 ts'eh hön' yáh.
Sue, (a person) 同人打官司 dúng niun 'tang kwén sz.
Suet, (mutton) 羊油 yang yeu.
Suffer, 受苦受難 zeu' 'k'ú zeu' nan', 害 zeu' hó', 吃 k'iuh 'k'ú.
Sufferable, 當得起 tong tuh 'k'í, 耐得過 né' tuh kú'.
Sufferings, 苦難 'k'ú nan'.
Sufficient, 彀 keu', 干事 kûn zz', (barely) 僅 giun' keu'.
Suffocate, 壓死 yah 'sz.
Suffused, (with red face) 滿面發紅 'mén mien' fah húng.
Sugar, 糖 dong, (candy) 冰 ping dong.
Sugar-cane, 甘蔗 kén tsó.
Suggestion, (another) 另一說 ling' ih söh, or, 意思 ling' ih kú' i' sz'.
Suicide, (commit) 自尋死路 zz' zing 'sí lú', 殺 zz' sah zz'.
Suit, (of clothes) 一副衣裳 ih fú' í zong.
Suit, (to) 中意 tsúng' í', 對頸 té' 'kiung, (not to suit) 勿對意 veh té' í', 稱 veh tsúng' i', etc. (punishment not suited to the crime) 刑不當罪 yung peh tong 'dzûe'.
Suitable, 相稱 siaug' t'sung', 合用 heh yúng', 中 tsúng' yúng', 合宜 heh ní.
Sully, 沾污 tsén wú.
Sulphate, (of soda) 絨鹽 nyúng' yien, (of copper) 青礬 t'sing van.
Sulphur, 硫磺 lieu wong.

SUP

Sum, 共計 gúng' kí', 總數 'tsúng sú', (of words the sum of the whole is) 總而言之 tsúng urh yien tsz.
Summer, 夏 'yá, 天 'au t'ien.
Summit, (of a mountain) 山頂 san 'ting.
Summon, 宣召 sien zau, (him to an interview) 召伊來見 zau í lé kien'.
Sun, 日頭 nyih deu, 太陽 t'ó' yang.
Sunbeam, 日頭射個光 nyih deu zo' kú' kwong.
Sunday, 禮拜日 'lí pá' nyih, 主日 'tsú nyih.
Sundial, 日晷 nyih kwe'.
Sunflower, 向日葵 hiang' zeh kwe.
Sundries, 零碎 ling só', 雜貨 dzah hú'.
Sunrise, 日頭出來 nyih deu t'seh ló.
Sunset, 日頭落山 nyih deu lok san.
Sup, 吃夜飯 k'iuh yá' van'.
Superannuated, (he reported himself as, and returned home) 告老咾歸去者 kau' 'lau lau kû k'í' tsé.
Supercilious, 目中無人 móh tsúng' m niun.
Supereminent, (among all) 超出衆人 t'sau t'seh tsúng' niun, 拔萃超羣 bah t'sûe t'sau giûn.
Superficial, (contents) 面積 mien, tsih, (in acquaintance with things) 見識淺 kien' suh 't'sien.
Superfluity, 餘剩下來個 yû zung 'au ló kú', 頭 yû deu, zung' deu.
Superfluous, 勿必用個 veh pih yúng' kú', 嘸 m yúng' kú'.
Superhuman, (strength) 人力以上個力量 niun lih 'í zang' kû' lih

SUP

liang‘.

Superintend, 監督 kien tóh, 掌理 ’tsang ’lí.

Superintendent, 監督 kien tóh.

Superior, 長輩 ’tsang pei‘, (of a monastery) 方丈 fong dzang‘, (a man of superior principles) 君子 kiun ’tsz, (superior article) 上等物事 zang‘ ’tung meh zz‘, (my superior officer) 我個上司 ngú kú‘ zang‘ sz.

Superlative, 至高 ’tsz kau, 頂 ’ting kau, 最 tsûe‘ kau.

Supernatural, 超性 t’sau sing‘, (supernatural action) 做人所勿能做個事體 tsú‘ niun ’sú veh nung tsú‘ kú‘ zz‘ ’t’í, (communicate supernatural instruction) 傳人所勿能傳個道理 dzén niun ’sú veh nung dzén kú‘ ’dau ’lí.

Superscription, 標子 piau ’tsz, (on a horizontal tablet) 匾上個字 ’pien long‘ kú‘ zz‘.

Supersede, (him) 廢脫伊 fí‘ t’eh í, 罷 bá‘ t’eh í, 換別人 wén‘ bih niun.

Superstition, (victim of) 撥拉異端迷惑個人 peh ’lá í‘ dön mí wóh kú‘ niun, 受左道迷惑個人 zeu‘ ’tsú dau‘ mí wóh kú‘ niun, 受誘惑于鬼神個人 zeu‘ ’yeu wóh yü ’kwé zun kú‘ niun.

Supine, 慢易 man‘ í‘.

Supper, 夜飯 yá‘ van‘, (the Holy) 聖餐 sung‘ t’sön.

Supple, 軟 ’niön.

Supplement, (to) 續 zóh, 足補 ’pú tsóh.

Suppliant, 求個人 gieu kú‘ niun.

SUR

Supplicate, 禱告 ’tau kau‘, 祈求 gí gieu.

Supply, 供給 kúng kih, (deficiencies) 補闕 ’pú k’iöh, 找 ’tsan ’pú, (what I need) 應我所用 yung ’ngú ’sú yúng‘.

Support, 扶持 vú dzz, 撬 t’san vú, (one's family) 養家 ’yang ká.

Supportable, 當得起 tong tuh ’k’í.

Suppose, (if) 假如 ’ká zû, 設 ’ká sōh, 譬 p’í‘ zû, (I suppose) 諒必 liang‘ pih, 打算 ’tang sùn‘, (I on the other hand supposed) 我倒認之 ’ngú ’tau niung‘ tsz, (I will suppose now) 比方 ’pí fong.

Supposition, 比方 ’pí fong.

Suppress, (rebels) 平靜賊匪 bing dzing‘ dzuk fí.

Suppurate, 成膿瘡 dzung núng t’song.

Supreme, 至上 tsz‘ zang‘, 高 tsz‘ kau, (the Supreme) 上帝 zang‘ tí‘. (of the Tauists) 玉皇上帝 nióh wong zang‘ tí‘.

Sure, 妥當 ’t’ú tong‘, 穩 ’wun tong‘, (surefooted) 立脚 lih kiáh‘ t’ú tong‘.

Surely, 一定 ih ding‘, 必 pih ding‘.

Surety, 中保 tsúng ’pau, 人 ’pau niun, (be surety) 做 tsú‘ ’pau.

Surface, 面 mien‘.

Surgeon, 醫生 í sang, 外科 ngá‘ k’ú í sang. 郎中 long tsúng.

Surgery, 外科 ngá‘ kú.

Surmise, 揆度 k’we doh.

Surmount, 勝過 sung‘ kú‘.

Surname, 姓 sing‘, (of women) 氏 zz.

Surpass, 勝 sung‘, 過 kú‘, 高出 kau t’sch, 超 t’sau t’sch.

注 释

【标子】题字。"子"应为"字"。

【慢易】慢慢向后倚靠, 仰卧。"易"应为"倚"。

【足补】打印错误, 当为"补足"。

【平静贼匪】平叛盗贼和土匪。

【中保】居中做保, 担保。

【揆度】猜测。

注 释

【还活拉个】还活着。
【连意三句】三段论，逻辑用语。现代上海话已无此词。
【病个形状】发病的症状。

SWE

Surplus, 剩頭 zung deu.
Surprised, 吃驚 k'iuh kiung.
Surprising, 奇怪 gí kwá'.
Surrender, 投降 deu hong.
Surround, 圍着 wé' zah, 四面 sz' mien' wé' záh.
Surtout, 外套 ngá' t'au'.
Survey, 觀看 kwén k'ön', (land) 量田地 liang' dien dí'.
Survive, 還活拉個 wan weh lá kú'.
Susceptible, 容易感動 yung í' 'kén dúng'.
Suspect, 疑惑 ni wóh, (a suspected person) 可以疑惑個人 'kó' í ní wóh kó' niun.
Suspend, (hang up) 掛 kwó', 懸 yuen, (stop work) 停工 ding kung, (for a time) 暫停 dzan' ding, (arms) 止干戈 ding 'tsz kún kú'.
Suspense, (he was in) 掛念 kwó' nian', 慮 kwó' lü'.
Suspicion, 疑心 ní sing.
Suspicious, (do not be too) 勿要多疑心 veh yau' tú ní sing.
Sustain, 扶 vú, 擔當 tan tong, (the universe) 包持萬物 pau dzz van' veh.
Sustenance, 所用之量 'sú yung' tsz liang', 飯 van' liang'.
Swaddling, (clothes) 包小囝個長衣裳 pau 'siau nôn kú' dzang í zong.
Swallow, 燕子 yien' 'tsz.
Swallow, (to) 吞 t'un, 咽 yien'.
Sway, (have imperial) 掌皇帝個權柄 'tsang wong tí kó' giön 'ping.
Swear, 發誓 fah zz', 起 k'í' zz'.

SYN

Sweat, 汗 hön', (to sweat) 出 t'seh hön'.
Sweep, 掃 'sau, 打 'tang 'sau.
Sweet, 甜 dien, (words) 甘言 kén yien, (in disposition) 温和 wun hú, (as honey) 如蜜 dien zú mih.
Sweet, (briar) 月季花 yueh kí' hwó.
Swell, 腫 tsúng, 脹 tsang', (mitigate a swelling) 消 siau tsang'.
Swift, 快 k'wá' (as if flying) 如飛 k'wá' zú fi.
Swim, 游水 yeu 'sz.
Swindle, 拐騙 'kwá p'ien',
Swindler, 拐子 kwá' 'tsz.
Swine, 豬魯 tsz 'lú.
Swing, (the arms) 搖臂膀 yau pí' 'pong.
Swoon, 心裏發惛嘮跌倒下來 sing 'lí fah hwun lau tih 'tau 'au lé.
Sword, 刀 tau, (ornamented) 寶劍 'pau kien'.
Sycamore, 楓樹 fúng zú'.
Sycee silver, 碎銀 súé' niun.
Sycophant, (flatterer) 諂媚別人個人 t'sen mé' bih niun kó' niun.
Syllabic, (spelling) 反切 fan t'sih.
Syllogism, 連意三句 lien í' san kü'.
Symbol, 記號 kí' hau', 表樣 'piau yang'.
Symmetrical, 相稱 siang t'sung', 對 siang tó'.
Sympathize, 體恤 't'í sih, 諒 't'í liang', (sharing in sorrow and joy) 同苦同樂 dúng 'k'ú dúng lóh.
Symptoms, (of disease) 病個形狀 bing' kú' yung zong'.
Synagogue, 會堂 wé' dong.
Synonym, 意思相同個話頭 í' sz

TAK

siang dúng kúʻ wóʻ deu, (different characters but synonymous) 字勿同意同 zzʻ veh dúng íʻ dúng.
Syntax, 句法 kü fah.
Syrup, 糖水 dong ʻsz.
System, 法度 fah dúʻ, 次序 tʻszʻ zûʻ.

T

Tabernacle, 會幕 wóʻ múʻ.
Table, 檯子 dé ʻtsz, (cloth) 布 dé púʻ.
Tablet, (horizontal inscribed) 匾 ʻpien, 額 ʻpien ngoh, (upright ancestral) 神主牌 zun ʻtsû báʻ, 靈位 ling wóʻ.
Tackling, (of a ship) 船上大小繩索 zén longʻ dúʻ ʻsiau zung soh.
Tack, (iron) 小鉄釘 ʻsiau tʻih ting.
Tack, to, (of a ship's sailing 調搶 diauʻ ʻtsiang, (of sewing, tack together) 縫起來 vúng kʻíʻ lé.
Tael, (of silver) 一兩銀子 ih ʻliang niun ʻtsz.
Tail, 尾把 ʻní ʻpó, (of great Bear) 勺 zoh.
Tailor, 裁縫 dzé vúng, 司務 dzé vúng sz vúʻ.
Taint, 沾污 tsén wú, 染 tsén ʻzén.
Take, 取 ʻtʻsū, (capture) 捉着 tsoh zah, 拿 nó záh, (take alive) 生擒 sung giun, (in the hand firmly) 捻牢 niah lau, (by violence) 搶 ʻtʻsiang, (take captive) 擄掠 ʻlú liáh, (take away) 担去 tan kʻíʻ, 拿 nó kʻíʻ, (take food, or medicine) 吃 kʻiuh, (take off a hat) 除脫帽子

TAR

dzù tʻeh mauʻ ʻtsz.
Tales, (ancient) 古時間個事體 kúʻ zz kan kúʻ zzʻ ʻtʻí, (traditional) 父老相傳個說話 vúʻ lau siang dzén kúʻ seh wóʻ.
Talent, 本事 ʻpun zzʻ, 才能 dzé nung, 具 dze gùʻ, 天 tʻien dzé, (a talented man) 才子 dzé ʻtsz.
Talk, (idle) 謠言 yau yien, 閒話 han wóʻ, (much) 多 tú wóʻ.
Talk, (to) 白話 báh wóʻ, 談 dan dan, 攀 pʻan dan, 答講 tah ʻkong, 話閒話 wóʻ han wóʻ, (not talk politics) 勿談國事 veh dan koh zzʻ.
Talkative, (do not be) 勿要多白話 veh yauʻ tú báh wóʻ.
Tall (in body) 身量高 sun liangʻ kau, 長 dzang.
Tallow, (mutton) 羊油 yang yeuʻ (vegetable) 柏臘 ʻgieu lah.
Tally, 合同 heh dúng, 符 vú heh (bamboo tallies) 竹牌 tsóh báʻ.
Tame, 善艮 ʻzén liang, 熟 zóh, (domestic animals) 家裏養拉個中生 káʻ ʻlí ʻyang láʻ kúʻ ʻtsúng sang.
Tangent, 切線 tʻsih sienʻ.
Tangle, 牽連 kʻien lienʻ.
Tank, 池 dzz, (for fish) 魚 ng dzz.
Tanned, (leather) 熟皮 zóh bí.
Tap, (at a door) 叩門 kʻeuʻ mun.
Tape, 帶 táʻ, (cotton) 布 púʻ táʻ.
Tapering, 尖個 tsien kúʻ.
Tar, 松樹油 súng zûʻ yeu.
Tardy, 遲緩 dzz ʻwén, 慢 manʻ.
Tares, 稗子 báʻ ʻtsz.
Target, 箭靶 tsienʻ ʻpo.
Tariff, 稅例 sùeʻ ʻlíʻ.

注 释

【教学生子个】教学生的人。指老师。
【千里镜】望远镜。
【忒伊话】对他说。

Tarnish, 失脫榮光 seh t'eh yúng kwong.
Tarry, 留住 lieu dzû', 停 lieu ding, 就延 tan yien.
Tartar, 韃子 Tah 'tsz, (north) 北 pôh Tah 'tsz.
Tart, 酸 sûen.
Task, 工課 kúng k'ú'.
Tassel, 綏子 súe 'tsz.
Taste, 滋味 tsz mí', 道 mí' dau'.
Taste, (to) 嘗 dzang.
Tasteless, 淡 dan, 無味 m mí'.
Tattered, 破爛 p'ú' lan'.
Tattoo, (to, characters on the face) 面上刺字 mien' long' i' sz' zz'.
Tavern, 酒店 'tsieu tien', 鋪 p'ú'.
Tautology, 重復個說話 dzúng fóh kú' seh wó'.
Tax, (on land) 錢糧 dzien liang.
Tea, 茶 dzó, (in leaf) 葉 dzó yih, (strong) 濃 núng dzó. (tea merchants) 客 dzó k'áh, (make tea) 泡茶 p'au dzó, (take tea) 吃 k'iuh dzó, (cup) 碗 dzó wen, (tea pot) 壺 dzó hú, (tea chest) 箱 dzó siang, (black tea) 紅 húng dzó, (green) 綠 lôh, (congou) 工夫 kúng fú, (moning) 馬寧 'mo niung, (siang tan) 湘潭 siang dén, (oopak) 湖北 hú póh, (oolam) 湖南 hú nen, (soochong) 小種 'siau 'tsúng, (bohea) 武彝 'vú í, (pekoe) 白毫 bâh hau, (young hyson) 雨前 'yü zien, (oolong) 烏龍 wú lúng, (hyson) 熙春 hi t'sun, (twankay) 屯溪 dung k'í, (imperial) 圓珠 yuen tsû, (gunpowder) 芝珠 tsz tsû, (scented orange pekoe) 花香 hwó hiang, (flowery pekoe) 君眉 kiün mé, 紫毫 'tsz hau, (brick tea) 磚 tsén dzó.
Teach, 敎訓 kiau' hiün', he taught without weariness, 誨人不倦 hwé' zun peh giön'.
Teacher, 先生 sien sang, 師傅 sz fú', 敎學生子個 kau' hok sang 'tsz kú'.
Tear, 撕 sz, (open) 開 sz k'ó, (to pieces) 碎 sûe'.
Tears, (shed) 落眼淚 loh 'ngan lí', 哭 k'óh, (wipe away) 擔眼淚揩乾 tan 'ngan lí' ka kön.
Tease, 難為 nan wé.
Tedious, 忒長 t'uh dzang.
Teeth, 牙齒 ngá 't'sz, (irregular) 勿齊 veh dzí, (gnash with) 咬牙切齒 ngau' ngá t'sih 't'sz, (lose) 落脫 lok t'eh.
Telescope, 千里鏡 t'sien 'lí kiung'.
Tell, 告訴 kau' sú', (him) 忒伊話 t'eh í wó', 對佗伊話 túe' té' í wó'.
Temerity, 冒險勿怕個心 mau' 'hien veh p'ó' kú' sing.
Temper, 脾氣 bí k'í', (hasty) 性急 sing' kih, (even) 性情和平 sing' zing hú bing.
Temperate, 節用 tsih yúng', 省用 sang yúng', (in eating) 吃物事淡薄 k'iuh meh zz dan' boh.
Tempest, 暴風 pau' fúng.
Temple, (ancestral) 廟 miau', Buddhist) 寺 zz', (large hall) 殿 dien', (palace) 宮 kúng.
Temporal affairs, 世界上個事體

TER

sz' ká' long' kú' zz' 't'í.

Temporary, 曹時 dzan' zz.

Tempt, 引誘 'yun yeu', 惑 yeu' wóh, 勾 keu 'yun, (test or tempt unsuccessfully) 試探 sz' t'én', 法 sz' fah.

Tempter, (successful) 引誘個人 'yun yeu' kú' niun, (unsuccessful) 試探個人 sz' t'én' kú' niun, 法 sz' fah kú' niun.

Ten, 十 zeh.

Tenacious, (of his own opinion) 固執己見 kú' tseh 'kí kien'.

Tenant, 租房子個人 tsú vong 'tsz kú' niun, 客 vong k'áh.

Tend, (sheep) 看羊 k'ön yang, 牧 moh yang.

Tendency, 志向 tsz' hiang'.

Tender, (hearted) 軟心腸 'niön sing dzang, (soft) 發軟 fah 'niön, (of meat) 嫩 'nun.

Tender, (make an offer) 估一估價錢 'kú ih 'kú ká' dien.

Tender, (of heart) 惻惻之心 t'suh t'an' tsz sing.

Tendon, 筋 kiun.

Tent, 帳房 tsang vong, 幕 tsang mu'.

Tenth, 十分之一 zeh vun' tsz ih, 十分裏一分 zeh vun' lí ih vun'.

Tepid, (water) 温水 wun 'sz.

Terms, (24 solar) 二十四節氣 urh zeh sz' tsih k'í', (two principal annual terms) 五月節 'ng niöh tsih, 八 pah niöh tsih, (fix a term of years) 限定多少年 han' ding' tú 'sau nien, (fixed time) 日期 nyih gí,

TEX

Terminate, 止住 'tsz dzû', 完結 wén kih.

Termination, 結局 kih gióh, 末末脚 meh meh kiáh.

Terrace, 臺 dé.

Terrestrial, (globe) 地球 dí' gieu, (things) 地上個物事 dí' long' kú' meh zz'.

Terrible, 可怕個 'k'ó p'ó' kú'.

Terrify, 驚嚇 kiung háh.

Terrified, 怕來死 p'ó lé 'sí, 嚇殺者 háh sah tsé.

Territory, 地 dí', (of a kingdom) 國度境界裏向個地面 koh dú' kiung ká' 'lí hiang' kú' dí' mien.

Terse, 簡便 'kan bien'.

Tertian ague, 間兩日瘧子病 kan 'liang nyih ngok 'tsz bing'.

Tesselated pavement, 碁盤式樣鋪石地 gi bén suh yang' p'ú' záh dí'.

Test, 試法 sz' fah, 驗 sz' nien' fah.

Test, (to) 試驗 sz' nien'.

Testament, 遺書 í' sú, (make a) 立 lih í' sú, (emperor's) 詔 i tsau', Old Testament) 舊約 'gieu yáh, (New) 新約 sing yáh, (or) 舊遺詔書 'gieu í tsau' sú, 新 sing í tsau' sú.

Testator, 立遺書個 lih í sú kú', 留 lieu í sú kú.

Testicles, 外腎 nga' zun'.

Testify, 做証 tsú' tsung', 見 tsú, tsung kien', 干 tsu kön tsung'.

Testimony, 見証 kien' tsung'.

Tetrarch, 分封之君 fun fúng tsz kiun.

Text, (of a discourse) 題目 di móh, (of a commentary) 白文 báh vun,

注　釋

【五月节】端午节。

【八月节】中秋节。

【国度境界里向个地面】国境线以内的领土。

【间两日疟子病】间日疟,三日疟,疟疾。

【外肾】睾丸。

注 释

【伊个】那个。
【伊/是伊/其】他们、她们、它们。
【难末】便,就。
【盖咾】所以。
【从故个时候以来】从那个时候以来。
【故答】那儿。
【第个】这个。
【侬个】你的。

THE

(texts as examples) 典詁 'tien 'kú.
Texture (of cloth is it coarse or fine) 第個布粗細那能 dí kú' pú' t'sú sí' 'ná nung.
Than, 比 'pí, (greater than I) 我大 'pí 'ngú dú', 於 yù, (none is greater than Heaven) 莫大於天 móh dá' yü t'ien.
Thank, 謝 zía', 多 tú zía'.
Thankful, 感謝 'kén ziá'. 激 'kén kinh.
Thankless, 忘恩負義 vong un vú' ní'.
That, 伊個 í kú', 故 kú' kú', (does not distinguish between this and that) 勿分彼此 veh fun 'pé' 't'sz, (in order that, telic) 叫 or, 教 kiau', 使 sz', (with the intention that he might fall down) 故意教伊跌倒 kú' í kau' í tih 'tau, (so that, ecbatic) 風大咾教船反脫 fúng dú' lau kau' zén fan teh, (the wind was high so that the boat was capsized)
Thatched houses, 草蓋個房子 't'sau ké' kú' vong 'tsz.
Thaw, 化 hwó', 消 siau.
Theatre, 戲場 hí' dzang.
Theft, 偷物事個罪 teu' meh zz' kú' 'dzúe.
Their, 伊個 í kú', 拉 í lá kó'.
Them, 伊 í, 其 gí,
Theme, 題目 dí móh.
Then, (at that time) 當時 tong zz, 故個時候 kú' kú' zz heu', (consequence in time) 難末 nan meh, 便 bien', 就 dzieu', (consequence in reasoning) 蓋末 kuh meh, (therefore) 蓋咾 kuh lau 所以 'sú 'í, (then immediately come) 就來 dzieu' lé, (then immediately set out) 逐即起身 zùe tsih k'í' sun.

THO

Thence, 從故答 zúng kú' tah.
Thenceforth, 從故個時侯以來 zúng kú' kú' zz heu' 'í lé.
Theorem, 題 dí.
Theory, 意思 í' sz, 說 söh.
There, 故答 kú' tah, 故個戶堂 kú, kó' hú dóng.
Thereabout, 約略 yáh liah, 差勿多 t'só veh tú.
Therefore, 所以 'sú 'í, 故此 kú' t'sz, 蓋咾 kuh láu.
Thereupon, 逐即 zùe' tsih, 便 bien', 後來 'heu lé.
Thermal, (spring) 溫泉 wun zien.
Thermometer, 寒暑表 hön 'sù 'piau.
These, 第個 dí' kú',
They, 伊 í, 是伊 zz 'í, 其 zz' gí.
Thick, 厚 'heu, 實 'heu zeh.
Thief, 賊 znh.
Thigh, 腿 't'é,
Thin, 薄 bóh, (spare in body) 瘦 seu', (thinly sprinkled) 稀 hí.
Thine, 儂個 núng kú'.
Thing, 物事 meh zz', (all things) 萬 van' veh, (affair) 事體 zz' 't'í.
Think, 思想 sz siang, 念 sz nian', 'siang nian', (think himself great) 擺架子 'pá ká' 'tsz.
Third, (of the month) 初三 t'sú san, (in order) 第三 dí' san.
Thirst, (to) 渴 k'öh, (quench) 解 'ká k'öh.
Thirteen, 十三 zeh san, (thirteenth) 第 dí' zeh san.
This, 第 dí', 個 dí' kú', 得 tuh kú'.
Thither, (go) 到故答去 tau' kú' tah k'í'.
Thong, 皮條 bí diau.

THR

Thorn, 刺 t'sz', (hedge) 拘橘籬 keu kiŏh lí, (thorns have prickles) 荊棘有刺 kiung kiuh 'yeu t'sz'.

Thorough, 通 t'úng, (understand thoroughly) 明白透 ming báh t'eu', (a little more thorough) 點 t'eu' 'tien, (thoroughly cooked) 熟 zóh t'eu', (his learning is thorough) 學問通達 hoh vun' t'úng tah.

Thoroughfare, 通路 t'úng lú', (here there is no thoroughfare) 此地勿通 't'sz dí' veh t'úng,

Those, (men) 伊個人 i kú' niun.

Thou, 儂 núng'.

Though, 雖然 sūe' zén.

Thought, 念頭 nian' deu, 心思 sing sz, 想頭 'siang deu.

Thoughtful, 多心 tú sing, (careful) 小心 'siau sing, (be thoughtful!) 用心 yung' sing.

Thoughtless, 勿用心 veh yung' sing, 勿小 veh 'siau sing, 謹慎 veh 'kiun zun'.

Thousand, 一千 ih t'sien.

Thread, 線 sien', (hemp made) 麻 mó sien', (silk) 絲 sz sien', (needle and) 針線 tsun sien', (spin) 紡 'fong sien', (thread of a story) 頭緒 deu zŭ'.

Thread, to, (a needle) 穿針 t'sén tsun.

Threaten, 嚇 háh, 恐 'k'úng háh.

Three, 三 san, (three cornered) 三角 san koh, (divisions) 三股 san kú'.

Thresh, 打 'tang.

Threshing, (floor) 打麥場 'tang máh dzang.

TID

Threshold, 門檻 mun k'an.

Thrice, 三次 san t'sz', 回 san wé'.

Thrifty, 省儉 'sang gien', 用 'sang yúng', gien' yúng', 節 tsih yúng'.

Thrive, 興旺 hiung wong'.

Throat, 喉嚨 heu lúng.

Throb, (of the heart) 心跳 sing t'iau'.

Throne, 寶座 'pau dzú', (ascend the) 登基 tung kí.

Throng, (to) 擁擠 yúng tsí', 擠嗘俠 tsí' lau gah.

Through, 通 t'úng, (go through) 穿過去 t'sén kú' k'í', (to go through the whole country) 徧行通國 pien yung t'úng kóh.

Throw, 投 deu, 掇 tŏh, 拋 p'au (away) 甩脫 hwah t'eh, 丟 tieu t'eh.

Thrust, (with one) 一刺 ih t'sz', (thrust away) 推開來 t'é k'é lé.

Thumb, 大指頭 dú 'tsz deu, 母 'mú 'tsz.

Thunder, 雷 lé, 響 lé 'hiang, 聲 lé sung.

Thunder, (to) 打雷 'tang lé.

Thus, 寶蓋 zeh ké' 能 zeh ké' nung, 個樣式 zeh ké' kú' yang' suh.

Thwart, 攔阻 lan tsú'.

Thy, 儂個 núng' kú'.

Thyself, 儂自家 núng' zz' ká.

Ticket, (pawnbrokers) 當票 tong p'iau'.

Ticklish, 發癢 fah 'yang.

Tide, 潮水 dzau 'sz, (ebb) 落 dzau loh, (flow) 來 dzau lé.

Tidings, 消息 siau sih, (news) 新聞 sing vun.

注 释

【伊个人】那个人。
【遍行通国】全国通行。
【侬自家】你自己。

注 释

【到难】到现在。
【与时候相应】及时。
【一淘个】一起的。
【番柿】番茄。

TIN

Tidy, (make) 收作好看 seu tsoh 'hau k'ōn'.
Tie, 绑 'pong, (a knot) 打結 'tang kih, (in bundles) 綑 'k'wun, (bind) 縛 vóh.
Tiffin, 點心 'tien sing.
Tiger, 老虎 'lau 'hú.
Tight, 緊 'kiun.
Tile, 瓦 'ngó.
Tile, (to) 蓋瓦 ké' 'ngo, 房 ké' vong.
Till, 直到 dzuk tau', tau', (till now) 到難 tau' nan.
Till, (to) 種地 tsúng' dí', (ploughing and sowing) 耕種 kung tsúng'.
Timber, 木頭 móh deu, 料 móh liau', (yard) 行 móh hong.
Time, 時候 zz heu', (what time) 啥辰光 sá' zun kwang, sá' zz heu', sá' zz zun, (pass time) 過光陰 kú kwong yung, (three times) 三回 san we, 三次 san t'sz', (each time there were two) 回回是兩個 we we 'zz 'liang kú'.
Timely, 與時候相應 yū' zz heu' siang yung'.
Timid, 膽小 'tan 'siau, 怕 p'ó', 畏懼 we' gü'.
Tin, 錫 sih, (vessels) 器 sih k'í', (from tin plates) 馬口鉄 'mó 'k'eu t'ih, (Tibetan tin) 藏鉄 zong t'ih.
Tinder, 火紙 'hú 'tsz.
Tinfoil, 錫箔 sih bóh.
Tinged, (with black) 帶一點黑 tá' ih 'tien huh.
Tinkle, 玲瑯響 ling tong 'hiang.
Tinsel, (gold) 金箔 kiun bóh, (silver) 銀 niun bóh.

TOM

Tint, 顏色 ngan suh.
Tip, 頂 'ting, (of tongue) 舌頭尖 zeh deu tsien.
Tipsy, 吃醉 k'iuh tsûe'.
Tired, 疲倦 bí giön', 困乏 kwun' vah, 蹧跎 sá dú.
Tithes, 十分之一 zeh vun' tsz ih (take) 十分裏抽出一分 zeh vun' 'lí t'seu t'seh ih vun'.
Tithing, (man) 地保 dí' 'pau.
Title, 稱呼 t'sung hú, (of a book) 書名 sú ming, (official titles) 官爵 kwén tsiáh, (the titled people of a district) 鄉紳人家 hiang sun niun ká, (his title of honour) 伊個尊號 í kú' tsun hau'.
To, 到 tau', (go to him) 到伊壩頭去 tau' i han deu k'í', (speak to him) 忒伊話 t'uh i wó', (to let him know) 叫伊曉得 kau' i 'hiau tuh, (to day) 今日 kiun nyih.
Tobacco, 烟 yien, (smoke) 吃 k'iuh yien.
Toe, (great) 脚大踇指 kiáh dú' 'mu 'tsz.
Together, 一淘個 ih dau kú', (walk) 同走 dúng 'tseu, 一氣走 ih k'í' 'tseu.
Toil, 辛苦 sing 'k'ú, 勞 lau 'k'ú.
Token, 記號 kí' hau'.
Tolerable 耐得過 né' tuh kú'.
Tolerate, 容 yúng.
Toll, 關稅 kwan sûe', (pay) 上 'zong sûe'.
Tomato, 番柿 van zz.
Tomb, 墳 vun, 山 vun san, 墓 vun mú'.
Tomorrow, 明日 ming nyih, 朝 ming

TOW

tsau, (day after) 後日 'heu nyih.

Tone, 音 yun, 聲 sung, (the four) 四聲 sz' sung.

Tongue, 舌頭 zeh deu.

Tongs, 火鉗 'hú gien, (iron) 鉄 t'ih gien.

Too, 忒 t'uh, (too far beyond what is right) 忒過分 t'uh kú' vun'.

Tool, 器皿 k'í' 'ming, 傢生 ká sang.

Tooth, 牙齒 ngá 't'sz, (ache) 痛 ngá 't'sz t'úng'.

Top, 頂 t'ing.

Topography, 地理 dí' 'lí, 各處地名考 k'oh t'sû' dí' ming 'k'au.

Torch, 火把 'hú 'pó.

Torment, 苦難 'k'ú nan'.

Torment, to, (him) 加刑罰撥伊 ká yung vah peh í,

Torn, 破 p'ú', 撕破拉個 sz p'ú' la kú'.

Torpid, 發麻 fah mó.

Torrid, (zone) 熱道 nyih dau'.

Tortoise, 龜 kü, (shell) 玳瑁殼 té' me' k'óh.

Tortuous, 彎曲 wan k'ióh.

Torture, (to) 拷 k'au, (examine by) 訊 k'au sing'.

Total, 共數 gúng' sú', 計 gúng' kí', (eclipse) 日頭食既 nyih deu zuh kí'.

Touch, 摩 mú, 相切 siang t'sih.

Touchstone, 試金石 sz' kiun záh.

Tour, (make a) 周流 tseu lieu, 遊 tseu yeu.

Tow, 胡麻 hú mó.

Tow, (to) 帶 tá', (a boat) 船 tá' zén, 拖 t'ú zén.

Towards, 向 hiang', (the north) 朝北

TRA

zau póh.

Towel, 巾 kiun, 手 'seu kiun.

Tower, (for Buddha's relics or for geomancy) 塔 t'ah, (at corner of a wall) 城角樓 zung koh leu.

Town, 鎮 tsun'.

Toys, 孛相杆 beh siang' kön.

Trace, 蹤跡 tsúng tsih, (no trace) 嘸影嘸蹤 m 'yung m tsúng.

Trace, to, (footsteps) 追脚跡 tsûe kiák tsih, (on paper) 紙上描 'tsz long' miau.

Track, to, (a boat) 拕船 t'ú zén.

Tract, (of land) 一片地 ih p'ien' dí', (a tract exhorting to virtue) 勸世文 k'iön' sz' vun.

Trade, 生意 sang í', 交易 kiau yuh, (engage in) 做 tsú' sang í', (trader) 人 tsú' sang í' niun, 客商 k'áh song.

Tradesman, 鋪戶 'p'ú hú', 家 'p'ú ká.

Tradition, 遺傳 í dzén, (from age to age) 世世相傳 sz' sz' siang dzén.

Traduce, 譭謗 hwe' pong'.

Train, (retinue) 護衛 hú' we'.

Train, to, (soldiers) 操練兵丁 t'sau lien' ping ting, (boys) 敎養小干 k'ian' 'yang 'siau kön.

Traitor, 奸臣 kan dzun, (betrayer of his teacher) 賣脫先生個 má' t'eh sien' sang kú'.

Traitorous, (spy) 奸細 kan sí', (Chinese) 漢 hön' kan.

Trample, 踢 dah, (and spoil) 壞 dah wá'.

Tranquil, 平安 bing ön, 靖 ön 'zing.

Tranquilize, 安慰 ön we'.

注　释

【日头食既】日蚀。
【周流】周游。
【孛相杆】玩具。
【教养小干】教育小孩。
【卖脱先生个】欺师灭祖的人。

注 释

【传拨拉别人】传给了别人。

【行过日头面上】太阳过头顶,即过了中午。

【蹂滥】蹂躏。

TRA

Transact, (business) 辨事體 ban' zz' 't'í, (for another) 替人做 't'í niun tsu'.

Transaction, (this) 第件事體 dí gien' zz' 't'í.

Transcend, (what you think) 超過 倻所想之上 t'sau kú' ná 'sú 'siang tsz zong'.

Transcribe, 抄寫 t'sau 'siá.

Transcribed, (copy) 抄本 t'sau 'pun.

Transfer, (to another) 傳撥拉別人 dzén peh lá bih niun (remove) 挪移 nó í.

Transfigure, 改變容貌 'ké pien' yúng mau'.

Transformation, 變形狀 pien' yung zong', (ten thousand) 千變萬化 t'sien pien' van' hwó.

Transgress, 犯 'van 法 'van fah, 違背 we be'.

Transgression, 罪 'dzùe, 愆 'dzùe k'ien, 過失 kú' seh, (transgressor) 犯人 'van niun.

Trans-ship, 搬到別隻船上去 pén tau' bih tsáh zén long' k'í.

Transient, 暫時 dzan' zz, (soon passes) 快過去 k'wá' kú' k'í.

Transit, (over the sun) 行過日頭面上 háng kú' nyih deu mien' long', (transit duty in the interior) 內地過關稅銀 ne' dí' kú' kwan sûe' niun.

Translate, 翻譯 fan yuh, (books) 書 fan sù.

Transmigration of souls, 六道輪回 lóh dau' lun wé.

Transmit, 傳 dzén, (hand to) 遞 dí'.

Transparent, 透光 t'eu' kwong, 徹 t'eu t'seh.

TRE

Transplant, 挪移再種 nó í tsé' tsúng'.

Transport, (as a punishment) 充軍 t'súng kiün, (grain —) 運 yün.

Transportation, (for three years) 徒 dú, (3000 lí or 1000 miles) 流 lieu.

Transverse, 橫 wang, (line) 線 wang sien, (transversely) 橫塔裏 wang tú 'lí.

Trap, 機檻 'kí k'an.

Travel, 走遠路 'tseu 'yön lú', 出門 t'seh men, 行 'yön yung, 外 t'seh ngá'.

Traveller, 客旅 k'áh 'lü.

Tray, 盤 bén.

Treacherous, 失信 seh sing', 靠勿着個 'k'au veh dzáh kú'.

Treacle, 糖漿 dong tsiang, 腳 dong kiáh.

Tread, 踏 dah, (down) 蹂滥 zeu lan.

Treasure, 銀兩 niun 'liang, 財帛 dzó báh.

Treasurer, (of a province) 布政司 pú' tsung' sz, 藩臺 fan dé.

Treasury, 庫 k'ú', 府 'fú k'ú'.

Treat, persons well) 待別人好 'dé bih niun 'hau, (lightly) 輕待 k'iung 'dé, (ill) 慢 'dé man', (for peace) 講和 'kong hú.

Treatise, 書 sù.

Treaty of peace, 和約 hú yáh, (covenanted —) 盟 mung yáh.

Treble, 三倍 san bé', (layers) 三層 san zung.

Tree, 樹木 zù móh, (of life) 生命 sung ming' zù.

Tremble, 發抖 fah 'teu, 戰慄 tsén

TRO

lih.
Tremendous, 可怕個 'k'o 'p'ó' kú'.
Trench, 溝 keu.
Tresspass, 罪過 'zó kú' 失 kú' seh.
Tresspass, (to) 得罪 tuh 'dzûe, 犯法 'van fah.
Triad, (Buddhist) 三寶 san 'pau, (Tauist) 三清 san t'sing.
Trial, (make) 試一試看 sz' ih sz' k'ōn', 錬 sz' lien', (pass trial before a mandarin) 撥拉官府審問 peh lá kwén 'fú 'sun mun'.
Triangle, 三角形 san koh yung.
Tribe, 宗族 tsúng zóh, 支派 tsz p'á'.
Tribulation, 患難 wan' nan'.
Tribunal, 衙門 ngá mun, (the six tribunals) 六部 lóh 'bú.
Tributary, (kingdoms) 屬國 zóh kóh.
Tribute, (bring) 進貢 tsing' kúng'.
Trickle, 滴下來 tih 'hau lé.
Trident, 三股叉子 san kú' t'só 'tsz.
Trifle, (to) 玩耍 'wan 'sá', 孛相 beh siang', 戲弄 hí' lúng'.
Trifling, (affair) 小事體 'siau sz' 't'í.
Trim, (a lamp) 收作燈 seu tsoh tung.
Trinity, 三位一體 san wé' ih 't'í.
Trip, (of a horse) 打前失 'tang zien seh.
Triple, 三倍 san bé'.
Tripod, 鼎 'ting.
Trivial, 勿要緊 veh yan' 'kiun.
Triumph, (to) 得勝 tuh sung', (return in triumph) 凱旋 k'é' zien.
Troops, 兵馬 ping 'mó, (withdraw) 收 seu ping, (in ambush) 伏 vóh ping.

TUB

Tropic, (of cancer) 北帶 póh tá', (of Capricorn) 南 nén tá'.
Trouble, 磨難 mú nan'.
Trouble, (to) 煩 van, 惱 van nau', 騷擾 tsau 'zau, 亂 'zau lōn', 討厭 t'au yien.
Troubled mind, 勞心 lau sing.
Troublesome, (to others) 煩瑣別人 van 'su bih niun, 擾累 'zau lé' bih niun, (do not be) 勿要多事 veh yau' tú zz'.
Trough, 槽 zau, (of wood) 木 móh zau.
Trowsers, 褲子 k'ú' 'tsz.
Trowel, 泥刀 ní tau.
Truce, 暫停打仗 dzan' ding 'tang tsang'.
Truculent, 兇惡 hiúng ok.
True, 眞 tsun, 誠實無妄 zung zeh vú vong'.
Truly, 眞實 tsun zeh, 實在 zeh zé', 牢 lau zeh, 卻 k'iáh zeh.
Trumpet, 號筒 hau' dúng, 角 koh or kiák, 喇叭 lah pah.
Trunk, 箱子 siang tsz, (leather) 皮箱 bí siang, (for clothes) 衣 í siang.
Trust, (to) 靠 k'au', 倚賴 'í lé', 恃 zz' lé', 信托 sing' t'oh.
Trustworthy, 可信可靠 'k'au sing, 'k'au k'au', 穩當 'wun tong'.
Trusty, 忠心 tsúng sing.
Truth, 眞理 tsun 'lí.
Try, 試法 sz' fah, (by tasting) 嘗 sz' dzang, 探 sz' t'én. (as a judge) 審問 'sun mun'.
Tub, (small) 木盆 móh bun, (large) 桶 móh 'dúng.

注释

【黄昏头】傍晚。
【双生儿子】双胞胎儿子。
【辫头发】辫结辫子。
【两家头】两个人。
【表样】表率，样子。
【吃勿落】吃不下。

Tube, 管 'kwén, (of bamboo) 竹筒 tsóh dúng.
Tug, (steam) 带船出口個火輪船 tá' zén t'seh k'eu kú' 'hú lun zón.
Tumble, 跌倒 tih 'tau.
Tumour, 瘡 t'song, (watery) 瘤 lieu.
Tumultuous, 鬧嚷嚷 nau' 'zang 'zang, 反亂 'fan lön', 擾 'zau lön'.
Tune, 調 diau'.
Turban, 纏頭帽 'tsén deu mau'.
Turbid, 渾 hwun, 濁 zoh.
Turbulent, (disposition) 性慢難治 sing' man' nan dzz'.
Turkey, 火鷄 'hú ki.
Turmeric, 黃姜 wong kiang.
Turn, 轉 'tsen, (back) 回轉來 wé 'tsen lé, (over) 反 fan 'tsen lé, (turn up a lamp) 盤上 bén zong', (turn round) 旋 zien 'tsén, (turn round as a wheel) 輪 lun 'tsén, (watch by turns) 輪流看更 lun lieu k'ön' kang.
Turning, (lathe) 旋床 zien zong (turner) 旋匠 zien ziang'.
Turnip, (radish) 蘿蔔 lau bóh.
Turtle, (dove) 鵓鴣 peh kú, 斑鳩 pan kieu.
Tutelary, (spirits of the land and grain) 社稷 ze' tsih, (of cities) 城隍老爺 zung wang 'lau yá.
Tutor, 師傳 sz fú', 先生 sien sang.
Tweezers, 鐵鉗 t'ih gien.
Twelve, 十二 zeh ní', (twelfth) 第十二 dí' zeh ní', (12th part) 十二分之一 zeh ní' fun tsz ih.
Twenty, 二十 ní' zeh, (twentieth) 第二十 dí' ní' zeh.

Twice, 兩次 'liang t'sz', (as much) 加倍 ká bé'.
Twilight, (dawn) 天亮 tien liang', (evening) 黃昏頭 wong hwun deu.
Twins, 雙生兒子 song sung ní' 'tsz, song 'tsz.
Twine, 小繩 'siau zung.
Twinkle, 閃 sáh, (not twinkle the eye in the least) 眼睛一眼勿 'ngan tsing ih 'ngan veh sáh, (of stars) 搖光 yau kwong.
Twist, 扭 'nieu, (twist thread) 絞線 'kau sien', (cotton with the fingers) 捻線 'niah sien, (hair) 辮頭髮 pien' deu fah.
Two, 二 ní', (persons) 兩家頭 'liang ká deu, (two and two) 兩個兩個 'liáng kú' 'liang kú'.
Tyfoon, 大風 dá' fúng, 颶 gū' fúng.
Type, 表樣 'piau yang', (moveable) 活板 weh 'pan.
Tyrannize, 暴虐 pau' niáh.
Tyrant, 霸王 po' wong.

U

Ugly, 勿好看 veh 'hau k'ön'.
Ulcer, 瘡 t'song, (have an) 生 sang t'song, (bad ulcer) 毒 dóh t'song.
Ultimately, 到底 tau' 'tí.
Umbrella, 傘 san', (for rain) 雨 'yü san'.
Unable, 勿能 veh nung, (to bear) 當勿住 tong' veh dzú', (to eat) 吃勿落 k'iuh veh loh, (to overtake) 趕勿上 'kön veh zong'.
Unaccustomed, 勿慣 veh kwan'.

UNC

Unacquainted, 勿認得 veh niung‘ tuh, (with the characters) 勿識字 veh suh zz‘.
Unadulterated, (goods) 眞貨 tsun hú‘.
Unalterable, 永勿可改 ’yúng veh ’k‘au ’ké.
Unamimous, 同心合意 dúng sing heh í‘.
Unarmed, 空身 k‘úng sun, 勿帶兵器 veh tá‘ ping k‘í‘.
Unavailing, 白白裏 báh báh ’lí.
Unavoidable, 少勿來 ’sau veh lé, 免 ’mien veh lé.
Unawares, 想勿到個時候 ’siang veh tau‘ kú‘ zz heu‘, 忽然間 hweh zén kan.
Unbearable, 忍耐勿過 ’niun né‘ veh kú‘.
Unbecoming, 勿好看 veh ’hau k‘ōn‘, 勿像樣式 veh ’ziang yang‘ suh, 勿體面 veh ’t‘í mien‘.
Unbelieving, 勿信 veh sing‘.
Unbending, 剛強 kong giang.
Unbind, 解脫縛 ’ká t‘eh vóh, 開 ’ká k‘é.
Unbounded, 嘸邊嘸際 m pien m tsí‘.
Unbroken, 一連無斷 ih lien vú ’dōn
Unburnt, (bricks) 培 p‘í.
Uncertain, 勿定 veh ding‘, 拿no veh ding‘.
Unchangeable, 無變無易 vú pien‘ vú yuh, 勿能改 veh nung ’ké pien‘.
Uncharitable, 嘸人情 m niun zing.
Uncivil, 傲慢無禮 ngau‘ man‘ vú lí.
Uncle, (on father's side, elder) 伯 páh páh, (younger) 亞叔 ’yá súh, (on

UND

mother's side) 舅舅 gieú‘ gieú‘.
Unclean, 沾汚 tsén wú, 齷齪 oh t‘soh, 垃圾 láh síh.
Uncomfortable, 勿適意 veh suh í‘.
Uncommon, 奇怪非常 gí kwá‘ fí dzang.
Unconcerned, 勿慌忙 veh hwong mong.
Unconnected, 斷絕 dōn dzih.
Unconscious, 勿知勿覺 veh tsz veh koh.
Unconstrained, 從從容容 t‘súng t‘súng yúng yúng.
Uncourteous, 嘸沒禮 m meh ’lí, 貌 m meh ’lí mau‘.
Uncreated, 勿是造化拉個 veh ’zz ’zau hwó lá kú‘.
Uncultivated, (ground) 荒郊野裏 hwong kiau ’yá ’lí.
Undecided, 主意勿曾立定 ’tsù í‘ veh zung lih ding‘.
Under, 勒拉底下 leh lá ’tí ‘hau, (under heaven) 天下 t‘ien ‘hau, (underneath) 下底頭 ‘hau ’tí deu.
Undergo, 受 ’zeu, 耐 né‘.
Underived, 無所從來 vú ’sú dzúng lé.
Underling, 手下人 ’seu ‘hau niun.
Undersell, 賣物事比別人少要銅錢 má‘ meh zz‘ ’pí bih niun ’sau yau‘ dúng dien.
Understand, 懂 ’túng, 明白 ming báh, (merchandize) 識貨 suh hú‘.
Undertake, 擔當 tan tong, (work) 保工 ’pau kúng.
Undervalue, 看輕 k‘ōn‘ k‘iung, 估價比本價少 ’kú ká‘ ’pí ’pun ká‘ ’sau.
Undeserved, 勿應當受個 veh yung

注释

【呒啥事体做】没什么事情可做。
【勿哠唠】想不到。
【呒根呒底】没有根底。

137

UNF

tong 'zeu kú'.
Undesigned, 勿故意 veh kú' í'.
Undeviating, 絲毫勿改 sz hau veh 'ké.
Undignified, 嘸沒威風 m meh wé' fúng.
Undiminished, 勿減少 veh 'kan 'sau.
Undisciplined, (troops) 勿曾操練個兵 veh zung ts'au lien' kú' ping.
Undivided, 勿曾分開 veh zung fun k'ó.
Undo, 解開 'ká k'é, (ruin) 敗脫 bá' t'eh.
Undoubtedly, 一定 ih ding', 實在 zeh zó'.
Undress, 脫衣裳 t'öh í zong.
Undutiful, 勿忠勿孝 veh tsúng veh hiau'.
Undulating, (surface) 高低勿等個地面 kau tí veh 'tung kú' dí mien'.
Uneasy, 勿放心 veh fong' sing, 心裏勿安 sing 'lí veh ōn.
Unembarrassed, 從容 ts'úng yúng.
Unemployed, 嘸啥事體做 m sá' zz' 't'í tsú'.
Unequal, 勿相等 veh siang 'tung, 勿齊 veh dzí.
Unerring, 勿能差 veh nung t'só.
Uneven, 勿平 veh bing, 勿齊 veh dzí.
Unexampled, (prosperity) 一向勿曾有個興旺 ih hiang' veh zung 'yeu kú' hiung wong'.
Unexpectedly, 想勿着 'siang veh záh, 勿哠唠 veh k'oh lau, 勿料 veh liau'.
Unfading, 勿枯勿謝 veh k'ú veh ziá'.
Unfair, 勿公道 veh kúng dau'.

UNH

Unfaithful, 勿忠 veh tsúng, 失信 seh sing', 背信 pó' sing'.
Unfashionable, 勿合時式 veh heh zz suh.
Unfathomable, 測度勿出 ts'uh doh veh t'seh.
Unfeeling, 嘸沒人情 m meh niun zing.
Unfeigned, 勿假粧 veh 'ká tsong.
Unfilial, 勿孝 veh hiau'.
Unfinished, 勿曾做完 veh zung tsú' wén.
Unfit, (for use) 勿中用 veh tsúng' yúng'.
Unfold, 打開來 'tang k'ó lé' 輾 tsén k'é lé.
Unforced, 勿勉強 veh 'mien 'k'iang.
Unforeseen, (events) 料勿到個事體 liau' veh tau' kú' zz' 't'í.
Unforgiving, 勿赦人罪 veh só' niun 'dzûe.
Unfortunate, 勿造化 veh 'zau hwó', 落難 loh nan'.
Unfounded, 嘸根嘸底 m kun m tí.
Unfriendly, 勿和睦 veh hú móh, 勿好意 veh 'hau í'.
Unfruitful, 勿結菓 veh kih 'kú.
Unfulfilled, 勿曾有應驗 veh zung 'yeu yung' nien'.
Ungenerous, 小器 'siau k'í'.
Ungodly, 勿恭敬上帝 veh kúng kiung' Zang' tí'.
Ungovernable, 勿好管 veh 'hau 'kwén, 勿能管個 veh nung 'kwén kú'.
Ungrateful, 背恩 {pé' un, 忘恩負義 vong' un fú' ní'.
Unhappy, 苦 'k'ú, 運氣勿好 {yün'

UNI

k'i' veh 'hau.

Unhealthy, 水土勿好 'sz 't'ú veh 'hau.

Unhurt, 勿曾受傷 veh zung 'zeu song.

Unicorn, 獨角獸 dóh koh séu'.

Unidiomatic, 文理勿通 vun 'lí veh t'úng.

Uniform, (they are) 全是一樣 dzön 'zz ih yang.

Unimportant, 勿要緊 veh yau' 'kiun, 相干 veh siang kön.

Uninhabited, (place) 嘸人烟個地方 m niun yien kú' dí' fong.

Uninstructed, 勿曾受教訓 veh zung 'zeu kiau' hiün'.

Unintelligible, 說話勿通 seh wő' veh t'úng.

Unintentional, 勿故意 veh kú' í'.

Uninterrupted, 相連勿斷 siang lien veh 'dön.

Uninvited, 勿曾見請 veh zung kien' 't'sing.

Union, 和好 hú 'hau, 相 siang hú.

Unique, (there is only this one) 惟此一物 ví 'tsz ih veh.

Unit, 一 ih, 單一 tan ih.

Unite, 合攏來 heh 'lúng lé, 合而爲一 heh urh wé ih, 相連 siang lien, (united in purpose) 同心合意 dúng sing heh í'.

Unity of God, 獨有一個主 dóh 'yeu ih kú' 'tsú, (of mankind) 從一個根原來個 zúng ih kú' kun yön lé kú'.

Universal peace, 天下一統太平 t'ien 'hau ih 'túng t'á' bing.

Universe, 天地 t'ien dí'.

UNN

Unjust, 勿公平 veh kúng bing.

Unkind, 嘸人情 m niun zing.

Unknown, (doctrine) 人勿曉得個道理 niun veh 'hiau tuh kú' 'dau 'lí.

Unlade, 下貨 'hau hú', 卸 ziá' hú'.

Unlawful, 律法勿許 lih fah veh 'hü.

Unlearned, 勿曾學啥 veh zung hok sá'.

Unleavened bread, 除酵餅 dzû kau' 'ping, 勿發酵個餅 veh fah kau' kú' 'ping.

Unless, (he) 若使伊勿 zák 'sz í veh, 除非伊 dzû fí í.

Unlike, 勿像 veh 'ziang, 勿同 veh dúng.

Unlikely, 勿必 veh pih, 勿怕 veh p'ó', (to rain) 勿見得落雨 veh kien' tuh loh 'yü.

Unlimited, 嘸限量 m hien liang'.

Unload, 卸貨 ziá' hú', 出 t'seh hú'.

Unloose, 解開 'ká k'é.

Unlucky, 凶 hiúng, (omen) 兆 hiúng dzau'.

Unmanageable, 難以治理 nan 'í dzz 'lí.

Unmarried, 勿曾娶大娘子 veh zung 't'sü dú niang 'tsz, (girl) 閨女 kwó' 'nü.

Unmeaning, 嘸意思 m í' sz'.

Unmixed, 勿夾雜 veh kah dzeh, 純一無雜 dzun ih vú dzeh.

Unmolested, 一無煩擾 ih vú van 'zau.

Unmoved, (in mind) 勿動心 veh dúng' sing.

Unnatural, 逆性 nink sing', 背 pé sing'.

注 釋

【律法勿許】法律不允许。

【若使伊勿】如果使他不（做某事）。

【勿曾娶大娘子】还没结婚。

注释

【毛草】粗糙，未修整的。
【呒片见】没有偏见，"片"应为"偏"。
【勿公义】不公平。
【勿看见拉个】没看见。
【勿大里忒人交好】和人相处不是太好。

Unnecessary, 勿必 veh pih.
Unoccupied, (house) 空房子 k'úng vong tsz, (persons) 閒人 han niun.
Unobserved, 嘸人曉得 m niun 'hiau tuh.
Unwholesome, (climate) 水土勿好 'sz 't'ú veh 'hau.
Unparalleled, 嘸沒可比個 m meh 'k'au 'pí kú'.
Unpardonable, 勿可饒赦 veh 'k'au 'nian só'.
Unphilosophical, 勿合道理 veh heh dau' 'lí.
Unpleasant, 勿中意 veh tsúng' í', 勿撥人喜歡 veh peh niun 'hí hwén.
Unpolished, 毛草 mau 'tsau, 勿光滑 veh kwong wah.
Unprecedented, (affair) 從來勿曾有個事體 zúng ló veh zung 'yeu kú' zz' 't'í.
Unprejudiced, 嘸片見 m p'ien kien, 勿拘怩 veh kü 'ní, 勿執己見 veh tseh 'kí kien'.
Unprofitable, 嘸沒益處 m meh yuh tsū'.
Unpropitious, 凶 hiúng, 勿吉 veh kih.
Unquencheable, 滅勿來 mih veh ló, 脱 mih veh t'eh.
Unreasonable, 勿合情理 veh heh dzing 'lí.
Unredeemable, 勿好贖 veh hau zóh, 來 zóh veh lé.
Unrighteous, 勿公義 veh kúng ní'.
Unripe, 生 sang, 勿熟 veh zóh.
Unroll, 打開 'tang k'é.
Unsafe, 勿妥當 veh 't'ú tong', 危險 ngwó 'hien.

Unsearchable, 測度勿出 t'suh doh veh t'seh.
Unseasonable, 時候勿對 zz 'heu' veh té'.
Unseemly, 勿合宜 veh heh ní, 勿好看 veh 'hau k'ön'.
Unseen, 勿看見拉個 veh k'ön' kien lá kú' (world) 陰間 yun kan.
Unserviceable, 勿中用 veh tsúng' yúng'.
Unsettle, 搖動 yau dúng', 搧 sén, dúng'.
Unskaken, 勿動 veh dúng', 穩固勿動 'wun kú' veh dúng'.
Unskilled, 勿熟 veh zóh, 勿會 veh wó'.
Unsociable, 勿大裏忒人交好 veh dá' 'lí t'uh niun kiau 'hau.
Unspeakable, 話勿來個 wó' veh ló kú', 盡 wó' veh dzing.
Unsuccessful, 勿造化 veh 'zau hwó', 事體勿順當 zz' 't'í veh zun' tong', 勿得意 veh tuh í'
Unsuitable, 勿相稱 veh siang t'sung', 勿應用 veh yung yúng'.
Unsuspecting, 勿疑惑 veh ní wóh.
Untalented, 勿才 veh dzé, 嘸本事 m 'pun zz.
Untameable, 勿能制服 veh nung tsz vóh.
Unteachable, 教勿來 kiau' veh ló.
Unthankful, 勿感恩個 veh 'kén un kú'.
Until, 直到 dzuk tau', tau', 造 't'sau' tau', 及 gih tau'.
Untimely, 勿曾到時候 veh zung tau' zz heu', (death) 勿到時候唠死個 veh tau' zz heu' lau 'sí kú',

UPP

(old age or early death cannot be previously fixed) 壽殀未可先定 zeu' yau ví 'k'au sien ding'.

Unto, (as a dative, unto him) 撥拉伊 peh lá í, (till) 直到 dzuk tau'.

Untoward, 勿隨意 veh zùe í'.

Untractable, 勿依勿順 veh í veh zun'.

Untrue, 勿眞 veh tsun.

Untruth, 妄言 vong' yien, 說謊 söh hwong.

Unusual, 出奇 t'seh gí, 怪 gí kwá'.

Unutterable, 說勿來個 söh veh lé kú', (distress) 苦不可言 'k'ú peh 'k'au yien.

Unvarying, 勿更改 veh kang ké.

Unwary, 勿謹愼 veh 'kiun zun', 勿細心 veh sí' sing.

Unwell, 勿適意 veh suh í', 爽快 veh song k'wá'.

Unwilling, 勿肯 veh 'k'ung, 情願 veh dzing niòn'.

Unworthy, (I am) 勿配 veh p'é', 敢當 veh 'kén tong, (it is unworthy of notice) 勿足爲意 veh tsuh wé í'.

Up, (go) 到上頭去 tau' zong' deu k'í', (up to this time) 直到如今 dzuh tau' zù kiun, (push up) 推上去 t'é zong k'í'.

Upbraid, 責備 tsáh bé'.

Uphold, 扶持 vú dzz.

Uplifted, (eyes) 橫白竪眼 wong báh 'zù ngan.

Upon, (the ground) 地上 dí' long, (the table) 勒拉檯子上 leh lá dé 'tsz long'.

Upper, 上 zong', 勒拉上頭個 leh lá zong' deu kú'.

USH

Uppermost, 至上 tsz' zong', 最高 tsûe' kau.

Upright, (physically) 竪立 'zû lih, 起來個 'zû 'k'í lé kú', (morally) 正直 tsung' dzuh.

Uproar, 吵鬧 t'sau nau', 亂紛紛 lön' fun fun.

Uproot, 拔脫根 bah t'eh kun.

Upset, (by pushing) 推倒 t'é 'tau, (turn over) 反 'fan 'tan.

Upside, (down) 顛倒 tien 'tau, 反 'tau 'fan.

Upstairs, 樓上 leu long'.

Upwards, 往上 'wong zong', 向上頭去 hiang' zong' deu k'í', (100 years and upwards) 一百年以上 ih páh nien 'í zang.

Urbanity, 禮體 'li 't'í, 貌 'lí mau'.

Urge, 催逼 t'sûe pí', t'sûe.

Urgent, 要緊 yau' 'kiun, 着急 zah kih.

Urgently, 懇切 'k'un t'sih, (entreat) 求 t'sih t'sih 'k'un gieu.

Urine, (to pass) 瀉水 zá' 'sz, 小便 'siau bien'.

Us, 我伲 'ngú ní'.

Usage, 規矩 kwe' 'kû, (receive ill usage) 受人委曲 zeu' niun 'wé k'ióh.

Use, 用 yúng', 使 'sz, sz yúng', (of no use) 嘸用處 m yúng' t'sù', (use is second nature) 習慣自然 zih kwan' zz' zèn, (enjoy use of) 受用 zeu' yúng'.

Useful, 有用 'yeu yúng', 頭 'yeu yúng' deu.

Useless, 用勿着 yúng' veh záh.

Usher, (in) 引進來 'yung tsing' lé.

注释

【平素实盖】平常都如此。
【值几化】值多少钱。

VAC

Usual, 常 dzang, 平 bing dzang, 尋 zing dzang, (has been usually so) 素實蓋 bing sú' zéh ké'.

Usurp, 霸佔 pó' tsien', 侵 t'sing tsien, (imperial name) 借稱尊號 tsien t'sung tsun' hau'.

Usury, 放賬圖利 fong' tsang' dú lí', 圖勿公平個利息 fong' tsang' dú veh kúng bing kú' lí sih.

Utensils, (of iron) 鉄器 t'ih k'i', (for family use) 傢生 ká sang, 器皿 k'i' 'ming ká sang.

Utility, 益處 yuk t'sú'.

Utmost, (exert strength to the) 盡心盡力 dzing' sing dzing' lih, 竭力 dzing' sing gih lih, (miserable to the utmost degree) 苦得極 'k'ú tuh giuh.

Utter, 說出來 söh t'seh ló, (destruction) 盡行敗壞 dzing' yung bá' wá'.

Uttermost, 至極田地 tsz' giuh dien dí'.

V

Vacancy, 缺 k'iöh, (wait for) 等候有缺 'tung heu' 'yeu k'iöh, (fill a vacancy) 補 'pú k'iöh.

Vacant, 空 k'úng.

Vacation, 空閒個時候 k'úng' han kú' zz heu'.

Vaccinate, 種牛痘 tsúng' nieu deu'.

Vacillate, 三心兩意 san sing 'liang í'.

Vacuum, 空處 k'úng t'sú', (there is a vacuum here) 此地有空 'ts'sz dí' yeu k'úng'.

VAR

Vagabond, 光棍 kwong kwun, 流亡 lieu mong, 匪類 fí ló'.

Vain, 發虛 fah hü, 浮 hü veu, (vain world) 花花世界 hwó' hwó' sz' ká', (do in vain) 白白裏做 bah bah lí tsú'.

Valet, 跟班 kun pan.

Valiant, 勇猛 'yúng mung'.

Valid, 妥當 't'ú tong', 靠得着 k'au' tuh záh.

Valley, 山谷 san kóh, 山中平地 san tsúng bing dí'.

Valuable, 寶貝 'pau pó', 值價錢個 dzuk ká' dien kú', (valuables) 珍 tsun 'pau.

Value, (to) 貴重 kwe' 'dzúng, (set a value on) 估 'kú, 值 'kú dzuh (what is its value) 值幾化 dzuk 'ki hó', 啥價錢 sá' ká' dien, (what do you value it at) 儂估 núng 'kú sá' ká' dien.

Vanish, 散脫 san' t'eh, (in a moment) 一歇工夫就勿見者 ih hih kúng fú dzieu' veh kien' tsé.

Vanity, 自誇自 zz' k'wó zz', 自家看自家大 zz' ká kön' zz' ká dú', (of the world) 世界個虛浮 sz' ká', kú' hü veu.

Vanquish, 得勝 tuh sung'.

Vapid, 淡薄 dan' bóh.

Vapour, 氣 k'i', (fog) 霧 vú'.

Variable, 改變個 'ké pien' kú'.

Variegated, 五顏六色 'ng ngan lóh suh.

Variety, (there is) 有分別 yeh fun pih, 有各色各樣 'yeu koh suh koh yang'.

Various, (colours) 各樣顏色 koh

VEN

yang‘ ngan suh.
Vary, 改變 'ké pien‘.
Varnish, 油 yeu, (to varnish) 上油 'zong yeu.
Vase, (for flowers) 花瓶 hwó bing.
Vast, 廣闊無邊 'kwong k'weh vú pien.
Vault, 空處 k'úng t'sǔ‘.
Vaunt, 自誇自 zz‘ k'wó zz‘.
Veal, 小牛肉 'siau nieu niók.
Vegetable, 菜 t'sé‘, 素 sú‘, t'sé‘ sú‘, (vegetable garden) 圜 t'sé‘ yön.
Vehement, 緊急 'kiun kih.
Veil, 蓋頭 ké‘ deu, 面帕 mien p'ó‘, (to veil) 遮没 tsó meh.
Vein, 脈 máh, 血 hiüeh máh.
Velocity, 速 sóh, (how much) 幾化遲速 'kí hó‘ dzz sóh, (measure of) 速率 sóh seh.
Velvet, 絨 niúng, (cotton) 綿 mien niúng, (of silk) 絲 sz niúng.
Venerable, 年老 nien 'lau, 可敬可重 'k'o kiung‘ 'k'o 'dzúng.
Venerate, 敬重 kiung‘ 'dzúng, 尊 tsun 'dzúng, 畏 kiung‘ wé‘.
Venereal-ulcer, 楊梅瘡 yang mé‘ t'song, (poison) 毒 yang mé‘ dóh.
Venetians, 百葉窗 páh yih t'song.
Vengeance, (take) 報仇 pau‘ gieu.
Venison, 鹿肉 lóh nióh.
Venom, 毒氣 dóh k'í‘.
Venomous, (snake) 毒蛇 dóh zó.
Vent, (anger) 發怒 fah nú‘.
Ventilate, (a room) 房間裏通風 vong kan 'li t'úng fúng.
Ventricles, (of the heart) 心竅 sing k'iau‘.

VER

Venture, (in face of danger) 冒險 mau‘ 'hien, (risk life) 拚命 p'ing ming‘.
Veracity, 說話眞實 seh wó‘ tsun zeh.
Verandah, 洋廊 yang long, 臺遊 yang dé‘, yeu long.
Verb, 活字眼 weh zz‘ 'ngan.
Verbal, 口說 'k'eu sŏh.
Verdict, 商量妥當個意見 song liang 't'ú tong‘ kú‘ í‘ kien‘, (my verdict) 我個意見 'ngú kú‘ í‘ kien‘.
Verify, (verification) 見証 kien‘ tsung‘, 應驗 yung‘ nien‘.
Verily, 實在 zeh zé‘, 誠 zung zeh.
Vermilion, 銀硃 niun tsû, (pencil) 筆 tsû pih.
Vernacular, 土話 't'ú wó‘, 白 't'ú báh, 本地 'pun di‘ wó‘.
Vernal, (breeze) 春風 t'sun fúng, (rain) 雨 t'sun 'yü, (equinox) 分 t'sun fun.
Versatile, 常常改變 dzang dzang 'ké pien‘.
Verse, 詩 sz, (one) 一句 ih kú‘, (of a chapter) 節 ih tsih, (chapter and verse) 章 tsang tsih.
Versed, 熟 zóh, 温習 wun zih.
Version, 翻本 fan pun, (the scriptures in the new version) 新翻拉個聖書 sing fan lá kú‘ sung‘ sû.
Vertebræ, 背脊骨 pé‘ tsih kweh.
Vertex, 頂 'ting.
Vertical, (line) 垂線 dzûe sien‘, (the sun is vertical) 日頭拉頭頂上 nyih deu lá deu 'ting long‘.
Vertigo, 頭發暈 deu fah hwun, 暈 deu yün‘.
Very, 最 tsûe‘, 極 giuh, (very good)

注 釋

【上油】油：指油漆。上油漆。

【活字眼】动词。

【硃笔】蘸红色的毛笔。多用以批公文，批校古书、批改学生作业。

【日头拉头顶上】太阳在头顶上。

注释

【好来死】很好。

【三牲】亦称太牢，是古代祭祀用的供品。三牲有大小之分，大三牲指羊头、猪头和牛头；小三牲指鸡头、鸭头和兔头（一说大三牲指猪、牛、羊，小三牲指鸡、鸭、鱼）。后来也称鸡、鱼、猪为三牲。

【得胜仇敌个人】即胜利者。

VIE

顶 'ting 'hau, 好来死 'hau lé 'sí, (very hot) 怪热 kwá' nyih.
Vessel, 器皿 k'i' ming, 傢生 ká sang.
Vest, 背心 pé' sing.
Vestments, 衣裳 i zong.
Veteran, 老兵 'lau ping, 熟练个兵 zóh lien kú' ping, 识 'én 'lien kú' ping.
Vex, 烦恼 van 'nau, 难为 nan wó'.
Vexation, 气闷 k'í' mun', 心里烦恼 sing 'lí van 'nau.
Vial, (small glass vial) 小玻璃瓶 'siau pú lí bing.
Vibrate, 摆来摆去 'pá lé 'pá k'í'.
Vice, 邪恶个行为 ziá ok kú' hang wó'.
Viceroy, 总督 'tsúng tóh, 制台 tsz' dé.
Vicinity, (in the) 附近 vú' 'giung, (near Shanghai) 离上海近 lí Zong hé 'giun.
Vicious, 邪僻 ziá pih, 乖戾 kwé' lí'.
Vicissitudes, (of the world are constant) 世界上个光景常常改变 sz' ká long' kú' kwong 'kiung dzang dzang 'ké pien'.
Victim, (sacrificial) 牺牲 hí sang, (the three sacrificial animals) 三牲 san sang.
Victorious, (soldiers) 得胜个兵 tuh sung' kú' ping, (victor over enemies) 得胜仇敌个人 tuh sung' gieu dih kú' niun.
Victory, (defeat and) 输赢 sú yung.
View, (according to my) 照我个意见 tsau' 'ngú kú' í' kien', (a beautiful view) 好景致 'hau 'kiung tsz'.
View, (to) 看 k'ön', 观 kwén,

VIS

Vigilant, 谨慎 'kiun zun', (be vigilant) 留心 lieu sing.
Vigour, 气力 k'í' lih, 精神 tsing zun, tsing k'í' zun.
Vigorous' 健壮 gien' tsong'.
Vile, 贱 dzien', 卑鄙 pé' dzien', 鄙陋 'pí leu'.
Vilify, 毁谤 hwe' 'pong.
Village, 村 t'sun, 庄 t'sun tsong, 巷 t'sun hong, 乡 hiang t'sun.
Villager, 乡下人 hiang 'hau niun.
Villain, 该死个人 ké 'sí kú' niun.
Villainous, 奸恶 kan oh, 兇 hiúng oh, (affair) 丧心个事体 song' sing kú' zz' 't'í.
Vindicate, 申冤 sun yön, 替人辨明 t'í' niun 'bien ming.
Vindictive, (disposition) 报仇个心 pau' gieu kú' sing.
Vine, 葡萄 bú dau, 孛萄 beh dau.
Vinegar, 醋 t'sú'.
Vineyard, 萄园 dau yön.
Violate, (oath) 背誓 pé' zz', (oath) 约 pé' yáh, (laws) 犯法 'van fah, (chastity) 凌辱 ling zóh.
Violence, (take by) 强拿 k'iang nó'.
Violent, 兇暴 hiúng pau', 恶兇 hiúng oh.
Viper, 毒蛇 dóh dzó.
Virgin, 童女 dúng 'nü, 贞妇 dúng tsung 'vú 'nü.
Virtue, 德 tuh, 行 tuh yung', 性 tuh sing'.
Virtuous, 善 'zén, 良 'zén liang.
Virulent, 凶恶 hiúng oh, 利害 lí' hé'.
Viscera, 五脏六腑 'ng zong lóh 'fú.
Visible, 看得见个 k'ön' tuh kien

VOL

kú', (form) 形象 yung ziang', (visible creation) 有形個天地 'yeu yung kú' t'ien dí'.

Vision, (faculty of) 有眼睛能看 'yeu 'ngan tsing nung k'ön', (a vision) 異象 í' ziang'.

Visit, 拜望 pá mong', mong' mong', 候 heu' heu'.

Visitation, 巡察 zing t'sah.

Visitor, 客人 k'áh niun, 賓 ping k'áh.

Vital, 關性命個 kwan sing' ming' kú'.

Vitiate, 壞 wá'.

Vitriol, 綠礬 lóh van.

Vituperate, 咒罵 tseu' mó'.

Vivacious, 有精神個 'yeu tsing zun kú'.

Vivacity, 神氣 zun k'í', 精 tsing zun.

Vivify, (the dead) 叫死人活轉來 kau' 'sí niun weh 'tsén lé.

Viviparous, 胎生 t'é sang.

Vociferate, 大聲叫喊 dá' sung kian' han'.

Voice, 聲音 sung yun, 口 'k'eu yun, (shrill) 尖 tsien sung, (gentle) 細 sí' sung, (low) 低 tí sung.

Void, 空 k'úng, 虛 hü k'úng.

Volatile, 輕浮 k'iung veu.

Volcano, 火山 'hú san.

Volume, (one) 一本 ih 'pun, (many) 好幾本 'hau 'kí 'pun.

Voluntary, 自家情願 zz' ká zing niön', 出於本心 t'seh yü 'pun sing.

Volunteer, 義兵隊 ní' ping dé'.

Voluptuous, 貪樂 tén lóh, 耽於喜樂 tén yü 'hí lóh.

WAI

Vomit, 吐 't'ú, (vomiting and purging) 吐瀉 't'ú ziá'.

Voracious, 物事吃得多 meh zz' k'iuk tuh tú.

Votary, (of Buddha) 信佛個人 sing' veh kú' niun.

Vouch, 做見證 tsú' kien tsung'.

Voucher, 憑據 bing kü'.

Vow, 許願 'hü niön'.

Voyage, (make a) 行水路 hang 'sz lú', 往海外頭 'wong 'hé ngá' deu.

Vulgar, 粗 t'sú, (common language) 平常白話 bing dzang báh wó'.

Vulnerable, 可傷個 'k'o song kú'.

Vulture, 鷙鳥 tsuh 'niau.

W

Wadded, (clothing) 綿衣裳 mien i zong.

Wag, (his tail) 搖尾把 yau 'ní pó.

Wager, (two men laid a) 兩個人相賭 'liang kú' niun siang 'tú.

Wages, 工錢 kúng dien.

Waggon, 長車 dzang t'só, 四輪 sz' lun t'só.

Wail, 哀哭 é k'óh.

Waist, 腰 yau.

Waist-band, 束腰帶 sóh yau tá'.

Waist-coat, 背心 pé' sing.

Wait, 等 'tung, 侯 'tung heu', (a little) 等一等 'tung ih 'tung, (wait upon) 服事 vóh zz', (lay wait) 埋伏 má vóh.

Waiting-boy, 跟班 kun pan, 人 kun

注释

【睏勿着】睡不着。
【出票】签发搜查证或逮捕证。
【净衣裳】洗衣服。
【净浴】洗澡。

WAR

niun, 用 yúng niun.
Wake, 醒 'sing, 寤 'sing ngú'.
Waken, 叫醒 kiau' 'sing.
Wakeful, 睏勿着 k'wun' veh záh.
Walk, 走 'tseu, (go on foot) 步行 bú yung, (take a walk) 走一走 'tseu ih 'tseu.
Wall, 牆 dziang, (of compartment) 壁 pih, (city wall) 城 zung, (the great wall) 萬里長城 van' 'li dzang zung.
Walnut, 胡桃 hú dau, (colloquial, bú dau).
Wand, 拐杖 'kwá 'dzang.
Wander about, 周遊 tseu yeu, 行 yeu yung.
Want, (desire) 要 yau', (has no deficiency) 嘸沒欠缺 m meh 'k'ien k'iöh, 勿少啥物事 veh 'sau sá' meh zz', 乏 m sá' k'iöh vah.
Wanton, 嘸羞耻 m sieu 't'sz, 邪淫 ziá yun.
War, 打仗 'tang tsang', (go to war) 動干戈 dúng' kùn k'ú, (war boats) 兵船 ping zén, (war office) 兵部 ping 'bú.
Ward, (off) 防備 bong bé', 捍衛 hön' wé.
Warder, 巡查個 zing dzó kú', (by night) 夜 zing yá' kú'.
Wardrobe, 衣櫃 í kwé', 廚 í zú.
Wares, 貨色 hú suh, (porcelain ware) 磁器 dzz k'í', (miscellaneous wares) 雜 zah hú'.
Warehouse, 棧房 'dzan vong, (tea warehouse) 茶 dzó 'dzan, (keeper) 看 k'ön 'dzan vong kú'.

WAT

Warlike, (implements) 武器 'vú k'í', 兵 ping k'í'.
Warm, 煖 'nön, 熱 'nön nyih, 和 'nön hú.
Warm, (the hands at a fire) 拉火爐頭烘一烘手 'lá 'hú han' deu húng ih húng 'seu.
Warming pan, (for the hands) 手爐 'seu lú, (for the feet) 脚 kiäh lú.
Warn, 儆戒 kiung ká', 勸勉 k'iön' 'mien.
Warp, 經 kiung, 竪 'zú, (and woof) 緯 kiung wé', (perpendicular threads) 線 'zú sien'.
Warrant, (issue a) 出票 t'seh p'iau', (has a warrant to seize a criminal) 有票捉拿罪人 'yeu p'iau' tsoh nó 'dzue niun.
Warrant, (to) 保 'pau, (give him a warrant book) 撥伊號簿 peh í hau' 'bú.
Wash, 洗 'sí, 浴 'sí yóh, (clothes) 淨衣裳 zing' í zong, (bathe the body) 澡 'sí tsau', zing' yóh.
Washerman, 淨衣裳個 zing' í zong kú'.
Wash-hand basin, 面盆 mien' bun.
Wasp, 黃蜂 wong fúng.
Waste, (of money) 白費銅錢 báh fí' dúng dien, (land) 荒地 hwong dí', (wrongly waste one's thoughts) 枉費心思 'wong fí' sing sz', (waste time) 徒費時日 dú fí' zz zeh, 工夫 báh fí' kúng fú.
Wasteful, (expenditure) 浪費錢財 long' fí' zien dzé.
Watch, 表 'piau, (of silver) 銀 niun 'piau, (glass) 玻璃蓋 pú li ké'.

WEA

Watch, (to) 看守 k'ön 'seu, (by night) 更 k'ön' kang, (against) 防 bong 'seu, (watch conduct) 行爲 k'ön' hang wé, (the house) 房子 k'ön' vong 'tsz.

Watch-hut, 更舍 kang só'.

Watchful, 謹愼 'kiun zun'.

Watchman, 看更個 k'ön kang kú'.

Watch-tower, 更樓 kang leu.

Water, 水 'sz, (cold) 冷 'lang 'sz, (boiling) 滾 'kwun 'sz, (clear) 清 t'sing 'sz.

Water, (to) 滋潤 tsz zun', (flowers) 澆花 kiau hwó.

Watercourse, 水路 'sz lú', 溝 'sz keu.

Water-lily, 荷花 hú hwó, 蓮 lien hwó.

Water-melon, 西瓜 sí kwó.

Wave, 波浪 pú long'.

Wave, to, (the hand) 搖手 yau 'seu, (a flag) 揮旗 hwé jí.

Waver, 三心兩意 san sing 'liang í', 翻疑勿定 fan ní veh ding'.

Wax, 蠟 lah, (yellow) 黃 wong lah, (bees-wax) 蜜蠟 mih lah.

Wax, to, (great) 長大 'tsang dú'.

Way, 路 lú', (of death) 死 'si lú', (public way) 官 kwén lú', (method) 方法 fong fah, 則 fah tsuh.

Wayward, 頑皮 wan bí, 隨時常變 zue zz dzang pien'.

We, 我你 'ngú 'ní.

Weak, 軟弱 'niön záh, 懦 nú záh.

Wealth, 資財 tsz' dzé, (acquire) 發財 fah dzé.

Weapons, (military) 兵器 ping k'í', (shield and spear) 干戈 kún k'ú.

WEL

Wear, (clothes) 著衣裳 tsáh í zong, (a cap) 帶帽子 tá' mau' 'tsz, (worn out) 用壞者 yúng' wâ' 'tsó.

Wearied, 疲倦 bí giön', (in the feet) 脚酸 kiáh sûn.

Weary, 困倦 k'wun' giön', 蹉跎 sá dú.

Weasel, 黃狼 wong long.

Weather, 天氣 t'ien k'í'.

Weather-gage, 試風旗 sz' fúng gí.

Weave, 織 tsuh.

Weaver, 織布個 tsuh pú' kú'.

Webfooted, (ducks are) 鴨掌全是皮指相連個 ah 'tsang dzén 'zz bí 'tsz siang lien kú'.

Wedding, (keep a) 做好日 tsú' 'hau nyih, (feast) 婚姻 hwun yun, 筵席 hwun yun yien zih.

Wedge, 劈 p'ih.

Weed, 草 't'sau, 惡 oh 't'sau.

Weed, (to) 拔草 bah 't'sau, 耘田 yùn dien.

Week, (seventh day worship) 七日禮拜 t'sih nyih 'lí pâ', (one week) 一個 ih kú' 'lí pá'.

Weep, 哭 k'óh, 流淚 lieu lé'.

Weigh, (things) 秤物事 t'sung meh zz', (in the mind) 斟酌 tsun tsáh, (anchor) 起錨 'k'í mau.

Weight, (a brass) 法碼 fah 'mó, (two catties in weight) 重兩斤 'dzúng 'liang kiun.

Weighty, 重 'dzúng, 要緊 yau' 'kiun.

Welcome, (give) 快快活活接著 k'á' k'á' weh weh tsih záh, (welcome news) 中意個信息 tsúng' í' kú' sing' sih.

注 釋

【看更个】打更的人,更夫。
【翻疑勿定】怀疑不定。
【做好日】办婚礼。
【中意个信息】好消息。

注释

【炀脱】融化掉。
【瘤子/瘿】囊肿。
【奶婶婶】奶妈。
【伊来个辰光】他来的时候。
【附耳朵白话】说悄悄话。
【啥所去】到哪里去？
【勿拘啥人】不管什么人，任何人。
【合天底下】天下全世界。

WHE

Weld, 化 hwó', 炀脱 yang' t'ch.
Welfare, 平安 bing ōn.
Well, 井 'tsing, (it is well) 好 'hau, (are you well) 好拉否 'hau lá 'vá, (pretty well) 可以 'k'o 'í, (do it well) 要好好能做 yau' 'hau 'hau nung tsú'.
Wen, 瘤子 lieu 'tsz, 瘿 yung lieu.
West, 西 sí.
Western, (ocean) 西洋 si yang, (gate) 西門 sí mun.
Wet, 濕 sáh, (damp) 潮 dzau sáh, (nurse) 嬭嬸 'ná sun sun, (wetted with rain) 淋著之雨 ling záh tsz 'yü.
Whale, 鯨魚 giung ng, 鰲 ngoh ng.
Wharf, 碼頭 'mó deu.
What, 啥物事 sá' meh zz', (what are you doing) 做啥 tsú' sá', (what is your age) 貴庚 kwe' kang, (in what manner) 那能 'ná nung.
Whatever, 勿論啥 veh lun' sá', 拘 veh kū sá', 凡 van, 大凡 dá' van.
Wheat, 麥 máh, 小 'siau máh.
Wheel, 輪 lun, (for raising water) 水車 'sz t'só.
Wheel-barrow, 車子 t'só 'tsz, 人推個 niun t'ó kú' t'só 'tsz.
When, 幾時 'kí zz, 啥時候 sá' zz heu', (when he comes) 伊來個辰光 í lé kú' zun kwong, 是伊一來 'zz í ih ló.
Whence, 打那裏來 'táng 'á 'lí ló, 'á 'lí ló, 從 zúng á 'lí ló.
Whenever, 勿拘啥辰光 veh kū sá' zun kwong, (whenever I think of it) 每每想到 'mé 'mé 'siang tau'.

WHO

Where, 那裏 'á 'lí, 勒拉 leh lá 'a 'lí, 堂 'á 'lí dong, 啥戶堂 sá' hú dong, (wherever) 勿拘那裏 veh kū 'á 'lí.
Wherefore, 爲啥 we' sá'.
Whether, (to ride or walk) 或騎馬或步行 wóh gí 'mó wóh bú' hang, (I do not know whether or not he will be willing) 勿曉得伊肯勿肯 veh 'hiau tuh í 'k'ung veh 'k'ung.
Whet, 磨快 mú k'wá', (stone) 刀石 mú tau záh.
Which, 那裏一個 'á 'lí ih kú'.
While, (I go) 我去個時候 'ngú k'í, kú' zz heu', (wait a while) 等一歇 'tung ih h'ih, (a great while) 許久 'hü 'kieu.
Whip, 鞭子 pien 'tsz, (of leather) 皮鞭 bí pien.
Whip, (to) 打 'tang.
Whirl, 旋轉 zien 'tsén, 盤 bén 'tsén.
Whirl-wind, 旋風 zien fúng.
Whisky, 燒酒 sau 'tsieu.
Whisper, 附耳朵白話 'vú 'ní 'tú báh wó'.
White, 白 báh.
Whitewash, 刷白 seh báh, (with whiting) 打粉 'tang 'fun.
Whither are you going? 到那裏去 tau 'á 'lí k'í', 啥所去 sá' sùe k'í'.
Who? 啥人 sá' niun.
Whoever, 勿拘啥人 veh kū sá' niun.
Whole, 全 zien, 完 wén zien, 囫圇 weh lun, (whole night) 全夜 zien yá', (ate the whole) 吃之一光 k'iuh tsz ih kwong, (whole world) 合天底下 heh t'ien 'tí 'au, (whole family) 滿門 'mén mun, (whole

WIL

number) 共數 gúng' sú', (the whole) 一切 ih t'sih, 共總 gúng 'tsúng, 籠 'lúng tsúng, (the whole empire) 天下一統 t'ien 'au ih 't'úng.

Whore, 嫖子 'piau 'tsz, 娼妓 t'sang gí'.

Whoredom, (and gaming) 嫖賭 'biau 'tú.

Whose? 啥人個 sá' niun kú'.

Whosoever, 勿拘啥人 veh kū sá' niun.

Why, 為啥 we' sá'.

Wick, 燈芯 tung sing, 草 tung 't'sau.

Wicked, 惡 oh, 刁 tiau oh, (disposition) 性 oh sing', (man) 人 oh niun, (customs) 習 oh zih.

Wickerwork, (of willow) 柳條編 lieu diau pien, (of hedge saplings) 荊 kiung' diau pien.

Wide, 闊 k'weh, 廣 'kwong k'weh.

Widen, 開闊 k'é k'weh.

Widow, 寡婦 'kwó vú', 孤孀 kú song, (remain a widow) 守 'seu 'kwó.

Wife, 妻子 t'sí tsz, (honorific, your wife) 夫人 fú niun, 賢 hien t'sí, (depreciatory, my wife) 內人 né' niun, (stupid sapling) 拙荊 tseh kiung, (marry a wife) 討大娘子 't'au dú' niang 'tsz.

Wild, 野 'yá, 放蕩 fong' dong', (animals) 野獸 'yá seu' (talk) 狂妄個說話 gwong vong' kú' seh wó'.

Wilderness, 壙野 'k'wong 'yá.

Wiles, 詭計 kwe' kí'.

Wilful, 故意 kú' í', (wilfully transgress) 明知故犯 ming tsz kú' 'van.

WIS

Will, 主意 'tsú í', 思 í' sz, (good will) 好 'hau í', (imperial will) 旨意 tsz' í', 聖 sung' tsz', (testament) 遺書 í sû, (will of heaven) 天意 t'ien í' (I will) 我肯 'ngú 'k'ung, (it will do) 可以 'k'o 'í, 使得 'sz tuh.

Willing, 肯 'k'ung, 情願 zing niön', 甘心 kén sing.

Willow, 柳樹 lieu zû', 楊 yang lieu zû', (saplings) 條 lieu diau.

Win, 得勝 tuh sung', (win at play) 賭贏 'tú yung.

Wind, 風 fúng, (contrary) 逆 niuh fúng, (fair) 順 zun' fúng.

Wind, (to) 旋轉 zien 'tsén, 纏繞 dzén zau, 盤 bén 'tsén (a watch) 開表 k'é 'piau.

Winding, 彎曲 wan k'ióh, (many) 七曲八繞 t'sih k'ióh pah 'niau.

Windlass, 盤車 bén t'só.

Window, 窗 t'song.

Wine, 酒 'tsieu, (grape) 葡萄 bú dau 'tsieu, (winepress) 醡 'tsieu tsó'.

Wing, 雞翅 kí lih.

Wink, 撒眼 sah 'ngan, (wink at, connive) 裝做勿看見 tsong tsú' veh k'ōn' kien'.

Winnow, 簸揚 pú yang.

Winter, 冬 túng, (to pass the winter) 過 kú' túng.

Wipe, (with wet cloth) 揩 k'á (feather brush) 攦 'tōn, 刷 seh, (wipe away tears) 拭眼淚 suh 'ngan li'.

Wire, 線 sien', (copper) 銅 dúng sien'.

Wisdom, 智慧 tsz' wé'.

Wise, 有見識 'yeu kien' suh, 智慧

注　釋

【共數】總數。
【嫖子】嫖客。
【七曲八繞】七繞八繞，彎彎曲曲。
【撒眼】眨眼。
【攦】揮。

注释

【诙谐个说话】幽默的说话。
【搭伊一淘】和他一起。
【吓之啥能】吓得手足无措。
【做生活】工作。

'yeu tsz' wé', (the wise) 聖人賢人 sung' niun yien niun.

Wish, (according to my) 合我個意思 heh m'ngú kú' í' sz', (obtain one's wish) 得意 tuh í'.

Wish, (to) 愿 niön', 情 zing niön', 巴勿得 pó veh tuh, 能彀 pó veh nung keu', 要 yau'.

Wit, 詼諧個說話 hwé yan kú' seh wó', (no mother wit) 勿懂人事 veh 'tung zun zz'.

Witch, 妖女 yau 'nū, 巫婆 vú bú.

Witchcraft, 邪法 ziá fah.

With, 同 dúng, (with him) 搭伊一淘 tah í ih dau, (suffer with and rejoice with) 同苦同樂 dúng 'k'ú dúng lóh, (with me) 忒我一淘 t'eh 'ngú ih 'dau, 起 t'eh 'ngú ih 'k'í.

Withdraw, 退下去 t'é' 'au k'í', 廻避 wé bi'.

Withhold, 勿撥 veh peh, (a part of) 扣回來 k'eu' wé lé.

Wither, 枯 k'ú.

Within, 裏向 'li h'iang', 頭 'li deu, (a year) 一年之內 ih nien tsz né', (two days) 兩日之間 'liang nyih tsz kien.

Without, 嘸沒 m meh, (food) 嘸得飯吃 m tuh van' k'iuh, m van' k'iuh, (grounds) 嘸緣嘸故 m yön m kú'.

Withstand, 抵當 'tí tong, 敵住 dih dzú'.

Witness, 見証 kien' tsung', 對證 té' tsung', 干證 kún tsung'.

Witness, (to) 做見証 tsú' kien' tsung', tsú' tsung'.

Witty, 乖巧 kwá 'k'iau, (witty talk) 'k'iau kú' seh wó'.

Wizard, 跳神個 t'iau' zun kú'.

Woe, 禍患 hú' wan', 艱難 kien nan.

Wolf, 豺狼 zá long.

Woman, 婦女 'vú 'nū.

Womb, 胎 t'é.

Wonder, 希奇個事體 hí gí kú' zz' 't'í, 異迹個事 í' tsih, 靈 ling tsih, 神 zun tsih.

Wonder, (to) 詫異 t'sá' í, 奇怪 gí kwá', 希奇 hí gí, 嚇之啥能 hák tsz sá' nung.

Wonderful, 奇妙 gí miau', 怪 gí kwá', 神 zun miau'.

Wonted, (ingenuity) 常有個靈巧 dzang 'yeu kú' ling 'k'iau.

Wood, 木頭 móh deu.

Woodbine, 金銀籐 kiun niun dung.

Wooden, (image) 木頭人 móh deu niun.

Wool, 羊毛 yang mau, (fine wool) 絨 yang niúng.

Woollen-cloth, 哆囉呢 tú lú ní, 大呢 dú' ní.

Word, 言 yien, 話頭 wó' deu, (a word once spoken, four horses cannot overtake it) 一言既出駟馬難追 ih yien kí' t'seh sz 'mó nan tsúe, (break one's word) 反口 'fan 'k'eu, 失信 seh sing'.

Work, 生活 sang weh, 工夫 kúng fú, (one day's work) 一工 ih kúng, (task) 工課 kúng k'ú'.

Work, (to) 做工夫 tsú' kúng fú, 生活 tsú' sang weh.

WRE

Workman, 工人 kúng niun, 匠 kúng dziang'.
World, 世界 sz' ká', (customs of the) 世俗 sz' zóh, (this world) 今世 kiun sz', (the coming world) 來世 lé sz', (the future) 後 heu' sz', (the invisible) 陰間 yun kan.
Worm, 曲蟮 k'ióh 'zén.
Wormwood, 茵蔯 yun dzun.
Worse, 更勿好 kung' veh 'hau, (every day) 一日勿好一日 ih nyih veh 'hau ih nyih.
Worship, 禮拜 'li pá', 敬 kiung' pá', 奉 kiung' vúng'.
Worst, 最勿好 tsûe' veh 'hau.
Worsted, (thread) 絨線 niúng sien', (stockings) 襪 niúng mah.
Worth, 價值 ká' dzuh, (how much) 幾化 dzuh 'kí hó', (not worth any thing) 勿值價錢 veh dzuh ká' dien, 勿中用 veh tsúng' yúng'.
Worthy, 可以當得起 'k'o 'í tong tuh 'k'i, (not worthy) 勿敢當 veh 'kén tong, 勿配 veh p'é'.
Would, 情願 zing niön', 要 yau'.
Wound, 傷 song, 損 song 'sun, (mark of) 迹 song tsih, 痕 song hun.
Wound, (to) 傷 song, 害 song hé', (the heart) 心 song sing.
Wrangle, 爭鬪 tsung teu', 競 tsung giung'.
Wrap, 包括 pau kwah, 起來 pau 'k'i lé.
Wrapper, 包布 pau pú', 縛 pau vóh.
Wrath, 忿怒 fun nú', 震 tsun' nú'.
Wrench, 扭 'nieu.
Wrestle, 相鬪 siang teu'.

YEA

Wretched, 苦 'k'ú, 惱 'k'ú 'nau, (life) 命 'k'ú ming'.
Wright, 工匠 kúng dziang'.
Wring, 擰 niung, (dry) 幹 niung kůn.
Wrinkles, 縐文 tseu' vun.
Wrist, 手骱 'seu gá', 腕 'seu wén.
Write, 寫 'siá, (characters) 字 'siá zz', (a letter) 信 'siá sing.
Writer, 寫字個 'siá zz' kú', (for government officers) 書辦 sû pan, (amanuensis) 代寫個人 dé' 'siá kú' niun, dé' sú.
Writing, 手筆 'seu pih, 法 pih fah, (materials) 紙墨筆硯 'tsz muh pih nien', 文房四寶 vun vong sz' 'pau.
Wrong, 勿是 veh 'zz, 有差 'yeu t'só, (my wrongs) 我受個冤枉 'ngú 'zeu kú' yön 'wong, 委曲 'ngú 'zeu kú' wé k'ióh, (not at all wrong) 一眼勿差 ih 'ngan veh t'só.

Y

Yam, (Chinese) 山藥 san yáh.
Yard, 三尺 san t'sáh.
Yarn, (of cotton) 棉紗 mien só, (of wool) 羊毛 yang mau só.
Year, 年 nien, (how many years old are you) 幾化年紀 'ki hó' nien 'kí, 幾歲 'kí sûe', (this year) 今 kiun nien, (next year) 開 k'é nien, 來 lé nien, 明 ming nien, (once a year) 一年一次 ih nien ih t'sz', (last year) 去 k'ü' nien, 舊 gieu' nien, (year before last) 前 zien nien, (end of the year) 底 nien 'tí, (new

---

注　释

【手骱】手关节。
【书办】政府部门掌管和办理文书的官吏。
【几化年纪】多大年纪。

YOU

year) 新 sing nien, (pass the new year) 過 kú' nien.
Yearly, 年年 nien nien,
Yeast, 酵頭 kau' deu.
Yellow, 黃 wong.
Yes, 是 'zz, 勿差 veh t'só.
Yesterday, 昨日 zóh nyih, (day before) 前日子 zien nyih 'tsz.
Yet, 還 wan, 也 'á, (he will yet come) 伊也要來 í 'á yau' ló, (it may yet do) 可以 wan 'k'o 'í, (and yet further) 尚且 zong' 't'siá.
Yield, 讓 niang', 退 t'é' niang', 路 niang' lú', (make submission) 投降 deu hong.
Yielding, 軟 'niön, (in disposition) 謙退 k'ien t'é'.
Yoke, 軛 ngoh, 鞅 yön, 扁擔 'pien tan'.
Yolk, (of an egg) 鷄蛋黃 ki dan' wong.
Yonder, 伊頭 í deu, 故答 kú' tah.
You, 儂 núng', 那 ná', núng' ná'.

ZON

Young, 年紀輕 nien 'kí k'iung, (a young man) 少 'sau nien niun, 後生家 'heu sang ká.
Your, 儂個 núng' kú', 那個 ná' kú', (name) 貴姓 kwó' sing', (son) 令郎 ling' long, (daughter) 千金 t'sien kiun, (father) 尊 ling' tsun, (mother) 堂 ling' dong, (house of business) 寶行 'pau hong.
Youth, (from) 從小 zúng 'siau.

Z

Zeal, 熱心 nyih sing.
Zealous, 慇懃 yun giun.
Zenith, 天頂 t'ien 'ting.
Zodiac, (of 12 signs) 十二宮 zeh ní' kúng, (of 28 constellations) 二十八宿 rh' zeh pah sieu'.
Zone, (torrid) 熱道 nyih dau', (north frigid) 北寒道 póh hön dau', (south temperate) 南溫 nén wun dau'.

注 释

【酵头】酵母。
【前日子】前天。
【伊头/故答】那边。
【侬】你。
【热道】热带。
【北寒道】北寒带。
【南温道】南温带。